中希文明互鉴中心主办　　主编　崔延强

文明互鉴

（第二辑）

执行主编　郭涛

Journal of World Civilizations

西南大学出版社
SWUPG　国家一级出版社　全国百佳图书出版单位

图书在版编目（CIP）数据

文明互鉴.第二辑 / 崔延强主编；郭涛执行主编.
重庆：西南大学出版社, 2025.5. -- ISBN 978-7-5697-
3168-2

Ⅰ. G115-53
中国国家版本馆CIP数据核字第2025WB3150号

文明互鉴（第二辑）
WENMING HUJIAN（DI-ER JI）

主　　编　崔延强
执行主编　郭　涛

责任编辑：段林宏
责任校对：张昊越
装帧设计：爻十堂_未　氓
排　　版：张　祥
出版发行：西南大学出版社（原西南师范大学出版社）
　　　　　地址：重庆市北碚区天生路2号
　　　　　邮编：400715
印　　刷：重庆长虹印务有限公司
成品尺寸：185 mm×260 mm
印　　张：10.25
字　　数：300千字
版　　次：2025年5月　第1版
印　　次：2025年5月　第1次印刷
书　　号：ISBN 978-7-5697-3168-2

定　　价：88.00元

目 录 | CONTENTS

陆海新叙事

交流与动态

英文摘要

文明互鉴论

无问西东：浅谈中国西方史学史研究范式的建构

吴晓群①

如果将20世纪20年代李大钊编写的《史学思想史》视作中国人编写的第一部近代西方史学史著作，并将其与30年代朱谦之在暨南大学开设"西方史学史"课程一同看作中国西方史学史研究的起步，那么，自1949年以来，中国的西方史学史研究经历了两个大的发展阶段，首先是由耿淡如、郭圣铭等老一辈学者筚路蓝缕的开拓阶段，这一时期主要以介绍西方史家的著作、引进西方的史学理论为主。80年代之后，随着国门的打开，中国学者在吸纳西方各种流派不同学说的基础上，大量引进、消化西方史学理论，并逐渐开始以一种中国眼光来审视西方史学及其理论。这两个阶段为今天中国西方史学史的研究和教学打下了坚实的基础，同时也为未来可能的发展方向拓宽了视野。如今，整个世界的面貌以及学术界的问题意识都发生了极大的变化，在这样的时代语境之下，我们的西方史学史研究将如何发展？对此，笔者想在前两个阶段研究的基础上对西方史学史的发展提出一个新的设想和愿景，以此加入到当前有关西方史学史研究范式、理论及方法的讨论之中。

笔者认为，应该将史学史作为一种新的思想史来进行研究和书写，这样的思想史视角既非纠结于不同的讨论范畴，也不局限于"历史"上已成形的思想，更不是靠跟踪和引进西方的各种研究范式和理论来显示中国史学研究与国际的接轨，它应该是一种以无问西东的姿态，以话语建构的方式来进行的经典与现实、整体与多元、继承与创新之间的对话，从而建构出一种既具有中国学者自身独特性，又不失对人类命运终极关怀的史学思考。正是在这一意义上，西方史学史研究，或者说整个史学史研究理应成为一种具有反思性的学科。

一、作为思想史的史学史

何为史学史？普遍认为史学史是关于历史学这门学科的产生、发展及其特征的历史，也可以认为它是从历史编纂思想的角度来阐述对某些具体问题的解释。因此，史学

---

① 作者吴晓群，复旦大学历史学系教授（上海 200433）。

史研究的范畴并不局限于总结和评价史家的写史风格与方式，更要顾及史家心中的问题预设，询问他们形成了什么思想、其思想又是如何产生的等问题，在某种程度上将史家的著述理解为他们对自己那个时代和社会所面临之问题在思想层面上的一种回应。

何为思想史？在此，我们取最宽泛的定义，即柯林武德所说的"一切历史都是思想的历史，此处是用的思想最宽泛的意义，它包括人类精神的所有意识行为"①。换言之，我们既不想纠缠于词语上的辨析，也无意于区分方法论上的高下或是讨论范畴的广狭，因此，无论是"History of Thought"，还是"History of Ideas"，或是"Intellectual History"都可能出现在我们的视域中。何兆武说："都是由于人类有了思想活动的缘故，人类才有了文明史。在这种意义上，一部人类文明史也可以说就是一部人类的思想史，是人类思想活动（及其表现为行动）的历史。"②

正是在这双重的意义上，史学史就不仅是培养历史学家最重要的方式，是历史学家的身份意识逐渐形成和成熟的反映，也是思想家思想观念、批判意识的一种体现，这种培育与养成和反思与批判正是这个学科属性中最重要的面向。它应该蕴育出带有历史学家色彩的思想家和带有思想家属性的历史学家。

事实上，从希罗多德宣称他的历史叙述是一种对人事及其原因的"探究"，到司马迁的"究天人之际，通古今之变，成一家之言"，古往今来，无论中西，历史学家从来都不是书记员，史家组织材料的方式本身就反映了他及他那个时代的思想观念。而史学史作为一门对史家及其观念进行再思考的学问，它也从来都不是仅仅停留在对篇章结构、字词句法的分析之中，探究思想的表达和蕴意才是史学史研究的本意。换言之，史学史在根本上就是史学的思想史。特别是在当今这样一个需要反思的时代，作为一门反思性、批判性的学问，史学史研究更应该起到"鉴往知来"、形塑思想的作用。

在这方面，以《春秋》为中心对孔子历史编纂学进行考察的朱本源为我们提供了榜样。他于20世纪90年代分别发表的《"〈诗〉亡然后〈春秋〉作"论》《孔子史学观念的现代诠释》《孔子的历史哲学发微》等文章中，融文献和理论于一体，运用维柯有关史学起源的理论将孔子的《春秋》与希罗多德的《历史》放在一起，探讨了中国历史学的起源和性质，以及普遍性历史研究的对象、方法和观念等，真正做到了陈寅恪所说的"取外来之观念与固有之材料互相参证"的融贯中西人文科学的研究方法。

同时，思想史研究所具有的两个维度也正是史学史研究的题中之义，一个维度是横向的，即一种思想所存在的共生语境；另一个维度则是纵向的，即强调思想的历时性发展。只有通过这两个向度的结合，我们才能挖掘思想背后的丰富性和意义所在。如果说历史学是把握与理解我们所置身其中的这个世界的一种方式，那么史学史更是一种在具体史家还原局部史实的基础上，去反思和追问其逻辑结构是否恰当的思想方式。这种作为思想史的史学史一方面能够成为拯救"碎片化"的历史知识的一种希望，这里所谓的"碎片化"指的不仅是研究对象的细小琐碎、研究时段的断裂，更是指条块分割的

---

① 柯林武德：《历史的观念》（增补版），扬·冯·德·杜森编，何兆武、张文杰、陈新译，北京：北京大学出版社，2010年，第431页。
② 何兆武：《何兆武文集：历史与历史学》，武汉：湖北人民出版社，2007年，第11页。

狭窄思维方式和因这种思维方式而带来的"问题碎片化"现象；另一方面能使那些曾在各自的"世界"范围内放之四海而皆准的价值观念有了一个更广阔视域的反思机会。因此，我们既需要一些研究不同时段地域之具体历史问题的历史学家加入到史学史的队伍中来，也需要一些能提供宏大叙事和视野的理论来支撑我们的研究。

二、跨语境的普遍性思考何以可能？

从思想产生的逻辑来看，超越语境的普遍性思考本身就是许多思想家在从事思想活动时的一种根本诉求。当怀特海说"全部西方哲学史就是为柏拉图作注"时，他就是在承认希腊思想超越时空的价值，当孔子的告诫"己所不欲，勿施于人"被汉斯·昆等奉为全人类的普遍价值之一时，那也是在宣告其跨越不同种族、宗教及文化的意义。

对此，史家也有同样的认识。比如，曾任美国历史学会主席的哈佛大学历史系教授入江昭在提及史学的国际化愿景时，指出其目标之一便是"树立人类历史互相关联的观念，探讨对人类具有普遍意义的那些主题"。2009年由本特利等人倡导并拟定的美国历史学会年会的主题即"让历史著述全球化"。而全球交往日益频繁的现实，也早已在事实上冲破了19世纪以来历史学作为"建构民族国家身份意识"的职能限定，这为我们进行历史思想的跨语境研究提供了现实的基础和可能性。事实上，现在已开始出现这样的一些著作，如2014年美国当代史家林·亨特出版了《全球时代的历史学》，2015年剑桥大学出版社出版了七卷本的《剑桥世界史》，这些著作都力图在书写方式、切入角度和问题意识等方面打破西方中心论和以民族国家为视角的史学传统，代之以区域、主题和比较作为其研究路径，认为当代史家需要在全球化的背景下进行史学的研究和写作。在这样的学术思潮下，中国学者也迅速跟进，比如2004年王晴佳在与伊格尔斯合写的论文《文明之间的交流与现代史学的走向——一个跨文化全球史观的设想》中就提出最终可能会出现一种真正意义上的全球史学史的书写方式。随后他又与李隆国合作撰写了《外国史学史》一书。他们在该书的序言中表明了"希求走出西方中心的窠臼"的写作目的，而且书中讨论的内容虽是外国史学史的著作和理论，但明显地他们已不再满足于仅仅是对那些著述的介绍和解释，而是进一步提出了自己的思考和理解。

换言之，当下的现实语境使得史学史研究中的普遍性思考变得迫切和必要。因为从人类文明史的角度来看，我们这个星球上不同的社会和文化系统经过数千年的发展演变，当前正处在前所未见的全球整合或撕裂的时刻，既已形成了你中有我、我中有你的相互依存局面，同时又处于一个动荡不安、彼此不信任的尴尬现状之中。在这个最显著的结构性变动中，为了破解这种全球性困境，势必需要一种能从各种多样性的历史思想的资源中受益，同时也能由此建立并形成新观念的普遍性思考的框架和模式。因为，世界早已不再是希罗多德或司马迁笔下各自为中心的面貌，今天也不是某种中心论能够横扫全球的时代。在吴于廑提出的"整体世界史观"的倡导下，中国的西方史学史研究也应该更加有意识地突破纯粹"西方的"概念，将历史知识的生产置于一种全球交织的观察视角下，重新审视中西史学之间的互动，将西方史学史的空间视角转向更为广阔的整个世界，从而使之更加完整。

当然，要想真正实现跨语境的普遍性思考仍面临诸多难题，其中最大的一个问题恐怕就是人类处境的根本相似性、基本问题的持久性与各自文化的不可通约性、历史语境的差异性并存，如何才能够在这之间找到某种路径？笔者认为，以问题带动研究，这或许是一种解决方案。比如说，德国哲学家雅斯贝斯提出的"轴心时代"理论不仅在西方学术界引发了大量讨论，许多汉语学术界的历史学家也都从不同的角度进行了一种跨语境的回应，例如许倬云的《论雅斯贝斯枢轴时代的背景》，刘家和的《论古代的人类精神觉醒》，等等。因此，当今天我们在考察"全球化"的问题时，发现它已从一个单纯的经济话题，发展成一个复杂的政治话题，再转变成了一个更为复杂和深刻的思想话题，由此，那些所有促成人们对全球化情境或认同或反对的历史的及当下的因素就都可能成为我们的研究对象。

自然地，这种跨语境的史学史研究对中国的西方史学史研究提出了挑战，它要求我们不能只做欧美史学史和史学理论的搬运工，还要关注中国史学史的传统以及当下中国史学史研究中一些反思性和前瞻性的思考。在将西方话语体系本土化的过程中，要跨越东西方史学史的学科界限，这不仅需要在理论上思考跨语境研究应该具备的视野、方法与问题意识，还需要在实践层面，促成西方史学史和中国史学史研究者的通力协作，由此才能共同开创体现中国史家立场和视角的史学史研究事业，使其成为全球史学发展中不可忽视的力量。

三、"见于异"与"见于同"的对话

目前，学术界常见的西方史学理论中，各自强调"同"或"不同"的观点和学派很多，比如，斯金纳的"语境论"强调的是不断变化的问题以及对那些问题不断变化的答案，而施特劳斯则认定人类思想所面临的根本问题乃是相同的。这两种理论各自揭示了事物本质的一部分，它们对信息的把握往往都只是点上的，还没有形成一个全面系统的东西。但我们认为它们之间又并非完全不相容，实际上，这两种对世界的观察和判断只是视角的不同，因为人类思想史既有一些问题是永恒的、普遍存在的，但同时也会因时因地因人而有所差别。若能将这两种视角结合起来，既看到思想的连续性和整体性，又关注不同思想的个体性和独特性，就能够在两者之间进行对话。

然而，要走到这一步，首先，史学史与其他学科一样，所面对的一个最迫切最实际的问题就是如何看待专业化的必要性及其缺陷的问题：一方面，专业化强调研究的系统性和学术功夫的扎实，因此在具体的研究中，对专业化的要求是必不可少的；另一方面，仅仅强调专业化又是不够的，因为在知识越来越被学科切割的今天，学术活动的一个主要特点就是区隔化和简化论,由此造成了研究的局限和对跨学科议题的忽略,故而需要强调宏大思想视野的整体性思考。不同理论不同关注产生不同的话语方式,并各自基于不同的话语方式形成了各个学派和理论的话语权。对此,我们应该在肯定其各自理论合理性的同时,反思其局限性,不能让学术研究越来越"圈子化",而忽视了作为学术研究初始性的原命题和时代语境所提出的真实问题。

其次,真正具有反思性的研究范式肯定不是纯粹的理论空谈,也不仅是在做理论建设,它还必须根植于具体的个案研究之中。这个问题在中国西方史学史研究中,最明显最直接的表现就是两种不同的思考路径和研究方法,一种是西方著作史的研究路线,另一种是纯粹的史学理论研究路线,这种分化一度曾有要分化成两个学科的趋势。但现在越来越多的学者认识到融合的必要性,也就是说,史学著作史应该反映史学理论的成果,史学理论也应该更加基于对史学著作的提炼。这两者如果能够结合起来,就有可能开辟出一条国人撰写西方史学史的新路子,展现出史学史研究真正的生命力。

换言之,凡参与到这一过程中的学者应该是既勤于个案研究,又乐于理论反思的。比如,张光直、刘家和等学者就在自己的个案研究中体现出通过对自身传统历史文化的考察去回应某个世界性的学术话题的研究路径。前者早在80年代就以《中国青铜时代》《连续与破裂——一个文明起源新说的草稿》等专著或论文提出一个关于文明起源的新说,认为以中国文明为代表的连续性范式和以西方文明为代表的断裂性范式,都可能是人类文明史发展的不同模式。而后者则在《论中国古代轴心时期的文明与原始传统的关系》一文中以儒家的仁学和礼学的关系为例,回应中国轴心时期文明是怎样在批判地继承先前的原始传统中发展的这一问题。当然,要做到这一点就要求个案研究者拥有更宏大的思想关切,而理论研究者则需要更扎实的实际研究经验。这两者之间的话语构建所形成的共识也应该反映在进一步的话语体系之中,这样才能够推动反思性的研究模式始终处于一个动态发展的过程之中。

再次,反思性的研究范式鼓励各学科之间的相互参与与对观,要把史学史与政治史、社会史、文化史等相结合,把史学史与比较研究、全球视野、性别研究等结合起来,让各个分支学科中使用不同观念、方法进行研究的学者共同参与其中。因为,方法和视域的多元化和包容性,才能使我们摆脱某种狭隘的或任何具体的话语体系;不同研究领域学者的共同开拓,才会为我们提供深化史学史研究的新机遇。从而在一个既不同于以往,又不同于东方或西方的视角中把握作为思想史的史学史内在的动力和演进的可能方向。

最后,如何形成中国话语?不同国家地区的学术研究都拥有其自身的特色,体现一定的特殊性。中国的西方史学史也必须有中国的特色,需要一个强大的本国史学背景的支撑,但同时也不能自我局限成一种地方性知识,而应该具有普遍性的追求。这种普遍性追求,既体现为学术交流的开放性,包括积极与其他国家的同行展开对话、相互借鉴,避免出现学术研究的地域性偏颇;也体现为学术贡献的世界性,即中国的西方史学史研究如何为全球史学史研究提供中国视角。对此,以张广智为主的西方史学史研究团队合著的一系列著作的一个指导思想就是力图将世界视域与中国视角相融合,明确提出了"西方史学、中国眼光"这样的学术诉求。

结　语

总之，学科的发展，其背后的研究范式及话语构建都是与时代变迁密切相关的。如何看待和理解学术研究的时代性与现实性，如何使学术研究体现时代声音、回应现实问题等都是需要我们认真思考的问题。

首先，从现在开始，中国的西方史学史研究不应该只建立在一般性了解西方学者的史学观念及理论上，也不应该只关注史家、史著、个案分析、学派解读、观念阐释等，而应该建立在对各类原著更加精细的研读和分析基础上，并且将史学史视作一个反思性、批判性的学问。这是一个根本性的问题，有了这种意识，史家才会去思考史学史应该怎么写，考虑史学史未来是要写成单线的还是复线的，史学史的写作策略需要更进一步地做哪些尝试，等等。当然，具体关于思想史的方法论，从20世纪早期到现在已经出现了许多不同的范式，这些思想史的方法论如何迅速地运用到西方史学史的研究和写作里面，这是值得进一步探讨和尝试的。

其次，在当今的时代语境之下，无论逆全球化的各种言行如何喧嚣于世都不能够否认全球化本身这一客观事实。在以往的研究中，中国的西方史学史关注的都是具有西方文化身份的历史书写者，虽也会涉及其知识和思想的来源，但一般很少考虑将其历史认知作为全球交往的结果来看待。如今，我们需要往前推进一步，一方面，要分辨出西方史学书写过程中的哪些知识是来自西方之外的，它们又是如何被西方书写者本土化的。比如关于雅利安人的概念，是怎么样从西方的中心传到印度，然后在印度又是如何反过来去影响其自我认识的。另一方面，西方史学史研究也不能仅限于西方视角，撰写过程中应该有适度的中国关怀，考察中国特有的历史认识论该如何融入到对西方历史著作及其思想的解读中去，比如我们可以借鉴一个中国古代文本来反思在西方希罗多德研究中已普遍为人们所接受的历史认知模式。这样，我们在拿出成果和西方交流时，他们才可能看到我们独有的价值。然而，在这两方面的工作中，不仅仅意味着要走出各种中心论（无论是西方中心论还是中国中心论，抑或其他的什么中心论）的藩篱，也必须超越中西对照、高下之分、先进与落后等二元对立的思维模式，将我们的视野放在人类作为一个整体的框架中，既从历时的角度也要从横向的纬度来理解其思想发展的历程和未来可能的方向。同时，在探讨有关问题时，如何克服不同传统与理解方式之间的差异，如何才能接纳承认各种关切和批评意见的价值与合理性等，这些问题也是提高研究水平、促成普遍性思考的关键所在。

再次，在建构反思性研究范式的过程中，中国的西方史学史研究要扩展学术视野，第一，我们不能仅仅停留在史的阶段，而要以创造性的思维，从理论的视角构建我们的思想资源，因为历史的分析与理论的阐发彼此相融难分。也不能仅仅关注某几个史学大师或某些史学思潮，更重要的是要把背后的丰富性挖掘出来，这样才能为今后的创新提供有价值的营养，也才能给予我们反思性的力量和资源。第二，需要打破专业化的壁垒，不要因学科分化而局限自己，而是要力争消除这种分化所带来的负面影响，进行更深入的理论及具体研究,这样,未来的研究才可能在跨学科交流中形成真正的学术创新。第三,要注意国际化与本土化之间的张力,对话与交流并不意味着在问题意识和方法论上单向度地向国际学术界靠拢,这种"同质化"的结果带来的必然是自我的消解,难以做到言人所未言。

总之,作为思想史的史学史关涉的就是人类对于自我的理解,这些思想既可以是"历史"上的东西,也更应该是一种清醒的、活生生的当下的思考;同时,哪怕是"历史上"的思想,其思想的对象和根本的诉求也必然是现实的,因为它既是对过往思想的承接,也是面向未来思想的拓展。所以,它不应该只是被塞在各类学科的格子里,而是要贯穿各门学科;它也不应该只是在不同文化的逻辑中不证自明,而是要成为一种可以为人们所共享的精神资源。因此,思想史家的任务就不仅仅是研究和诠释经典文本,还应包括对现实的关怀、剖析,对未来人类发展的合理预设。作为思想史的史学史一定能够为这个宏大的历史叙述形成支撑,因为它应该是一种关乎人类共同体命运的"有思想的学术"。

最后,借用吴经熊先生在半个多世纪前的一句话结束本文:"我们既非向东,亦非向西,而是向内;因为在我们的灵魂深处,藏蕴着神圣的本体,那是我们真正的家园!"

本文原载《史学理论研究》2019年第1期,略有改动。

文明形态观

古代希腊罗马文明的"东方"想像

黄洋[①]

摘 要:希腊罗马文明在对"东方"诸民族与文明的认知中体现出一种东方主义特征。荷马史诗记叙的特洛伊战争预示了东西方的分野。希波战争之后,希腊人逐渐把以波斯为象征的东方想像成了典型的"蛮族",并且以波斯为原型塑造了一个抽象的"蛮族"形象,实际上形成了一个关于西方文明的"他者"的话语体系。到古典时代后期,希腊人关于"东方"的"他性"的话语体系在某种程度上推动了亚历山大东征并为其提供合法性依据。共和与帝制之交的罗马人接受和利用了希腊人的东方主义话语以实行对东方的统治。东方主义乃是西方文明中一个根深蒂固的悠久的思想与话语传统。

关键词:希腊;罗马;东方;西方

在现代人的观念中,"东方"和"西方"是两个有着根本性区别甚至截然相反的认识和思维范畴,"东方"和"西方"的区分从根本上左右了我们(包括西方人)看待世界的方式,成为我们政治话语内在的一部分,当然它也渗透到我们的学术话语之中。值得注意的是,从表面上看,这个区分是以地理划分的形式出现的,因而容易被我们看成科学知识的一部分,而认为是理所当然的。然而,从根本上来说,这个区分是一种文化上的划分,此一点已经为学者们所注意到。在《大陆的神话》一书中,美国学者刘易斯和维根对我们习以为常的诸多地理划分进行了分析,指出我们之所以对这些地理划分——尤其是大陆的划分和东西方的划分——深信不疑,是因为它们被纳入了近代开始成型的科学知识体系,但实际上,诸多地理划分在很大程度上是基于在长期的历史发展过程中积淀而成的文化区分,例如欧洲和亚洲的划分。纯粹从自然地理形态而言,欧亚大陆实际上是一个不可分割的整体,并没有明确的天然地理分界,但近代西方文明在建构科学知识体系的过程中,从自身的文化分界出发,将欧亚大陆划分成欧洲和亚洲两个大洲,并巧妙地将它纳入科学的知识分类体系之中,而成为普遍知识的一部分。同样,东方和西

① 作者黄洋,复旦大学历史系教授(上海 200433)。

方在根本上也是以文化区分为基础进行的划分。①在一个更为深刻的层面上，萨义德向我们揭示，不止东方，甚至西方也是欧洲的"虚构"（invention），是对自身以及异己文化体系进行研究、了解乃至理性化分类而形成的话语表述："就像西方一样，东方是一个观念，它具有其历史及思想、意象和语汇传统，正是这种历史及思想、意象和语汇的传统而在西方——并且是为了西方——赋予了它真实性和在场性。"②也就是说，东方是西方建构的作为自我对立面的一个"他者"，而且是西方"最深层、最经常出现的'他者'形象之一"。这个"他者"形象从两个方面发挥作用，一方面给西方提供了一面镜子，使之更清晰地认识自身，发展自身的传统；从这个意义上说，"东方""是欧洲物质文明和文化的内在组成部分"。另一方面，"他性"的话语体系成为引导乃至主宰东方的手段，作为关于东方的话语体系的东方主义是"西方主宰东方、重建东方和对东方具有权威的一种方式"③。话语由此而演变成了权力。

虽然萨义德所讨论的主要是西方对伊斯兰世界的想像，但其分析方法对于理解历史上不同时期西方的东方观却是具有启发性的，尤其是在古代希腊罗马世界，人们对"东方"的想像已经表现出明显的东方主义特征。早在1989年，英国学者霍尔在《构想蛮族人》一书中，就已借用"东方主义"概念来分析希腊悲剧中对"蛮族人"形象的塑造。④然而萨义德的理论并没有受到古典历史学家广泛的关注和足够的重视。虽然在20世纪80年代以来，有关古代希腊罗马文化中"自我"与"他者"的讨论成为热点，但少有研究直接触及其东方主义倾向。例如，一位著名古希腊史专家在1993年出版的一本影响广泛的讨论希腊人"自我"和"他者"叙说的书中，只是顺带提及了"东方主义"这一术语，尽管其参考书目收录了萨义德的著作。⑤与萨义德相比，本文更为注重希腊罗马文明关于东方的话语体系是在什么样的历史事件背景之下逐渐形成的；萨义德虽然注意到东方主义对西方文化的形塑作用，但他论述的重点乃在于它的政治意味，即东方主义如何作为一种话语权力发挥作用，本文的侧重点有所不同。在此必须指出的是，在不同的历史时期，西方文明所理解的东方，其地理范围和重心所在都是在不断变化的，在古代世界同样如此，这点在我们的分析中将会愈益明确。还必须说明的是，希腊罗马文明对东方的了解、想像和文化建构是一个不断进行的复杂过程，本文不可能对这一过程进行全面的论述。因此，本文所采取的方法是选取几个关键的阶段加以分析。

对于希腊人来说，东方和西方的对立和敌意是永恒的自然存在，而第一个详细记述东西方冲突的伟大事件的人是荷马。在归于他的不朽史诗中，围绕争夺海伦的战争成了东方和西方两大阵营的冲突。荷马告诉我们，交战的一方是整个希腊世界组成的联

---

① Martin W. Lewis and Kären E. Wigen, *The Myth of Continents: A Critique of Metageography*, Berkeley: University of California Press, 1997. 参见 Samuel P. Huntington, *The Clash of Civilizations and the Remaking of World Order*, New York: Simon&Schuster, 1996, p.158. 亨廷顿认为，从历史上看，欧洲的东部边界是文化的区分。

② Edward W. Said, *Orientalism*, New York: Vintage Books, 1994(first edition, 1978), p. 5. 译文为笔者自译，三联版中译本并没有完全表达作者的意思。

③ 引文分别见 Edward Said, *Orientalism*, pp. 1, 2, 3.

④ Edith Hall, *Inventing the Barbarian: Greek Self-Definition through Tragedy*, Oxford: Oxford University Press, 1989.

⑤ Paul Cartledge, *The Greeks: A Portrait of Self and Others*, Oxford: Oxford University Press, 1993. 其中第39页提及"东方主义"。

军,另一方以特洛伊为首,但集合了整个东方的力量。在列举双方军力的时候,荷马告诉我们,东方阵营除特洛伊外,还包括达达尼亚人(Dardanians)、泽勒亚人(Zeleians)、皮拉斯基人(Pelasgians)、帕约尼亚人(Paionians)、帕弗拉戈尼亚人(Paphlagonians)、米西亚人(Mysians)、弗里吉亚人(Phrygians)、马约尼亚人(Maionians)、卡里亚人、吕西亚人、色雷斯人等。[①]在这个清单中,帕弗拉戈尼亚、弗里吉亚、卡里亚、色雷斯被古典时代的希腊人看成是典型的蛮族之地,以盛产奴隶出名;其中色雷斯现在属于欧洲,但被归到了东方阵营,显然从一开始,东西方之分就带有文化区分的色彩。不过荷马史诗的主旨可能并不是为了建构一个东西方关系的模式,诗人也并没有把以特洛伊为首的东方诸邦刻意描绘成在文化上与希腊对立,其笔下的特洛伊在社会结构、价值观念乃至行为方式上和希腊诸王国并没有根本性不同,特洛伊的英雄和希腊英雄一样忠诚、勇敢。[②]修昔底德甚至认为,荷马没有使用"蛮族人"(barbaroi)这个词,而此时希腊人也没有同外部世界明确区分开来。[③]可以肯定的是,荷马并没有建立起"蛮族人"这样一个对立于希腊人的普遍的"他者"类型。但即使如此,史诗中已经开始流露出希腊与蛮夷之分的最初迹象。[④]学者们注意到,后来希腊文化用于表述"他者"的典型词语"蛮族人"(barbaroi)在荷马史诗中已经在一个复合名词中出现,在《伊利亚特》中,诗人称卡里亚人是"说蛮语者"(barbarophonoi)。[⑤]虽然一些西方学者提出,这个词主要用来表示卡里亚人的语言是希腊人无法听懂的,[⑥]并没有明显的贬损意味,但完全有理由认为,"说蛮语者"一词的出现本身就表示希腊人开始认识到一些特定外族文化的异己性,并试图以希腊文化为坐标来对其加以表述,因此并非无足轻重。[⑦]在西方文化的东方观方面,荷马的重要性在于对后世而言,第一个揭示了东西方之间的巨大对立和冲突。由于希腊人把荷马史诗看成是他们最早的历史记载,因此似乎从一开始,西方和东方就是对立的。也因为如此,希罗多德在撰述另一场东方和西方的战争即希波战争的时候,自然而然地就把东西方的敌对关系追溯到了荷马。在其"探究"(historiae,后世译为《历史》)的起始,希罗多德即以看似客观报道的方式,讲述了波斯人对于希腊人和"蛮族人"之间的敌意的看法,认为这些敌意最初是双方强抢对方的妇女所造成的。之所以爆发特洛伊战争,就在于双方对于抢劫妇女持全然不同的态度:"波斯人说亚细亚人并不把强抢妇女当回事,可希腊人却仅仅为了一个拉凯梦德(即斯巴达)妇女就集合了一支大军,侵入亚细亚,消灭了普里阿姆的王国。自此以后他们就相信希腊世界对他们永远持有敌意了,因

---

① Homeri Opera, *Iliadis*, Ⅱ, 811-877, Scriptorum Classicorum Bibliotheca Oxoniensis, Oxford University Press, third edition, 1920.

② 参见 Edith Hall, op. cit., pp. 19-47;徐晓旭:《古代希腊民族认同的形成》,复旦大学博士后研究报告,2003 年 6 月,第 71 页。

③ Thucydides, *Historiae*, I, 3, Scriptorum Classicorum Bibliotheca Oxoniensis, Oxford University Press, 1942.

④ 例如有学者注意到,荷马似乎认为只有特洛伊一方的战士才表现出了懦弱的一面,见 Andrew Erskine, *Troy between Greece and Rome: Local Tradition and Imperial Power*, Oxford: Oxford University Press, 2001, p. 53.

⑤ Homeri Opera, *Iliadis*, Ⅱ, 867.

⑥ 例如 Paul Cartledge, *The Greeks: A Portrait of Self and Others*, Oxford: Oxford University Press, 1993, p. 38.

⑦ 参见 François Hartog, *Mémoire d'Ulysse. Récits sur la frontière en Grèce ancienne*, Paris: Gallimard, 1996, p. 88;徐晓旭:《古代希腊民族认同的形成》,第 64-70 页。

为他们波斯人拥有亚细亚及其蛮夷诸邦（τὴν γὰρ Ἀσίην καὶ τὰ ἐνοικέοντα ἔθνεα βάρβαρα οἰκηιοῦνται οἱ Πέρσαι），而欧罗巴和希腊世界则殊异于他们。"①尽管希罗多德托称这是波斯人的看法，但不难看出，它更准确地反映了希腊人的观念。公元前334年，亚历山大开始他的东征计划，在渡过赫勒斯滂海峡进入亚细亚之后所做的第一件事，就是前往特洛伊献祭，并用自己的盔甲换得一套特洛伊战争时留下的盔甲，以后在战斗中他都随身携带着这套盔甲。②显然，亚历山大也有意识地把东西方的敌对追溯到荷马史诗记载的特洛伊战争。在两千多年后，黑格尔仍然写到，荷马的《伊利亚特》描述了"希腊人远征亚洲人，为着解决巨大矛盾而进行了最早的传奇式的斗争。这些战役形成了希腊历史在世界史中的转折点"③。也许更为重要的是，荷马史诗从一开始就确立了一个西方表述东方、书写东方的模式，西方就已掌握了关于东方的话语主动权，特洛伊并没有留下任何关于自己文化的记载，东方成为沉默的被表述者、被书写者，因而成了被建构的对象。

公元前5世纪前期的希波战争被希腊人看成是继特洛伊战争之后另一场巨大的东西方冲突，它对西方之东方观的形成起到了关键性的作用。④在直面波斯这个共同的敌人时，希腊人强烈地意识到他们虽然分为成百上千个城邦，但却属于同一民族，而入侵的波斯则成为他们的对立面。对希腊人而言，这时的波斯代表了整个亚细亚、整个"东方"，包括埃及，就像悲剧家埃斯库罗斯在《波斯人》一剧中所说："来自整个亚细亚佩带军刀的军队在波斯王可怕的队列中蜂拥而来。"⑤希腊和波斯持久的战争、东方潜在威胁的存在，促使希腊人去研究和了解东方世界，并且从观念上把握它，用一种有意义的话语方式去表述它。正是在这样的背景之下，西方关于东方的话语体系开始形成。在萨拉米海战之后的第8年（前472），埃斯库罗斯的《波斯人》在雅典上演。这是现存最早的希腊悲剧，也是唯一一部现存的以现实为题材的悲剧。它从波斯的角度，描述了萨拉米海战的经过和波斯国王薛西斯败退回国的情景。故事的场景设在波斯王宫，王太后和大臣们一面对波斯威严的君主和强大的武力充满信心，一面焦急地等待着波斯军队的战况。王太后不断询问波斯的主要对手雅典的情况："是谁统治他们？他们服从什么样的主人？"得到的回答却是："他们不是任何人的奴隶，也不是任何人的臣民！"⑥这时信使到达，报告了波斯军队败于萨拉米的消息和遭受的惨重损失，并描述了战斗的过程，说战斗开始之时，希腊人高呼口号："前进啊，希腊的男儿们！解放你们的祖国！解放你们的妻子儿女，你们神明的圣殿，你们祖先的墓地！"而己方则是各种嘈杂的喊声，宛如丧家之犬。⑦最后，衣衫不整的薛西斯仓皇回宫，悲剧在波斯人一片悲切的哀号声中落

---

① Herodotus, *Historiae*, I, 4.3-4, Scriptorum Classicorum Bibliotheca Oxoniensis, Oxford University Press, 1927, third edition. 如未经注明，本文所引古典文献均为笔者根据原文译出。

② Arrian, *Anabasis of Alexander*, VI, 9.3, Loeb Classical Library, Cambridge, MA: Harvard University, 1976, revised edition.

③ 黑格尔：《美学》第3卷下册，朱光潜译，北京：商务印书馆，1981年，第129页。

④ 参见 François Hartog, op. cit., p. 89.

⑤ Aeschylus, *The Persians*, 56-58, Loeb Classical Library, Cambridge, MA: Harvard University Press, 1973, revised edition.

⑥ Aeschylus, *The Persians*, 241-242.

⑦ Aeschylus, *The Persians*, 402-405.

幕。悲剧实际上歌颂的是希腊和雅典的胜利,并且把希腊的自由、民主、胜利和波斯的专制、奴性、失败对立起来,但却是通过波斯之口表述出来,可以想见,这在作为胜利方,并且亲自参加过战役的许多雅典观众面前,是多么具有戏剧性的效果。埃斯库罗斯以戏剧的方式和观众十分熟悉的主题,将作为希腊对立面的波斯这个"他者"及其"他性"展现在了雅典人面前。英国学者霍尔在仔细解读了《波斯人》之后得出结论说,该剧"对波斯人的描述是基于希腊和蛮族的对立;蛮族特性不仅通过煞费苦心的语言风格,而且还通过一组特别的新的词汇、象征物、引人注目的行为,可能还有抑扬的节奏以及过度的情感宣泄(尤其是在落幕一场)而有力地表现出来……它代表了'东方主义'档案中的第一份无可争议的文件,从此欧洲的想像通过把亚洲居民概念化为失败的、奢华的、冲动的、残忍的以及总是危险的类别这种东方主义话语来主宰亚洲……《波斯人》用于表达其东方主义的语言,是诗人们在希波战争期间和之后大胆寻找一种新的文学语言的结果,这种新的语言寓意希腊的主导地位和表达入侵者的'他性'"[1]。萨义德则着重从西方对东方的表述方面来解读《波斯人》中所表现出来的东方主义色彩,他认为"亚洲通过欧洲的想像说话,并且是由于欧洲的想像才能说话,这一想像被描绘成是对亚洲——大海那边敌对的'他者'世界——的胜利。亚洲被赋予了空虚、失落和灾难感,这种感觉在以后似乎一直是'东方'挑战'西方'的回报";在这里"系统地表述'东方'的是欧洲;行使这一表述特权的不是一个傀儡,而是一个真正的创造者,其所具有的生死予夺的权力表述、激活并构建了那位于熟知的边界之外原本沉默的和危险的空间"[2]。

如果像霍尔所说,悲剧是用于表达"他性"的一种新的文学语言,那么同样是在希波战争之后诞生的历史学无疑也是如此。[3]希罗多德赖以获得"历史学之父"称号的著作正是为了记述这场东西方之间的较量。对于《历史》这部著作的整体性,学术界不无疑惑,因为其结构看起来过于松散,希罗多德似乎经常性地偏离希波战争的主题,而醉心于描写异族的文化、风俗与传说;事实上整部著作的前4卷主要描写的是希腊以外各地的风土人情、历史典故,只有后5卷集中于叙述希波战争,作者着力描写的民族包括吕底亚人、波斯人、吕西亚人、卡里亚人、巴比伦人、埃及人、印度人、斯基太人、利比亚人、埃塞俄比亚人和传说中的亚马孙女人族,提到的民族则更多。作者之所以花费如此多的笔墨描写已知世界的诸民族,也许并非如有些学者所想象的那样,是出于其开明的思想、对待异族的公正态度,[4]或像普鲁塔克所说他是"热爱蛮族者"(philobarbaros);对其所描述的奇风异俗,亦不能像另一种传统那样,简单地斥之为谎言。他试图向希腊人描绘整个世界的图景,但不仅仅限于此,更重要的还在于他使用特定的价值标准和不同范畴来解释世界,告诉读者如何划分、如何看待世界。[5]在他看来,这整个已知世界是分成两个截然对立的部分的,即希腊人和蛮族人,就像他在《历史》开头所表明的那样,他的

---

① Edith Hall, op. cit., pp.99-100.

② Edward Said, op. cit., pp.56-57.

③ Simon Hornblower (ed.), *Greek Historiography*, Oxford: Oxford University Press, 1994, pp.15-16, 注24。

④ 张广智:《西方史学史》,上海:复旦大学出版社,2000年,第20页。

⑤ James Redfield, "Herodotus the Tourists", in Thomas Harrison(ed.), *Greeks and Barbarians*, Edinburgh University Press, 2002, pp.24-49; *Classical Philology* 80(1985), pp.97-118.

"探究"乃是为了"使人类的事迹不致为时间所吞蚀,使希腊人和蛮族人伟大而令人惊叹的成就不致变得默默无闻,尤其是他们相互进行战争的原因"①。在他看来,他所描写的诸多蛮族都是波斯帝国的一部分,实际上构成了一个对立于希腊的整体,也就构成了希腊世界的"他者"。正像法国学者阿尔托格所论述的那样,希罗多德的《历史》实际上是一面镜子,通过建构一个"他性"(altérité)的普遍类型、通过对"他者"的种种特性的描述,使希腊人更清楚地认识自己,明晰自己核心的文化与价值观念。阿尔托格进一步论述到,这面镜子体现在两个层面,一是对于希罗多德的希腊读者来说,蛮族人及其"逻各斯"显得如此不同,以至于形成了他们的对立面;二是希罗多德本人也有意识地运用排比、对照、区分、类比、分类、倒错等各种文学表现手法,来突出蛮族人和希腊人的不同,以至于构成了一种"他性的话语体系"(une rhétorique de l'altérité)。尤其能说明问题的是蛮族人在思维方式或风俗习惯方面的"倒错"(inversion)。②不少学者认为,希罗多德注意到埃及文明对希腊文明的影响,因而对埃及文明并不持贬损的态度。当然,"他性"类型的建立并不意味着一味的贬损,更多地在于建立一个根本上不同的类型。对希罗多德来说,埃及恰恰是一个倒错的类型,他说:"不仅埃及的天气奇特,尼罗河和其他地方的河流不同,而且他们(埃及人)所有的举止和习俗都和其他的人完全倒错。"接着他列举了一系列例子,包括妇女站着小便、男人蹲着小便等。③对此英国学者卡特里奇评论说:"无论如何,从头到尾左右希罗多德埃及叙事的是两极对立,它成就了这个'倒错世界'之他性的权威叙述。"④不过,最大的倒错还是体现在亚马孙女人族身上,对希腊人来说,城邦从根本上来说是男性公民的共同体,但亚马孙女人国是女性的天下,根本没有男性的位置;对希腊人来说,战争是男人的义务,婚姻则是女人的命运,但亚马孙妇女完全扮演了男性的角色。显而易见的是,即使希罗多德也不会轻信亚马孙女人族存在的真实性,但他仍然把关于她们的传说包括在自己的记叙之中,恰恰是因为这个传说凸现了蛮族和希腊的对立。

亚马孙女人族在希罗多德的记叙中出现,还具有另一个象征意义,它说明在希罗多德的观念中,"他者"已不是一个特定的波斯帝国,而成了一个以波斯或亚洲为象征、包括所有蛮族的具有普遍意义的类型——它不仅包括真实存在的蛮族,还包括仅仅在传说和想像中存在的蛮族。这个普遍的"他者"类型也反映在同一时期希腊(尤其是雅典)意识形态的其他领域。在雅典的市政广场(Agora)上,有一座建于公元前460年左右的柱廊式公共建筑,因其墙上的绘画而著称。虽然它已为时间所吞噬,但公元2世纪的希腊旅行家宝桑尼阿斯告诉我们,中间一幅出自色雷斯画家波吕诺托斯(Polygnotos)之手的名作描绘了提修斯和雅典人击败亚马孙女人族的战争、希腊人占领特洛伊的情景以

---

① Herodotus, *Historiae*, Ⅰ(卷首语).

② François Hartog, *Le miroir d'Hérodote : Essai sur la représentation de l'autre*, Paris: Gallimard, 1991(Nouvelle édition revue et augmentée, premièreédition, 1980)."他性的话语体系"见第二部分第一章的标题;关于"倒错"的讨论见第227-229页.

③ Herodotus, *Historiae*, Ⅱ, 35-36.

④ Paul Cartledge, op. cit., p. 58.

及马拉松之战中雅典人痛击波斯军队的情景。①将这三个原本互不关联的主题联系在一起的正是这个具有普遍意义的"他者"类型,亚马孙女人族和特洛伊人、波斯人一起构成了希腊世界的"他者",对立于西方的东方,对立于欧洲的亚洲。同样的情形出现在坐落于雅典卫城的雅典娜神庙(即巴特侬神庙)的浮雕上,这座因被波斯人烧毁而于公元前447年开始重建的标志性建筑集中体现了雅典人关于希腊性和非希腊性的认知,其北面柱间壁(metope)上的浮雕描绘特洛伊战争的情景,西面和南面则分别描绘希腊人和亚马孙女人族的战争、希腊人和半人半马族的战争等神话主题,内侧饰带(frieze)着重表现的主题之一是抗击波斯入侵的马拉松之战。不难看出,神庙的建造者实际上在以一种微妙的但却是确凿无疑的方式,向他们的希腊同胞渲染希腊人和他们的东方敌人的总体对立,举凡传说中来自东方的(甚或不是东方的)、曾经和希腊人发生冲突的民族都成了波斯的同类,其中最为突出的是特洛伊人形象的变化。在这个建构普遍性"他者"的过程中,荷马笔下本来和希腊人没有太大差别的特洛伊人被看成是波斯人的前身,被彻底地蛮族化了,正如英国学者厄斯金(Erskine)所指出的那样:"在波斯入侵之后的时期,特洛伊战争似乎为和波斯的搏斗提供了一个神话中的先例,其中希腊人战胜了强大的东方王国。像波斯人一样,特洛伊人也开始被冠以'蛮族人'这个用于所有非希腊人的贬损称号。"②在悲剧中,希腊的剧作家也开始用波斯人的形象来塑造特洛伊人,给传说中的特洛伊人穿上了波斯服装。非但如此,神话中其他的非希腊人物也纷纷被描绘成东方的蛮族形象。③学者们对希腊陶画的研究表明,在公元前5世纪中叶,彩陶艺术家表现一些传统神话主题的方式发生了戏剧性的变化。例如,在公元前5世纪中叶以前,传说中的弗里吉亚王米达斯、特洛伊王普里阿姆和王子帕里斯通常被描绘成希腊人的形象,但在此之后,他们都穿上了波斯服饰(或者彩陶艺术家想像中的波斯服饰)。④陶艺家对希腊英雄赫拉克勒斯杀死埃及国王布西里斯(Bousiris)这个神话主题的处理尤其能说明问题,其间希腊特性和蛮族特性的对比以多种方式体现出来。例如,作于公元前470年左右、被希腊艺术史家归于 Pan Painter 的一幅陶瓶画表现赫拉克勒斯击杀布西里斯及其祭司的场面。陶艺家采用表现胜利者的典型手法来刻画赫拉克勒斯的形象,他的身体前倾,显得势不可挡,令人想到同样是陶瓶画中描绘的阿喀琉斯和赫克特尔的决斗场面。布西里斯则身体后仰,作惊恐之状。不只如此,赫拉克勒斯俊美的身体也同埃及人形成对比,其茂密的头发和胡子使他显得成熟而不失英俊,生殖器小如孩童体现出希腊男性的节制与理性;布西里斯及其随从的女性化服饰及秃头是希腊人眼中典型的丑陋男性形象,其施行过割礼的生殖器也是蛮族的象征。⑤进一步的研究表明,早

---

① Pausanias, *Description of Greece*, I, 15.2-4. Loeb Classical Library, Cambridge, MA: Harvard University Press, 1918.

② 参见 Andrew Erskine, *Troy between Greece and Rome: Local Tradition and Imperial Power*, Oxford: Oxford University Press, 2001, 第70页及以下。马拉松之战这个主题是通过描绘牺牲的192名雅典战士来表现的。

③ Edith Hall, op. cit., chapter 3.

④ Keith DeVries, "The Nearly Other: the Attic Vision of Phrygians and Lydians", in Beth Cohen (ed.), *Not the Classical Ideal: Athens and the Construction of the Other in Greek Art*, Leiden: Brill, 2000, pp. 338-3630.

⑤ Claude Bérard, "The Image of the Other and the Foreign Hero", in Beth Cohen (ed.), op. cit., pp. 390-412. 希罗多德亦提及埃及男子秃头和割礼习俗,参见 *Historiae*, II, 36.

期描绘这一主题的陶瓶画强调布西里斯及其祭司的埃及特性，而到公元前5世纪中期以后，其埃及特性为波斯特征所替代。①我们看到，一个以波斯人为原型的"东方人"形象逐渐定型，他"包含了北面、东面和南面的所有民族，包含了神话民族和真实存在的民族"，这个"东方人"成为希腊人典型的"他者"。在逐步建构一个抽象化"他者"的过程中，希腊人赋予了其神话传说以新的东方化内涵，东方主义的话语成为重新诠释其文化传统的方式。

　　东方主义的话语一旦形成，它就成为"西方"主宰"东方"的一种方式，为其提供合理性解释。这种主宰首先是观念上的，通过对"他者"的表述，希腊人获得了一种文化上的优越感：他们是自由的、优美的、勇敢的、胜利的，"东方人"则是奴性的、丑陋的、懦弱的、失败的。公元前4世纪的演说家伊索克拉底的一段话颇能说明东方主义话语如何塑造这种文化优越感，他说到，希腊和波斯的敌对"是如此深深地扎根于我们的思维中，以至于在神话领域中我们最热衷于阅读特洛伊战争和希波战争，其中我们能读到他们（指亚洲人）的灾难与失败。可以发现是我们和蛮族人之间的战争催生了凯旋颂歌的诗歌形式……我认为即使是荷马的史诗，也因对那些向蛮族世界开战的勇士们的动人赞美而获得殊荣，这是为什么我们的祖辈们要在音乐竞赛中诵读他的诗歌，在青年人的教育中以其为范本的原因。这样对史诗的耳濡目染使我们能够牢记它所记载的敌我对立，使对那些战士英雄气概的仿效能够激发相似的行为"②。当然，对伊索克拉底来说，西方即希腊对东方的优越性还不应仅仅停留在观念层面上，希腊人还应该去战胜波斯人，主宰波斯人，事实上他所说的"激发相似的行为"即指此而言，他这篇演说的主题就是号召希腊各邦团结起来，共同对付波斯这个希腊人的宿敌。在年逾九旬的时候，他仍然念念不忘这一愿望，并亲笔上书马其顿王菲力浦，劝谏他亲和希腊诸邦，统领它们远征波斯，建立其祖先赫拉克勒斯攻占特洛伊那样的功绩。③他提出的一个理由是，"让亚细亚人比欧罗巴人更强大，蛮族人比希腊人更昌盛，将是何等的耻辱"，"绝不能允许这类事发生，应该导致完全相反的局面"。④比伊索克拉底略晚的亚里士多德也阐述了类似的观点，他说在天性上"蛮族人"比希腊人更具奴性，亚细亚人比欧罗巴人更具奴性，⑤因此，亚细亚人理应被统治和被奴役，希腊人则有能力统治所有其他人。⑥曾经做过亚里士多德学生的亚历山大之所以果敢地远征亚细亚，无疑同上述思想的普遍蔓延有关。据说在他继位之年，希腊诸邦就在科林斯召开会议，推举他统领希腊人入侵波斯。希腊的许多哲学家和政治家都来鼓励和祝贺他。⑦在进入亚洲之后，亚历山大所做的第一件事就是前往特洛伊，祭拜像阿喀琉斯这样参加过战争的希腊英雄，⑧希望建立像他们那样的功业，征服东方的蛮族人。显而易见，希腊人将东方诸族蛮族化的东方主

① Margaret C. Miller, "The Myth of Bousiris: Ethnicity and Art", in Beth Cohen（ed.）, op. cit., pp. 413-442.

② Isocrates, *Panegyricus*, 158-159, Loeb Classical Library, Cambridge, MA: Harvard University Press, 1928.

③ 马其顿王室宣称自己是赫拉克勒斯的后裔。

④ Isocrates, *To Philip*, 132, Loeb Classical Library, Cambridge, MA: Harvard University Press, 1928.

⑤ Aristotle, *Politica*, 1285a19-22, Scriptorum Classicorum Bibliotheca Oxoniensis, Oxford University Press, 1957.

⑥ Aristotle, *Politica*, 1328a27-32.

⑦ Plutarch, *Life of Alexander*, 14, Loeb Classical Library, Cambridge, MA: Harvard University Press, 1919.

⑧ Arrian, *Anabasis of Alexander*, I, 12.1-2; Plutarch, *Life of Alexander*, 15.

义话语方式,这时候为亚历山大的侵略与征服提供了一种合理性的辩护。亚历山大及其追随者也有意识地利用这一话语方式,将自己塑造为光明的使者和文明的播撒者,为此他们虚构了酒神狄奥尼索斯东巡的传说。据说当亚历山大率军攻入印度库纳尔河以东的城市尼萨(Nysa)时,那里的居民恳求亚历山大的宽恕,宣称他们是酒神随从的后裔,并说当初酒神在东游征服印度时在此建城,命其随从定居于此,就像亚历山大本人在东征中建立的殖民城市一样,而且还赞扬亚历山大的成就胜过了酒神狄奥尼索斯。①这里狄奥尼索斯被描绘成了文明的伟大播撒者,他来到东方,将农业和城市生活的方式传给当地居民,给予他们法律和战争的技艺,从而把他们从野蛮人教化成了文明之人。学者注意到,这个神话完全是在亚历山大东征的过程中创造的,因为在此之前,希腊文献传统中几乎没有关于狄奥尼索斯东游的记载。②希腊化时代的大学者埃拉托斯剃尼说,这是不可信的传说,斯特拉波则相信,这是"亚历山大的献媚者的捏造"③。就此阿里安评论到,亚历山大想要相信关于酒神的传说是真实的,相信尼萨确实为酒神所建,这样他就可以认为自己不仅到达了酒神所到之地,而且超越了他。④不难看出,这个新的神话其实意在为亚历山大的征服辩护,寓意他也像狄奥尼索斯神一样,是个伟大的文明播撒者,而非暴虐的征服者。我们看到,这里展现的是一个复杂的东方主义话语和东方主义实践交互作用的过程。东方主义的话语为对东方的征服提供了合理性的解释,反过来,对东方的征服又丰富了东方主义的话语体系。从此以后,亚历山大作为文明播撒者的形象便挥之不去。公元1至2世纪之交的作家和道德哲学家普鲁塔克甚至撰写了一篇题为《论亚历山大的运气或美德》的专论,大肆渲染亚历山大的征服之功:"他在整个亚细亚建立了希腊人的统治,并因此而改变了其未开化的和野蛮的生活方式。"⑤普鲁塔克的这篇专论也为现代西方众多研究亚历山大的著作确定了基调,一些最有影响力的研究著作例如塔恩的两卷本《亚历山大大帝》,就将亚历山大描绘成世界大同的梦想者。⑥古代的东方主义话语延续到了今天。

由此看来,亚历山大的形象在罗马文明的鼎盛时期广受欢迎就丝毫不令人吃惊了。作为一个新兴的征服民族,罗马人需要这样一个文明播撒者的形象来为自己的征服辩护。因此,至迟在公元1世纪,拉丁作家就称庞培为"新亚历山大",而且这一称号很可能在公元前63年庞培征服亚细亚之后就出现了。⑦屋大维的支持者也把他比作亚历山

① Arrian, *Anabasis of Alexander*, Ⅴ, 1.

② A. B. Bosworth, *Alexander and the East: The Tragedy of Triumph*, Oxford University Press, 1996, pp. 120-122.

③ Strabo, *Geography*, 15, 1. 7-9, Loeb Classical Library, Cambridge, MA: Harvard University Press, 1930.

④ Arrian, *Anabasis of Alexander*, Ⅴ, 2. 1.

⑤ Plutarch, *Moralia*, 328e, Loeb Classical Library, Cambridge, MA: Harvard University Press, 1936.

⑥ W. W. Tarn, *Alexander the Great*, Cambridge: Cambridge University Press, 1948, vol. Ⅱ, p. 400;参见 A. B. Bosworth, op. cit., 第2-4页及以下对这一传统的批评。

⑦ Pliny the Elder, *Natural History*, 7.95-100, Loeb Classical Library, Cambridge, MA: Harvard University Press, 1942; Plutarch, *Life of Pompey*, 2, Loeb Classical Library, Cambridge, MA: Harvard University Press, 1918;参见 Jacob Isager, "Alexander the Great in Roman Literature from Pompey to Vespasian", in Jesper Carlsen, Bodil Due, Otto Steen Due and Birte Poulsen(eds.), *Alexander the Great: Reality and Myth*, Rome: "L'Erma" di Bretschneider, 1993, pp. 75-84.

大，即连西塞罗这样坚定的共和派也不例外。①他本人则似乎刻意以亚历山大为榜样来塑造自己的形象，据说他在亚历山大里亚时曾专门拜祭亚历山大之墓，后来令人绘制了许多亚历山大的画像，甚至使用雕刻亚历山大头像的印章签署诏令。②甚至关于他出生的传说，也和亚历山大一样。早在获得奥古斯都封号之前，在他击败安东尼的时候，就有传说提到其母阿缇娅（Atia）在生他时，并非由其父致孕，而是由化作蛇蟒的阿波罗神致孕。这个传说和此前关于亚历山大出生的传说如出一辙。③公元2年，在以自己名字命名的广场（Forum Augustum）落成之时，奥古斯都安排了模仿萨拉米海战的表演，意在强调他像亚历山大一样，是波斯侵略的复仇者和东方的征服者。④事实上，还在同安东尼争夺罗马最高统治权的时候，奥古斯都就开始有意识地塑造其作为西方文明保卫者和东方征服者的形象，其对手安东尼则被贬斥为东方人的形象。公元前40年，尚未获得奥古斯都称号的屋大维和安东尼在布隆迪西乌姆港（Brundisium）达成暂时和解协议，瓜分了罗马世界的西部和东部。2世纪末3世纪初的历史学家狄奥·卡修斯记载说，在当晚举行的庆祝宴会上，屋大维表现出了罗马人勇武的气质，而安东尼的举止则像一个东方人或埃及人。⑤在他看来，屋大维同安东尼之间的战争成了"意大利和奢华的东方以及和以长着畜生头的神明及腐化为特征的埃及之间的战争"，成了东西方之间的殊死搏斗。这位元老出身的历史学家显然接受了罗马帝国官方的历史叙述传统，它可以直接追溯到奥古斯都的政治宣传。在和安东尼暂时而脆弱的和约完全破裂以后，屋大维掀起了一场声势浩大的宣传攻势，宣称安东尼丧失了一位罗马将军所应有的理智，完全拜倒在克丽奥帕特拉这位野心勃勃的东方女王的脚下，成为她实现其征服和统治罗马（即西方）梦想的工具。⑥公元前32年，屋大维公开宣战，但他宣战的对象并不是实际的敌人安东尼，而是克丽奥帕特拉，即以她为象征的东方。⑦这就是说，他打着向东方宣战的名义和安东尼争夺罗马的最高统治权。也就是在这样一个过程中，东方被进一步妖魔化了，公元前31年的亚克兴之战因此而被看成是东西方的决战。罗马最伟大的诗人维吉尔歌颂道：

① Cicero, *Philippic*, 5. 17. 48, Loeb Classical Library, Cambridge, MA: Harvard University Press, 1926. 西塞罗在此将屋大维比作亚历山大来为他违背共和制传统的诸多殊荣辩护。

② 祭拜亚历山大之墓，参见 Cassius Dio, *Roman History*, LI, 16. 3-15, Loeb Classical Library, Cambridge, MA: Harvard University Press, 1917; Suetonius, *Augustus*, 18. 1, Loeb Classical Library, Cambridge, MA: Harvard University Press, 1998, revised edition; 亚历山大画像，见 Pliny the Elder, *Natural History*, 35. 93-94; 使用亚历山大头像的印章，见 Cassius Dio, LI, 3. 5-7; Suetonius, *Augustus*, 50.

③ Paul Zanker, *The Power of Images in the Age of Augustus*, Ann Arbor: The University of Michigan Press, 1988(paperback edition 1990), pp. 50-51 和图39证明，屋大维及其支持者有意识地利用这一传说为自己进行政治宣传。

④ Ovid, *Art of Love*, I, 171ff, Loeb Classical Library, Cambridge, MA: Harvard University Press, 1979.

⑤ Cassius Dio, *Roman History*, XLVIII, 30.

⑥ 罗马史学传统中充斥着这样的记载。曾任宫廷枢密官的斯韦托纽乌斯记载奥古斯都力图揭露安东尼的行为不符合罗马公民的身份（*Augustus*, 17）；被哈德良皇帝任命为地方官的普鲁塔克则说，同克丽奥帕特拉相遇使安东尼迷失了心性，成为她的工具（*Life of Antony*, 25, 36, 62ff）；狄奥·卡修斯（*Roman History*, L, 4）记载说罗马人相信，如果安东尼获胜，他将把罗马拱手让与克丽奥帕特拉。

⑦ Cassius Dio, *Roman History*, L, 4; Plutarch, *Life of Antony*, 60, Loeb Classical Library, Cambridge, MA: Harvard University Press, 1920.

……留卡特岛上兵马繁忙的情状历历在目,金色的波光粼粼。一边是奥古斯都率领着意大利人作战,在他一边有元老们和平民们,家神和司国家命脉的大神,而他巍然立在船头,额角吐出两道轻快的火光,他父亲恺撒的星在他头顶照耀着。……对面是安东尼率领着蛮族的力量和各种各样的武器,因为他刚从远征东方日出诸国和红海沿岸胜利归来,他率领着埃及人和整个东方的军队,包括最为遥远的巴克特里亚,①跟随他的还有——说来可耻——一个埃及妻子……她所崇奉的各种各样的妖神,包括嚎叫着的狗头神阿努比斯也都向尼普顿、维纳斯和密涅尔瓦投掷武器。……但是亚克兴的阿波罗在天上看到这一切,正在弯弓准备射箭;所有的埃及人、印度人、阿拉伯人和萨拜人都吓得转身逃跑。②

显然维吉尔想像的是西方和整个东方的决战,这位奥古斯都最伟大的支持者和歌颂者的表述正是其意识形态宣传的直接反映,由于他在西方文化中的崇高地位,其不朽诗歌在很大程度上促使东方主义的话语方式固化了,永恒化了。至此可以说,东方主义在古代希腊罗马文明中业已形成了深厚的传统。

由此看来,萨义德所揭示的一般意义上的东方主义可以追溯到西方文明的源头,在古典时期即已成为西方文化的一个显著特征。和东方的接触、冲突、交汇促使希腊罗马人去认知和了解东方,更重要的是,促使他们以某种方式来把握东方。在这个历史过程中,希腊罗马人逐渐把东方类型化和普遍化为他们自身的对立面和最为深层的"他者"形象,并且形成了一套关于这个"他者"的话语体系,亦即东方主义的话语体系。东方主义进而成为希腊罗马人认知和把握东方的方式,它从两个方面发挥作用。一方面,通过对"他者"的"他性"特征的表述,希腊罗马文明进一步明晰和凸显了自身的文化特性和核心价值如民主、自由、节制、勇敢、文明以及胜利,从而强化了其文化认同,并深刻地影响了希腊罗马乃至整个西方文明的走向;另一方面,也正是通过对"他者"的"他性"特征的表述以及"自我"和"他者"的比照,希腊罗马文明逐步建立了自身的文化优越感及其对于东方的优势,从而为其主宰乃至统治东方提供合法性依据,从这个意义上说,东方主义又成为"西方"统治"东方"和对"东方"具有优势的一种方式,从而深刻地影响了东西方文明之间的关系。至此似乎也可以说,东方主义的思想和话语在西方之所以经久不衰,乃是因为它根深蒂固,有着悠久的传统。

本文原载《历史研究》2006年第1期,略有改动。

---

① 即中国史书上所载之大夏。
② 维吉尔:《埃涅阿斯纪》,Ⅷ,678-706。译文引自译林出版社1999年中译本(杨周翰译),第226-227页,据牛津大学1900年拉丁文原版(*P. Vergili Maronis Opera*)略有修改。

古典学与东方学的碰撞：古希腊"东方化革命"的现代想象*

李永斌[①]

摘　要：希腊"东方化革命"的概念最早于1990年由博德曼提出，伯克特的《东方化革命》一书使其广为人知。"东方化革命"的提出和影响的扩大，其实是"东方化"和"东方化时代"这两个话题的延续和扩展。"东方化革命"本身不是一个纯粹历史性的概念，而是混合了诸多想象的成分，实际上是对艺术史上"东方化时代"的扩大化理解，也是古典学与东方学、古典主义与东方主义在现代政治语境中碰撞的结果。

关键词：东方化时代；东方化革命；古典主义；东方主义；古希腊

20世纪70年代以来，学术界掀起了一股东方研究热潮。这股热潮在世界古代史研究领域中也有较为迅速的反应。有学者提出古希腊"东方化革命"的命题，认为公元前750年至公元前650年这一时期，埃及、利凡特、美索不达米亚等东方文明给予希腊文明革命性的影响，根本上改变并决定了希腊文明的基本面貌。本文通过对具体史料的分析以及对"东方""东方化""东方化时代""东方化革命"等一系列概念的考量，得出的基本结论是：希腊历史上的"东方化"，是确实发生过的历史现象，但是其范围主要局限在艺术领域；文学、宗教、文字、语言等领域有一定程度的"东方化"。但艺术上的"东方化"并没有引起希腊社会的结构性变化，因而"革命"无从谈起。"东方化革命"是对艺术史上"东方化时代"的扩大化理解，更深层次背景则是古典学与东方学、古典主义与东方主义在现代政治语境中碰撞的结果。

---

* 本文系北京市教委人文社会科学重点项目暨北京市哲学社会科学规划项目"古代希腊与东方文明的交流与互动研究"（批准文号：SZ201310028015）、国家社会科学基金一般项目"希腊'东方化时代'研究"（批准文号：14BSS035）的阶段性成果。

① 作者李永斌，首都师范大学历史学院教授（北京　100089）。

一、"东方化革命"的提出

希腊"东方化革命"这一概念最早见于1990年,英国古代艺术史家和考古学家约翰·博德曼(John Boardman)在《阿尔米纳与历史》一文中使用了"东方化革命"(Orientalizing Revolution)这一术语。他在该文中指出,"希腊物质文化的东方化始于公元前900年左右,开始是零星的工匠移民和物件的引入。希腊大陆上真正的东方化革命,是公元前8世纪的一种现象,由北叙利亚及其他地方——而非(通常认为的)腓尼基——之技术和产物在希腊的出现而产生,东方化革命影响广泛而深远"[①]。博德曼此文的主要目的是介绍关于阿尔米纳考古发现的新成果,以此说明阿尔米纳在东西交通中的地位高于腓尼基,顺便探讨阿尔米纳这一交通要道在希腊物质文化的"东方化革命"中所起的巨大作用。但他没有预料到"东方化革命"这一概念会在此后的学术界引起强烈的反响和争论,因此也没有对"东方化革命"的内涵和外延进行阐释。

真正使"东方化革命"这一概念广为人知的是古典学家沃尔特·伯克特(Walter Burkert),他于1992年修订自己的德文著作《希腊宗教与文学中的东方化时期》,[②]并与玛格丽特·品德尔(Margaret E. Pinder)合作将该书译为英文时,直接采用了这一术语并将其作为英译本的书名,即《东方化革命:古风时代早期近东对古希腊文化的影响》。[③]实际上,英译本《东方化革命》是一部标题大胆、行文谨慎的作品,伯克特没有在"东方化革命"这个概念上过多纠缠,主要还是以翔实的史料对具体文化事项加以细致考证——如迁移的工匠、东方传往西方的巫术和医学、阿卡德文学与早期希腊文学的关系等。在全书正文中,他没有提到"东方化革命"这一术语,只在导论与结语中简单地提了三句:导论最后一句介绍性地说,"希腊文明的形成期正是它经历东方化革命的时代"[④];结语则总结式地说,"随着青铜浮雕、纺织品、印章和其他产品的输入,一幅完整的东方画卷展现在希腊人面前,希腊人在'东方化革命'的过程中如饥似渴地对其加以吸收和改造"[⑤]。对于"东方化革命"本身的含义,伯克特也没有进行定义式的阐释,只在一般意义上说明了这样一个时期的变革在文化发展方面的意义,"文化不是一株孤立地从种子里长出的植物,而是一个伴随着实际需求和利益、在好奇心驱使下不断学习的过程。愿意从'他者'、从奇异的和外来的事物中获取养分,尤能促进文化发展;像东方化革命时期这样的变革阶段恰恰为文化发展提供了机遇,'希腊奇迹'不仅是独特天赋所产生的结

[①] John Boardman, "Al Mina and History", *Oxford Journal of Archaeology*, Vol. 9, July 1990, pp. 169-190.

[②] "Die orientalisierende Epoche in der griechischen Religion und Literatur", 最初发表于《海德堡科学院会刊》(*Sitzungsberichte der Heidelberger Akademie der Wissenschaften, Philosophisch-Historische Klasse*)1984 年第 1 期。

[③] Walter Burkert, *The Orientalizing Revolution: Near Eastern Influence on Greek Culture in the Early Archaic Age*, trans. Margaret E. Pinder and Walter Burkert, Cambridge, Massachusetts: Harvard University Press, 1992. 伯克特在其英译本导论的注释中特别指出,"Orientalizing Revolution"这一术语最早出自博德曼1990年的著作。

[④] Walter Burkert, *The Orientalizing Revolution: Near Eastern Influence on Greek Culture in the Early Archaic Age*, p. 8.

[⑤] Walter Burkert, *The Orientalizing Revolution: Near Eastern Influence on Greek Culture in the Early Archaic Age*, p. 128.

果，还在于希腊人在西方民族中最靠近东方这一简单的事实"①。

尽管伯克特没有对"东方化革命"这一概念进行详细论述，但还是引起了巨大反响。②1994年，卡罗尔·托马斯（Carol G. Thomas）在《美国历史评论》发表关于《东方化革命》的书评。她充分肯定了伯克特严谨、出色的研究，认为伯克特"在没有否认希腊自身天赋的同时，展示了这样一种希腊奇迹是在其他文明广泛的影响下成长起来的事实。尽管我们对他所认为的某些借用其他文化的特定实例仍然存疑，但是在伯克特修订自己德文版作品的严谨学术活动中，他已经在自己创建的体系中为我们搭建了一座桥梁，使我们得以从不同角度去理解这一问题"③。尤其值得注意的是，托马斯看到了伯克特刻意强调希腊文明的东方背景，突出了希腊文明对"东方"文明的全面吸收与改造，意欲凸显希腊文明自身的优越性与包容力。同年7月，萨拉·门德尔（Sara Mandell）也发表了一篇书评，认为《东方化革命》是论述希波战争之前东方世界和希腊文化交互作用的作品之一，这些作品还限于较小范围，但是正在迅速增长。④她同样着眼于伯克特对不同文化间相互影响的研究，而没有强调"东方化革命"这一概念。

1996年，马丁·伯纳尔（Martin Bernal）发表了关于《东方化革命》的长篇书评，他认为这部作品的内容"比其中庸的标题所展示的要更为激进"⑤。伯纳尔认为，伯克特极力主张东方对希腊的影响主要来自利凡特和美索不达米亚，而非安纳托利亚，并且这种影响不仅仅像一些保守正统的学者所认为的那样限于艺术风格和字母。伯纳尔以其《黑色雅典娜：古典文明的亚非之根》⑥中的激进观点而著名，他自己的风格本身就是"标题新奇、观点激进"，在《黑色雅典娜》招致尖锐批评、自己与学术界同行进行激烈辩论之时，不免在伯克特这里找到知音之感。实际上，伯纳尔是以自己的后殖民主义话语体系来考量伯克特的论述，他的《黑色雅典娜》在古典文明研究领域确有创新之功，其基本观点与伯克特的"东方化革命"论同气相求。

当然，伯克特与伯纳尔的看法并非完全一致。伯克特认为文明的发展并非遵循简

① Walter Burkert, *The Orientalizing Revolution: Near Eastern Influence on Greek Culture in the Early Archaic Age*, p. 129.

② 实际上，该书的德文版就已经引起了学术界的关注和讨论，见Günter Neumann, "Die orientalisierende Epoche in der griechischen Religion und Literatur by Walter Burkert（Review）", *Zeitschrift für vergleichende Sprachforschung*, 98. Bd., 2. H., 1985, pp. 304-306; P. Walcot, "Die orientalisierende Epoche in der griechischen Religion und Literatur by Walter Burkert（Review）", *The Classical Review*, New Series, vol. 36, no. 1, 1986, p. 151; M. L. West, "Die orientalisierende Epoche in der griechischen Religion und Literatur by W. Burkert（Review）", *The Journal of Hellenic Studies*, vol. 106, 1986, pp. 233-234.

③ Carol G. Thomas, "*The Orientalizing Revolution: Near Eastern Influence on Greek Culture in the Early Archaic Age* by Walter Burkert; Margaret E. Pinder（Review）", *The American Historical Review*, vol. 99, no. 1（Feb., 1994）, pp. 202-203.

④ Sara Mandell, "*The Orientalizing Revolution: Near Eastern Influence on Greek Culture in the Early Archaic Age* by Walter Burkert（Review）", *The Classical World*, vol. 87, no. 6（Jul. - Aug. 1994）, p. 517

⑤ Martin Bernal, "Burkert's Orientalizing Revolution（Review）", *Arion*, Third Series, vol. 4, no. 2（Fall, 1996）, pp. 137-147.

⑥ Martin Bernal, *Black Athena: Afro-Asiatic Roots of Classical Civilization*, vol. I, *The Fabrication of Ancient Greece*, *1785-1985*; vol. II, *The Archaeological and Documentary Evidence*; vol. III, *The Linguistic Evidence*, New Brunswick: Rutgers University Press, 1987-2006.

单线性的因果论路线,多种文明间的交往是一种互动推进式的开放演进,单纯考察文明的影响是远远不够的,必须关注其内部与外部的互动与交流,因此他倾向于强调希腊文明产生时期的希腊社会本身,而将东方的影响作为背景来看待,因此将"东方化革命"的时间限定在公元前8世纪到公元前7世纪,内容限定在具体文化事项方面。而伯纳尔并不同意这一点,他在另一部作品中批驳伯克特道,"这个世纪或者其他任何世纪,都没发生过东方化革命"①。当然,他的真实观点并不是否定"东方化"的存在,而是认为希腊一直处在东方化过程之中而非只经历了有限的一段革命。他的理由是:没有任何一个阶段存在一个"纯正的"希腊,正如任何一个阶段都不存在"纯正的"利凡特或"纯正的"埃及一样。任何试图标明闪米特和埃及对希腊影响起始时间的努力都是不可能的,正如标明希腊对罗马的影响一样。希腊化或希腊本身不可能锁定在任何一个特定的时空之内——只可能将其视为一种风格或模式的延续,在这种模式下,希腊本土文化的发展与外来文化的介入相互交织或混杂在一起。

然而,"东方化革命"在西方学术界热烈讨论了20多年,却没有任何一位西方学者对这一概念进行完整清晰的界定。究其原因,多半是因为参与讨论的学者长于史实推考而不擅理论概括,似乎只要列出有限的考古学和其他学科的史料证据,便能自然而然地对这场"东方化革命"予以足够的证明,而无需再做定性分析。

"东方化革命"是一个以现代术语来表述古希腊社会历史发展特定阶段的概念。虽然现代西方学者没有对希腊"东方化革命"概念进行系统阐释,但博德曼、伯克特、伯纳尔等人从史料的角度进行具体考证,说明东方对西方的影响;萨义德(Said)等人则从另一角度,即以批评东方主义,重新认识东方来揭示历史上东方的影响和地位。从他们的论述中,我们可以概括出"东方化革命"的基本内涵——大约公元前750年到公元前650年,埃及、利凡特、美索不达米亚等东方文明给予希腊文明革命性影响,根本上改变并决定了希腊文明的基本面貌。

"东方化革命"不是一个孤立的概念,其提出和影响的扩大其实是"东方化"(Orientalizing)和"东方化时代"(The Orientalizing Period)这两个话题的延续和扩展。

"东方化"这一词被用作指代古希腊艺术的一种风格,始于维也纳大学古典学教授亚历山大·孔兹(Alexander Conze)。他于1870年在《早期希腊艺术史》中提出这一说法,认为"东方化"这一术语可以用来指涉19世纪前半期在意大利埃特鲁里亚墓冢中发现的瓶画的风格。东方化风格瓶画的发展已经超越了早期那种与原型物件没有关系的几何风格,考古学家这一时期在意大利中部以及1845年以来在亚述的发现,即花卉旋纹和狂野的动物以及奇幻的怪物,都被认为是来自东方。这类东方化风格同样出现在希腊艺术中,尽管至19世纪中期希腊只出现了少数考古证据。②自此以后,学术界对希腊艺术中东方因素的关注越来越密切。随着考古学的发展,越来越多的考古证据表明,

---

① Martin Bernal, *Black Athena Writes Back: Martin Bernal Responds to His Critics*, Durham: Duke University Press, 2001, p. 317.

② 转引自 Corinna Riva and Nicholas C. Vella, eds., *Debating Orientalization: Multidisciplinary Approaches to Change in the Ancient Mediterranean*, London and Oakville: Equinox Publishing Ltd, 2006, p. 4.

古希腊文明中来自东方的因素不仅限于艺术领域。

1980年，英国学者奥斯温·默里（Oswyn Murray）在孔兹研究的基础上，第一次提出"东方化时代"这一术语，他的《早期希腊》[①]第六章即以"东方化时代"为章名。[②]默里借用了这个艺术史概念并且将其应用到整体希腊社会的研究。他通过考察希腊语借用的闪米特词汇的数量，尤其是物质文化领域的词汇，例如陶器形状的名称、称呼服装的语汇、渔业和航海业的术语等，确认了希腊和腓尼基之间的密切接触。默里认为，"与近东的接触，给公元前750年至公元前650年那一个世纪的希腊社会带来了大量的变化……但这种传播发生的路径，以及它对希腊接受者的影响，最好通过对三个领域——艺术、宗教和文学——的研究来探讨"[③]。

默里提出"东方化时代"这一术语之后，西方古典学界的注意力开始逐步集中到东方化论题之上。1987年，马丁·伯纳尔的《黑色雅典娜》甫一面世便引起激烈争论，激发了学界对希腊文明中东方因素的研究热情，相继发表了相关著述。

美国古典考古学家萨拉·莫里斯（Sarah Morris）在1992年出版的《代达洛斯与希腊艺术的起源》中提出，从青铜时代直至古风时代，东部地中海世界都是一个文化"共同体"，其内部的相互联系、相互影响是常态，而希腊也是这一文化"共同体"的一部分，在公元前1100年之后没有终止和东方的联系。[④]

1997年，英国古典学家韦斯特的《赫利孔的东方面孔：希腊诗歌和神话中的西亚元素》面世，作者考察了爱琴地区与东方的来往和交流，系统阐述了西亚文化对古风时代和古典时代早期希腊文化的影响。他认为，"在事实的冲击下，读者应该放弃或至少大大降低对于早期希腊文化独立性所抱有的任何幻想。我们不能把'近东'的影响贬低为边缘现象，只是在解释孤立的不正常现象时才偶尔援引。它在许多层面、在绝大多数时期都无处不在"[⑤]。

1998年，考古学家塔马斯·德兹索（Tamás Dezsö）在《不列颠考古报告》发表长篇论文《公元前9世纪至公元前7世纪爱琴海和东地中海头盔传统中的东方影响：东方化的模式》[⑥]，他将爱琴海和东地中海地区头盔传统中的东方影响分为四个层次：直接引入、对东方模式的模仿和形式上的重新解释、对东方模式的模仿和材料上的重新解释、塞浦路斯和希腊的头盔受到东方的启发。通过对具体文化事项的专题研究，德兹索为我们

[①] Oswyn Murray, *Early Greece*, Brighton：Harvester Press, 1980. 1993年，作者做了较多修订后出版第二版（London: Fontana Press），其中译本为奥斯温·默里：《早期希腊》，晏绍祥译，上海：上海人民出版社，2008年。

[②] 默里在1993年第二版序言中确认他自己首次提出"东方化时代"这一术语，"有些章节变动很小……因为其基本结论似乎仍值得保留，而随后的研究已经从这里开始。我对其中的两章感到特别自豪……第六章即'东方化时代'，如今已经作为一个重要时期得到认可。首次借用了这个艺术史概念并且将其应用到作为整体的社会，正是本书。"

[③] 奥斯温·默里：《早期希腊》，第74-75页。

[④] Sarah Morris, *Daidalos and the Origins of Greek Art*, Princeton：Princeton University Press, 1992. 她在《荷马与"近东"》一文中也概括了希腊和东方的密切联系，参见"Homer and the Near East", in Ian Morris and Barry Powell, eds., *A New Companion to Homer*, Leiden：E. J. Brill, 1997, pp. 599-623.

[⑤] M. L. West, *The East Face of Helikon：West Asiatic Elements in Greek Poetry and Myth*, Oxford：Oxford University Press, p. 60.

[⑥] Tamás Dezsö, "Oriental Influence in the Aegean and Eastern Mediterranean Helmet Traditions in the 9th-7th Centuries B. C.：The Patterns of Orientalization", *BAR Internationl Series*, No. 691, 1998.

提供了一个关于东方文化对希腊文化影响的个案研究样本。

总之，一些学者将"东方化革命"的命题纳入希腊与东方文明交流的研究框架下，形成了"东方化—东方化时代—东方化革命"的话语体系。这一话语体系的基础就是"东方"以及东方文明对希腊文明的影响。因此，要理解和辨析"东方化革命"，前提是考量"东方""东方化"及"革命"等基本概念。

二、"东方化"的史实基础

许多现代语源学研究者将"东方""西方"两个词的词源上溯到腓尼基人传说中的卡德摩斯（Kadmos）和欧罗巴（Europa）甚至更为久远，[①]不过古代希腊人尚无"东方"的概念和意识。[②]我们在论及这一主题时所使用的"西方"与"东方"、"欧洲"与"亚洲"、"希腊"与"东方"这些二元对立概念都是现代术语。尽管这些术语本身是现代性的，不过指称的事项却是历史的具体存在。

探讨这些概念首先要解决一个基本问题："东方"究竟是一个地域的还是文化的范畴，或者其他方面的范畴。关注古代地中海世界的学者倾向于将"西方"与"东方"以及"欧洲"与"亚洲"看作两对同等概念，即东西方地缘文化的区分与欧亚大陆的自然分界线是重合的——从爱琴海到黑海，中间是达达尼尔海峡、马尔马拉海、博斯普鲁斯海峡。[③]部分希腊人居住的土耳其西海岸和沿岸岛屿被称为"东希腊"，在传统上属于"西方"或"欧洲"的范畴。然而这种地域的划分不能准确表述文化或观念上的区别。一些学者甚至声称，"东方"是一个想象的地域，[④]或者"东方"在地域上是不存在的。[⑤]本文认为，地域上的"东方"概念是探讨"东方"内涵之基础，因此需要有较为明确的界定。在不同的历史语境下，地域上的"东方"也有不同的范围，本文大致以欧亚大陆的自然分界线作为地域上的西方与东方的分界线。以此为基础，在涉及其他范畴的"东方"概念时进一步加以界定和阐述。

从希腊人的认知角度来说，尽管他们尚无"东方"的概念，但是文化认同意义的"东方"在古典希腊时期已经出现。波斯的入侵使得希腊人产生了一种联想，开始把波斯人和希腊传说中的敌人联系起来，把他们一概视为来自亚细亚、对希腊产生巨大威胁的宿敌，因而也是与希腊对立的蛮族。正如默里所说，希波战争开创了一个新时代，但也终

[①] 关于这两个词的词源解释及争论，参见 Walter Burkert, *The Orientalizing Revolution: Near Eastern Influence on Greek Culture in the Early Archaic Age*, p. 153, note 3.

[②] 东西方对立的概念始见于罗马帝国时期，后被基督教拉丁文学采纳。直到十字军东征的时代，"东方"（Orient）才作为概念和术语，实际进入西方话语中。（参见 Walter Burkert, *The Orientalizing Revolution: Near Eastern Influence on Greek Culture in the Early Archaic Age*, p. 1; p. 153, note 2.）

[③] Ann C. Gunter, *Greek Art and The Orient*, Cambridge: Cambridge University Press, 2009, p. 51.

[④] Edward W. Said, *Orientalism*, London: Penguin, 1977, pp. 41-52.

[⑤] Nicholas Purcell, "Orientalizing: Five Historical Questions", in Corinna Riva and Nicholas C. Vella, eds., *Debating Orientalization: Multidisciplinary Approaches to Change in the Ancient Mediterranean*, p. 25.

结了一个旧时代。希腊文化已经从东西方富有成果的交流中被创造出来。东方对抗西方，专制对抗自由，希波战争中创造的这种二元对立，在整个世界历史中回响。①希腊和波斯的对立与冲突从根本上改变了希腊文化的特性，希腊人开始意识到他们区别于其他民族的特性。因此，从文化认同的角度来说，"希腊"与"东方"的对立实际上是希腊人关于"他者"的一种认识范畴，这一范畴中的"东方"可以泛指在文化层面与希腊人有一定联系但是又相区别的其他民族及其文化。

第二个问题是关于"东方化"的界定。论及"东方化"时，必须考虑何种程度的性质或状态改变能够称之为"化"，还要考虑到"化"的过程、结果和状态。正如珀塞尔所诘问的："东方化"是否包括了关于程度和完整性的判断？是否意味着一个稳定但不断改变的时期，或者是完全的改变？换句话说，如果"东方化"是一个过程，是否意味着结果就"东方化"了？若不是，为什么不是？②早在1973年，博德曼就以黑格尔关于东方和西方精神对立的模式提出了一个关键问题："东方化"是希腊人主动地、有自主意识地转变他们所接受的知识，还是被动地、因袭陈规地接受来自东方的产品？③

直到伯克特所处的时代，严谨的西方学者仍然侧重于从具体文化事项入手进行分析，拒绝在没有确凿证据之时就贸然建构文明互动与交流的模式。伯克特在《东方化革命》前言中明确表示："我有意侧重于提供证据，证明希腊与东方文化有相似之处，以及证明希腊可能采纳了东方文化。某些时候，当材料本身不能提供文化迁移的可靠证据时，确认文化间的相似性也是有价值的，因为这能使希腊和东方的文化现象摆脱孤立，为比较研究搭建一个平台。"④而我们能够据以为证的主要是艺术、宗教和文学领域的比较研究。

在古风时代早期希腊艺术的"东方化"过程中，腓尼基人扮演着先驱的角色，尽管他们在艺术层面只是发挥了中转和媒介的作用。⑤亚述帝国和埃及的艺术被认为是希腊艺术最重要的原型。⑥从接受者的角度来说，塞浦路斯和克里特岛在东方对希腊产生影响的过程中占据特殊地位；罗德岛在公元前8世纪时也十分重要；所有在公元前8世纪兴盛起来的重要朝拜地，如提洛岛、德尔斐，尤其是奥林匹亚，都发掘出了数量可观的东方工艺品；紧邻厄立特里亚（Eretria）的雅典也值得特别关注。⑦

希腊艺术中的东方因素首先体现在手工产品方面，最早的无疑是金属制品。从公元前9世纪后期起，克里特的腓尼基金属匠人已经开始生产锻造青铜器物用于献祭，考古学家在伊达山的山洞中以及奥林匹亚、多铎纳和埃特鲁里亚地区都发现了他们的产品。腓尼基的青铜碗和银碗普遍被作为贵重物品交易，不仅在塞浦路斯，而且在雅典、

---

① 奥斯温·默里：《早期希腊》，第290-291页。

② Nicholas Purcell，"Orientlizing：Five Historical Questions"，p. 26.

③ John Boardman，*Greek Art*，London：Thames and Hudson，1973，p. 19.

④ Walter Burkert，*The Orientalizing Revolution：Near Eastern Influence on Greek Culture in the Early Archaic Age*，p. 8.

⑤ Glenn Markoe，"The Emergence of Orientalizing in Greek Art：Some Observations on the Interchange between Greeks and Phoenicians in the Eighth and Seventh Centuries B. C."，*Bulletin of the American Schools of Oriental Research*，no. 301，Feb.，1996，pp. 47-67；Ann C. Gunter，*Greek Art and The Orient*，p. 65.

⑥ Ann C. Gunter，*Greek Art and The Orient*，p. 66.

⑦ Walter Burkert，*The Orientalizing Revolution：Near Eastern Influence on Greek Culture in the Early Archaic Age*，p. 17.

奥林匹亚、德尔斐，甚至意大利南部的普勒尼斯特、埃特鲁里亚等地都发现了这样的碗。上述地区发现的碗中至少有三个刻有阿拉米—腓尼基（Aramaic-Phoenician）铭文，法拉里（Falerri）出土的碗上还刻着楔形文字。①

"东方化"最为显著的是陶器。默里认为，陶器的东方化风格首先出现于公元前725年左右的原始科林斯陶器上，稍晚出现的雅典陶器也具有同样的倾向。②不过现在已经有学者确认其时间更早，几何陶文化后期即公元前750年左右，东方艺术的影响逐渐清晰起米。这一点在底比隆画家工作室里装饰花瓶的动物图案中体现得尤为明显。③这些装饰对我们理解东方化问题有着特殊的意义。这不仅在于他们对动物形象的描述，而且在于他们包含了特殊的主题：正在捕食的猫科动物，经常以正在攻击猎物的姿态呈现。④这些动物中最常见的就是狮子，不管是单独出现还是出现在捕食场景中的狮子，都能够在阿提卡陶瓶中看到。⑤然而对希腊人来说，狮子和豹子同斯芬克斯、塞壬、戈尔工以及其他有翼的怪物一样神奇。已经有学者精确地指出了这些动物模型的来源，例如，从形态上说，狮子首先是赫梯的，后来是亚述的。⑥

还有一些在希腊发掘出来的东方艺术品也值得注意。象牙雕刻毫无疑问来自东方，虽然这种技艺后来被希腊人采用。公元前7世纪出现的鸵鸟蛋和来自红海的砗磲贝壳也是如此。珠宝则更常见，如各式金饰、彩陶珠以及玻璃珠，荷马史诗中所提到的赫拉的三串桑葚状耳饰当属此类。宝石、印章的使用和传播更有力地证明了与东方的联系。在伊斯基亚岛（Ischia）发掘出了近百枚叙利亚—西利西亚的印章。莱夫坎迪的陵墓中发现了叙利亚和埃及风格的类似护身符的饰品——葬于厄立特里亚英雄祠（Eretria Heroon）的王子佩戴着一枚镶嵌在黄金上的圣甲虫形护身符。此外，美索不达米亚风格的圆柱形印章在希腊的萨摩斯、提洛岛和奥林匹亚都有出土。⑦

希腊艺术的"东方化"，不仅是指商人将东方的货物辗转贩卖到希腊，而且还有来自东方的工匠直接向希腊人传授技术，同时，希腊人也直接向对方学习。其直接证据就是希腊人在制造中吸取了新的技术性工艺，这不是简单地通过购买成品就能做到。希腊手工业者们旅行到了靠近东方的某些地区，并在贸易据点建立起作坊。在那里，他们能方便地见到东方的工人。艺术家的这类迁移从他们自己制造的物品中可以得到确认，这些技术只能通过直接接触才能学到。金丝细工饰品和粒化技术、宝石的切割、象牙雕刻、赤陶模的使用和青铜的失蜡铸造法等，都是这类技术的例证。⑧这些技术都不是彼此进行远距离的接触能够学到的，而是需要一段学徒过程，其间彼此曾密切合作，交流过种种细节问题。并且，工匠因有一技之长，与定居的农民和拥有土地的贵族截然不

---

① Walter Burkert, *The Orientalizing Revolution: Near Eastern Influence on Greek Culture in the Early Archaic Age*, p. 16.

② 奥斯温·默里：《早期希腊》，第77页。

③ Glenn Markoe, "The Emergence of Orientalizing in Greek Art", p. 47.

④ B. Schweitzer, *Greek Geometric Art.* trans. P. Usborne and C. Usborne, London: Phaidon, 1971, pp. 186-200.

⑤ Glenn Markoe, "The Emergence of Orientalizing in Greek Art", p. 47.

⑥ 奥斯温·默里：《早期希腊》，第77页。

⑦ Walter Burkert, *The Orientalizing Revolution: Near Eastern Influence on Greek Culture in the Early Archaic Age*, p. 19; pp. 162-163. note 2-8.

⑧ John Boardman, *The Greeks Overseas: The Early Colonies and Trade*, London: Thames & Hudson Ltd., 1980, p. 71.

同，具有很大的流动性，这就为希腊手工艺者或者艺术家学习东方技术提供了条件。

当然，我们还需要注意希腊人对东方艺术的改造以及在此基础上的再创造。面对各种外来模式，希腊工匠的反应是改造多于模仿。①浅层次的改造体现在技术层面，如东方失蜡铸造技术中的蜡芯以沥青为芯被改成了以树脂和麸糠做芯。②更多改造过程则体现在对近东图像主题的转换中。例如，东方主题的牛或牛犊，在希腊的环境中则转换成马和马驹。同样，阿提卡艺术家借用了近东复合生物的观念，但是随即创造了希腊特有的风格。同样的借用和改造也体现在希腊艺术家对东方生命之树的描绘，将其以本土的几何陶形式展现出来。③这一改造过程还体现在对某些特殊主题的选择性借用，如围绕一个中心主题的群组图像，是典型的东方风格，但是在阿提卡的后期几何艺术家那里，变成一种独特的风格——一位马夫被群马所包围，群马按两级或三角排列，然而又有两个人坐在中间的凳子或石块上，这又是典型的本土风格，很少发现有近东的原型。④在所有这些例子中，东方原型的出现和影响主要体现在排列的顺序或形式结构方面，而在场景的风格和具体图像方面的影响则少得多。正如默里所说，希腊艺术从来不是东方的派生物，借鉴和采纳都是创造性的。正是几何陶的叙述与东方自然主义的结合，让希腊的艺术，因此也是西方的艺术，具有了独特的风格。

在艺术领域以外，学者们研究得较多的是文学和神话方面的"东方化"。荷马史诗和赫西俄德的作品与东方的关系尤为引人注目。荷马史诗虽于古风时代才最终成书，不过口头传颂已经长达数个世纪之久，在传颂过程中，无疑吸收了多种文明元素。自古以来就有学者将荷马史诗与希伯来圣经相比较——两者都是在以宗教和语言为基础形成的社会单元中传播的历史、神学和叙述传统；两者在悲情主题（如以女儿献祭）、诗歌技巧（如明喻修辞）、宗教范式（如发誓与诅咒）等方面都有诸多共同之处。⑤布鲁斯·卢登（Bruce Louden）在《荷马的〈奥德赛〉与近东》一书中通过将《奥德赛》与《创世记》《出埃及记》等近东文本进行比较，得出结论：《奥德赛》融合了多种不同的神话传统，所有这些传统都能在近东找到对应物。尽管从近东内部来说，这些神话或传说又分属不同地区，如美索不达米亚、埃及、乌加里特等地，但大量故事都集中在旧约圣经中。⑥默里认为，赫西俄德的《神谱》，其核心组织原则是"继承神话"，其结构和许多细节都与东方的继承神话高度对应。赫西俄德的《劳作与时令》，虽然其中详尽的建议完全是希腊式的，但该诗篇的总体设想让人想起东方著名的智慧文字，核心神话的某些部分与东方类似。⑦伯克特也对希腊的宇宙神话与赫梯的库马比神话进行了比较，他还比较了希腊神

① John Boardman, *The Greeks Overseas*, pp. 78, 81; J. L. Benson, "An Early Protocorinthian Workshop and the Sources of its Motifs", *Babesch*, vol. 61, 1986, pp. 13-14.

② John Boardman, *The Greeks Overseas*, p. 57.

③ J. N. Coldstream, *Greek Geometric Pottery: A Survey of Ten Local Styles and Their Chronology*, London: Methuen, 1968, p. 67, note 2.

④ Glenn Markoe, "The Emergence of Orientalizing in Greek Art", p. 49.

⑤ Sarah Morris, "Homer and the Near East", p. 599.

⑥ Bruce Louden, *Homer's Odyssey and the Near East*, Cambridge: Cambridge University Press, 2011, p. 314.

⑦ 奥斯温·默里：《早期希腊》，第80-83页。

话传说中最具传奇色彩的赫拉克勒斯形象与诸多近东神话的相似之处。①荷马颂歌与赫西俄德作品中的很多故事也被证明与美索不达米亚有着很多对应关系。②奥林帕斯十二主神中，狄奥尼索斯、阿芙洛狄忒、阿波罗、阿尔忒弥斯都已证明与东方有着密切的联系。③关于其他希腊文学作品，包括其他史诗、抒情诗、寓言，尤其是涉及神话传说的作品，都有学者从不同角度将其与东方传统进行了比较研究。④

三、"东方化革命"的想象

但是，"东方化革命"研究面临一个核心问题：如何证明这些相似性之间存在着直接的影响，而不是按照自身的规则独立发展起来。当然，学者们可以根据地理空间上的相互连接、年代上的先后关系作出一些推论。即便如此，也不能忽视希腊文学所具有的本土性特征。荷马史诗的英雄传统是希腊社会的独特产物，其中人神同性的自由神学，体现的是希腊人独特的人文伦理观。⑤尽管赫西俄德借鉴了外来的模式，但他的思想有自己内在的逻辑。他对社会的关注让他通过创造世代的观念将神灵的世界和人类世界联系起来，并从神灵那里派生出抽象的政治概念，这种思想模型在东方并无对应物。⑥

神灵起源的问题更为复杂，尽管某些希腊神灵在发展过程中的确受到东方的影响，但是源头显然不是唯一的，并且在最终成型之时，已经完成了对其他文明元素的吸收和改造，所彰显的主要是希腊特性。以阿波罗为例，阿波罗显然是一个起源于希腊以外的神灵。笔者在另一篇文章中论证了"阿波罗"神名起源于北方，其神职主体起源于亚洲，外来文化元素在传播和融合的过程中也吸收了希腊原住民的某些崇拜成分。在人们对阿波罗崇拜的某一发展阶段，还吸纳了许多不同宗教元素和小的神祇，这些众多宗教元素和小神祇逐渐汇聚到"阿波罗"的名称之下。⑦关于这些汇聚到"阿波罗"名称之下的宗教元素和小神祇的具体情况，我们至少可以明确知道有三种成分：西北多利斯希腊

① Walter Burkert, "Oriental and Greek Mythology: The Meeting of Parallels", in Jan Bremmer, ed., *Interpretations of Greek Mythology*, London: Routledge, 1990, pp.10-40.

② Charles Penglase, *Greek myths and Mesopotamia: Parallels and Influence in the Homeric Hymns and Hesiod*, London and New York: Routledge, 1997, pp. 64-165.

③ Martin Bernal, *Black Athena*, vol. III, *The Linguistic Evidence*, pp. 453-464.

④ 除了伯克特的《东方化革命》和韦斯特的《面向东方的赫利孔》以外，主要作品还有：M. Finkelberg, "The Cypria, the Iliad, and the Problem of Multiformity in Oral and Written tradition", *Classical Philology*, vol. 95, 2000, pp. 1-11; R. Bollinger, "The Ancient Greeks and the Impact of the Ancient Near East: Textual Evidence and Historical Perspective (ca.750-650BC)", in R.M. Whiting, ed., *Mythology and Mythologies: Methodological Approaches to Intercultural Influences (Melammu Symposia II)*, Helsinki: The Neo-Assyrian Text Corpus Project, 2001, pp. 233-264; J. Haubold, "Greek Epic: A Near Eastern Genre?", *Proceedings of the Cambridge Philological Society*, vol. 48, 2001, pp. 1-19; Carolina López-Ruiz, *When the Gods Were Born: Greek Cosmogonies and the Near East*, Cambridge, Massachusetts: Harvard University Press, 2010; etc.

⑤ Sarah Morris, "Homer and the Near East", p. 599.

⑥ 奥斯温·默里：《早期希腊》，第84页。

⑦ 李永斌，郭小凌：《阿波罗崇拜的起源与传播路线》，《历史研究》2011年第3期。

（Dorian-northwest Greek）成分，克里特米诺斯（Cretan-Minoan）成分，叙利亚赫梯（Syro-Hittite）成分。[①]然而，希腊古风时代以来的艺术中，以阿波罗为原型的雕塑艺术形象的发展一直远胜过其他神祇，这种发展至少可以追溯到德勒洛斯的阿波罗神庙铸成那些青铜塑像之时（约公元前750年）。这些阿波罗塑像一般都是以年轻人形象出现，随着希腊艺术的不断成熟，这种形象逐渐上升到理想高度，经过后来的进一步净化和提升，而明显具有神圣性，赋予希腊文化一种特殊的气质，而代表这种文化的神就是阿波罗。甚至有学者说："阿波罗是希腊精神的具体体现。一切使希腊人与其他民族相区别，特别是与周围野蛮民族相区别的东西——各种各样的美，无论是艺术、音乐、诗歌还是年轻、明智、节制——统统汇聚在阿波罗身上。"[②]同样，其他与东方有着密切关系的神灵，在其发展过程中，也逐渐融合了多种文明元素，最终形成了希腊人所特有的奥林帕斯神系及其宗教崇拜。

还有一个领域是文字和语言。希腊文字的基础是腓尼基字母，这一点已经得到公认。希腊字母的形状是对腓尼基字母的改写，两种字母表的顺序基本一致，甚至绝大多数希腊字母的名称也是从腓尼基语接受过来的。腓尼基语向希腊语的转写几乎是机械的，只有在一个基本方面例外：元音。元音的发明正体现了希腊人对腓尼基字母创造性的修正。绝大多数希腊元音的形式源自腓尼基语的辅音或者半辅音字母，后者在希腊语中毫无用处，只是被视为简化过程的音节符号，而元音的发明则将这些音节符号转变成真正的字母符号。在希腊字母表中，主要的元音和辅音首次独立出来，各自单独表达。这一系统仍为绝大多数现代语言所使用。[③]马丁·伯纳尔考察了希腊语中外来语的现象，提出了数百个他认为"可以验证的假设"，[④]当作希腊文明具有亚非之根的重要证据。然而，文字和语言领域的几百个案例仍然不足以构成文明整体特性。我们需要关注的应该是文字的运用对社会变革带来的影响。尽管有学者认为，文字应对古风时代的绝大多数变革负责，在走向民主、逻辑或理性思维的发展、批判的史学、法律的制定等方面起到了辅助或激励作用。但是，文字的作用是加强社会中已经存在的趋向，而不是对其进行基本的改造。[⑤]希腊社会具有的独特性在文字到来之后并没有消失，而是进一步朝着自己特有的方向前进，从而发展出与东方文明特征迥异的古典文明。

至此可以形成一个基本结论：希腊历史上的"东方化"是确实发生过的历史现象，但是其范围主要在艺术领域，文学、宗教、文字、语言领域有一定程度的"东方化"。在一些具体社会文化事项方面，也能看到东方的影响，如哲学、[⑥]建筑，[⑦]还有会饮等社会风

---

① Walter Burkert, *Greek Religion: Archaic and Classical*, trans. John Raffan, Oxford: Basil Blackwell, 1985, p. 144.

② W. K. C. Guthrie, *The Greeks and Their Gods*, New York: Beacon PR Ltd., 1985, p. 73.

③ 奥斯温·默里：《早期希腊》，第86-87页。

④ Martin Bernal, *Black Athena*, vol. I, *The Fabrication of Ancient Greece, 1785-1985*, p. 73.

⑤ 奥斯温·默里：《早期希腊》，第92-93页。

⑥ 关于诸多具体案例的比较研究，参见 M. L. West, *Early Greek Philosophy and the Orient*, Oxford: Oxford University Press, 1971.

⑦ Erwin F. Cook, "Near Eastern Sources for the Palace of Alkinoos", *American Journal of Archaeology*, vol. 108, 2004, pp. 43-77.

俗,①以及一些实用的物品如钱币②等,至于是否能称得上"东方化",还没有足够多确凿证据支撑。但是在诸多领域,希腊人仍然保持了本土的独特性和创造性,如史学、抒情诗、舞台剧等。东方社会的许多独特事物也没有在希腊找到对应之物,如巨大的宫殿、强大的王权、连续性的王朝等。

"东方化"最初是一个艺术史的概念。艺术品方面的比较研究相对较易,因为有具体物件和作品作为证据。一旦将"东方化"从艺术史领域扩大到整个社会层面,难题就油然而生。艺术史术语"东方化",其实是文化传播论者用以解释历史的方式,可能更适合于物质文化,而非观念的历史。具体文化层面的转换和改造比整个社会其他层面的转换更容易把握,然而以人工物品的流动为基础来建构文化交流甚至历史发展的脉络,还需要更多社会生活领域层面的分析。

实际上,"东方化革命"是"东方化"和"革命"两个概念的复合体。"革命"最初是一个政治学术语,指的是相对较短时间内权力或组织结构的根本性改变。③在世界古代史研究领域,"革命"一词也被引申到其他领域,其基本含义仍然指的是"结构性的变化",如古希腊历史上的"公元前8世纪革命"④,指的就是城邦的兴起这一"结构性革命"⑤。由于一些学者将"公元前8世纪革命"的时间界定为公元前750年至公元前650年,⑥恰好与默里所提出的"东方化时代"吻合,而希腊城邦社会的兴起也确实和希腊与东方广泛而深刻的文化交流同时发生,这两股历史潮流对希腊社会的发展产生了深远持久的影响。因此,对"东方化革命"这一概念的辨析,关键在于艺术上的"东方化"是否引起了希腊社会的"结构性变化"。本文认为,艺术上的"东方化"并没有引起希腊社会的结构性变化。"东方化革命"只是一种想象的概念,实际上是对艺术史上"东方化时代"的扩大化理解。

就公元前750年至公元前650年的希腊社会来说,社会结构的基础是城邦社会的兴起和发展。而希腊城邦社会的兴起和发展,不是在公元前750年至公元前650年这一百年时间里突然发生的,而是迈锡尼时代以来希腊社会缓慢发展的结果。这种以城邦制度为框架的发展,经历了从迈锡尼时代到古风时代,再到古典时代的过程。这个发展过程,决定了希腊文化的基本特质,这种特质与东方文化最重要的区别是"在艺术与社会中人的尺度与标准"⑦,单个人作为公民,在独立的城邦中可以得到充分发展。这些智识上得到充分自

---

① 奥斯温·默里:《早期希腊》,第74页。

② Alain Bresson:《吕底亚和希腊铸币的起源:成本和数量》,《历史研究》2006年第5期。

③ Aristotle, *Politics*, 1.1301a.

④ 1961年,美国古代史家切斯特·斯塔尔在其所著的《希腊文明的起源》一书中,首次提出了"公元前8世纪革命"的说法:"公元前750年至公元前650年这个革命的时期,是整个希腊历史上最为根本的发展阶段。"(Chester G. Starr, *The Origins of Greek Civilization, 1100-650BC*, New York: Knopf, 1961, p. 160.)

⑤ Anthony M. Snodgrass, *Archaic Greece: The Age of Experiment*, Berkeley: University of California Press, p. 15. 最近的论述见 Ian Morris, "The Eighth-Century Revolution", in Kurt A. Raaflaub and Hans van Wees, eds., *A Companion to Archaic Greece*, Malden: Wiley-Blackwell, 2009, p. 65. 关于"公元前8世纪革命"这一概念的辨析,见黄洋:《迈锡尼文明、"黑暗时代"与希腊城邦的兴起》,《世界历史》2010年第3期。

⑥ Chester G. Starr, *The Origins of Greek Civilization, 1100-650B.C.*, p. 160.

⑦ John Boardman, Jasper Griffin and Oswyn Murray, eds., *The Oxford History of the Classical World*, Oxford: Oxford University Press, 1986, p. 6.

由发展的希腊人,在不同于东方的公共空间上所展开的自由辩论等公共话语,给社会发展带来的影响就是希腊人和希腊文化的强烈自我意识。尽管这一时期的希腊社会在艺术方面经历了一个"东方化时代",除了艺术等领域以外,在政治和社会结构方面也一定程度上受到了东方的影响,但是在与东方文明的交流过程中,希腊人所摄取的总是适应于自己本土土壤的元素,因而在其发展过程中逐渐形成了与东方社会迥异的城邦体制。[①]东方的影响只是在社会的某些层面强化或加速了固有的趋向而已。然而,一些学者却着意强调这一时期东方影响的作用,甚至将这种影响夸大到"革命"的层面。

四、想象的根源:古典学遭遇东方学

"东方化—东方化时代—东方化革命"话语体系的深层次背景是古典学与东方学、古典主义与东方主义在现代政治语境中的碰撞。

18世纪中期,随着欧洲民族主义革命运动的勃兴和政治版图的重新划分,在意识形态领域形成一股民族主义的风潮。加之学术上的日益专业化,西欧社会开始了一场将古希腊理想化的文化运动。[②]这一运动以理想化的古代希腊来寄托和抒发现代欧洲人的精神诉求和政治目的。温克尔曼、赫尔德、歌德、洪堡等文学巨匠和思想大家,将古代希腊理想化推向新的高度。

1777年,沃尔夫(Wolf)进入哥廷根大学,要求注册学习"语文学"或"文献学"(Studiosus Philologiae)。沃尔夫用"Alterthums-wissenschaft"(意为"古典学")一词来指称他所从事的研究,这标志着现代古典学正式确立。[③]古典学虽然以研究古希腊拉丁文献为基础,实际上不可避免地要表述欧洲人的现代价值观,因此很快与温克尔曼等人所倡导的新人文主义融为一体,并发展成为浪漫主义的民族主义思想。这种思想把文学或精神文化同某个独特的民族或部落、某个独特的人种联系在一起。独立起源与发展的概念取代了文化间相互影响的模式,成为理解文化的关键。

语言学者对"印欧语系"的发现——即大多数欧洲语言和波斯语及梵语都衍生自同一原始语言,强化了希腊、罗马、日耳曼之间的联系,因此把闪米特语世界排斥在外。但是为希腊人的独立性辩护,还得否认他们在印欧语系的大家庭内与印度的亲缘关系,以确立一种观念,就是将古典的、民主的希腊理解为一个自成体系、自主发展的文明模式。[④]

---

① 关于希腊与东方在政治思想和体制方面的联系与区别,参见 Christopher Rowe and Malcolm Schofield, eds., *The Cambridge History of Greek and Roman Political Thought*, New York: Cambridge University Press, 2000, pp. 50-59.

② 关于这一主题,极为精彩的论述见黄洋:《古典希腊理想化:作为一种文化现象的 Hellenism》,《中国社会科学》2009年第2期。

③ R. Pferffer, *History of Classical Scholarship from 1300 to 1850*, Oxford: Oxford University Press, 1976, p. 173; John Edwin Sandys, *A History of Classical Scholarship*, Cambridge: Cambridge University Press, 1921, p. 12.

④ Walter Burkert, *The Orientalizing Revolution: Near Eastern Influence on Greek Culture in the Early Archaic Age*, pp. 4-5.

在这样一种思想氛围的影响下,加之西方资产阶级革命和工业革命之后对东方的全面优势,以及近代以来"东方"的衰落和西方学界对东方衰落根源的解释——专制、腐朽、没落的景象,西方学者因此倾向于把古代东方对古代希腊的影响降到最低,甚至有意将东方因素从理想化的古代希腊文明中"驱逐出去"。维拉莫维茨(Wilamowitz)的一段话颇具代表性,"闪米特以及埃及的民族和国家衰落了几个世纪,尽管他们有自己古老的文化,但除了少数手工艺技艺、服装、品味低劣的器具、陈旧的饰品、令人厌恶的偶像崇拜和更令人反感的各路虚假的神祇以外,他们不可能对希腊人有任何贡献"[①]。

与这样一种自我膨胀的古典主义相对应的是差不多同一时期兴起的东方主义(Orientalism)[②]思潮。黑格尔在《历史哲学》中说:"世界历史从'东方'到'西方',因为欧洲绝对地是历史的终点,亚洲是起点。世界的历史有一个东方('东方'这个名词的本身是一个完全相对的东西);因为地球虽然是圆的,历史并不围绕着它转动,相反地,历史是有一个决定的'东方',就是亚细亚。那个外界的物质的太阳便在这里升起,而在西方沉没那个自觉的太阳也是在这里升起,散播一种更为高贵的光明。"[③]黑格尔从地理的角度来寻求或规定历史的起点,世界历史是世界精神从东方到西方的一次漫游,它起步于东方,向西经过小亚细亚到达希腊罗马。最后到达了充满活力的日耳曼民族所在的西欧。黑格尔认为"亚细亚是起点,欧洲是终点",也就是说,他在一定程度上承认东方文明的先发性,但是他对东方的认识确实充满了想象。在黑格尔眼中,"蒙古"同"中国"一样,都是"神权专制"的形象,是"封建大家长主宰一切"的形象。而对于印度人,他在《历史哲学》中指出,由于"印度人天性的一般要素"就是"精神处于梦寐状态的特征",印度人还没有获得"自我"或"意识"。同时,由于"历史"必须是"精神"发展上一个主要的时期,加之印度人并非能够有所行动的"个体",印度文化的分布只是一种无声无息的扩张,也就是说,没有政治的行动。印度人民从来没有向外去征服别人而是自己常常为别人所征服。概而言之,"亚细亚帝国屈从于欧洲人便是其必然的命运"[④]。

20世纪70年代以来,国际政治发生了剧烈变化,多数被殖民国家在经历了长期的斗争之后获得了独立,但是他们发现自己并没有最终摆脱殖民统治。西方国家,特别是前殖民统治国家,继续以种种方式对独立的国家进行控制。在这样的背景下,萨义德的《东方主义》一书出版。萨义德指出,西方世界对东方人民和文化有一种微妙却非常持

---

① 转引自 Walter Burkert, *The Orientalizing Revolution: Near Eastern Influence on Greek Culture in the Early Archaic Age*, p. 5.

② Orientalism 这一术语的"东方主义"内涵最早由爱德华·萨义德于1978年提出。参见 Edward W. Said, *Orientalism*;爱德华·萨义德:《东方学》,王宇根译,北京:生活·读书·新知三联书店,1999年。从学理层面讲,Orientalism 翻译为"东方学"是可以接受的,也被很多学者所认同和采纳。不过,Orientalism 更多时候是一种思维方式和话语方式,因此,译为"东方主义"更合适。在萨义德之前,已经有维克托·吉尔南(Victor Kiernan)、马歇尔·霍奇森(Marshall Hodgson)和布莱恩·特纳(Bryan Turner)等诸多学者对这一话题进行了探索性的研究。有学者认为,"东方主义"在古代希腊罗马文明中业已形成了深厚的传统。(参见黄洋:《古代希腊罗马文明的"东方"想像》,《历史研究》2006年第1期,第123页。)也有学者认为,东方学作为一门学科,由"经典东方学""现代东方学""当代东方学"三个时期构成。黑格尔是其学理层面的"始作俑者",萨义德是将其提升至当代话语机制层面的集大成者。(参见费小平:《东方学:从黑格尔到萨义德》,《外国语文》2009年第6期)

③ 黑格尔:《历史哲学》,王造时译,上海:上海书店出版社,2001年,第106-107页。

④ 黑格尔:《历史哲学》,第141页。

久的偏见，并决意以人文主义批评去开拓斗争领域，引入一种长期而连续的思考和分析，以期打破这一偏见，为东方正名。①萨义德认为，"东方主义"话语体系，通过对东方和东方人进行整体化、类型化、本质化和符码化，形成关于东方的集体观念、专业权威、话语体系和社会体制。②以《东方主义》的出版和对该书的讨论为契机，学术界出现了东方研究的热潮。

带有浓厚孤立倾向的古典主义和具有强烈政治色彩的东方主义的合流，曾在西方学术领域引起质疑。19世纪的几大重要发现，③使得西方部分研究者找到了克服古典主义和东方主义话语体系内在缺陷的重要工具，得以重新认识"东方"以及东方文明对希腊文明的影响。"东方化—东方化时代—东方化革命"这一话语体系正是这种重新认识过程的具体体现。这种重新认识自19世纪末开始，在20世纪晚期的后殖民主义时期由涓涓细流汇成一股学术潮流，反映了西方学界在新的历史条件下的自我反思与自发调整。从这个意义上说，东方化革命的提出具有合理的、积极的意义。伯克特是这一潮流在当代的代表人物，他的《东方化革命》，目的就是正本清源，抛弃传统观念："窃望拙著能充当一名打破藩篱的使者，将古典学家的注意力引导到他们一直太少关注的领域，使这些研究领域更易接近，甚至非专业人士也能理解。或许它也能激励东方学者（他们几乎同古典学家一样有孤立的倾向）继续保持或重新恢复与相邻研究领域的联系。"④

然而，澄清希腊与东方的联系并不是一件轻而易举的工作。黄洋教授正确地指出，希腊和东方世界的联系仍然是非常值得期待的一个研究领域，更为充分的研究极有可能进一步修正我们对于早期希腊历史的认识，但是这也是一个非常艰深的研究领域，不仅需要掌握古代希腊文献，而且还要有比较语文学的训练，掌握古代西亚和埃及的文献以及多种语言，也要对考古材料有着充分的了解，目前只有少数学者有条件从事这个领域的研究。⑤虽然他的告诫对象是中国学者，但是笔者认为，这也同样适用于西方学者，适用于所有正在或者将要从事这一领域研究的学者。

本文原载《中国社会科学》2014年第10期，略有改动。

---

① Edward W. Said, *Orientalism*, p. xviii.
② Edward W. Said, *Orientalism*, p. 3.
③ 伯克特认为这些发现包括：一是楔形文字和象形文字的破译让近东文明和埃及文明重新浮现，二是迈锡尼文明的发掘，三是对古风时期希腊艺术发展中东方化阶段的确认。(Walter Burkert, *The Orientalizing Revolution: Near Eastern Influence on Greek Culture in the Early Archaic Age*, p. 2.)
④ Walter Burkert, *The Orientalizing Revolution: Near Eastern Influence on Greek Culture in the Early Archaic Age*, p. 8.
⑤ 黄洋、晏绍祥：《希腊史研究入门》，北京：北京大学出版社，2009年，第191-192页。

帕提亚与希腊化文化的东渐*

王三三[①]

摘 要:帕提亚帝国兴起于希腊化文明相互交融的时代,是丝绸之路开通之初与汉帝国确立外交关系较早的希腊化国家之一。在汉代中国与帕提亚帝国交往的历史过程中,希腊化世界的文化信息即随之传入汉地。考古发现不仅印证了文献所载汉代中国与帕提亚陆路交往的真实性,而且进一步补充说明了在张骞西使以前,中国与帕提亚就已存在海路交往的关系。正是通过帕提亚的中介作用,帕提亚艺术中所混杂的希腊化文化因素才逐渐地越过葱岭,东渐入华,以润物细无声的方式或直接或间接地对汉代中国文化艺术产生了深刻的影响。

关键词:帕提亚;丝绸之路;希腊化文化;汉代中国;文化交流

作为"轴心时代"(Axial Age)人类文明的两极,古希腊文明和中国文明在历史时期皆对边缘诸地文化的发展产生过深远的影响。古希腊人所创造的自然观念、政治制度和理性思维方式深刻地影响了后世欧洲乃至整个西方世界,古代中国人所独创的社会秩序、思想和伦理价值体系亦对后世东亚社会的历史演进产生过明显的推动作用。然而,这两个分处欧亚大陆东、西两端且相距遥远的古典文明彼此之间是否有过接触和交流,甚至相互影响,却一直是中外学者饶有兴致并试图作答的热点论题。18、19世纪以降,随着基督教传教士、探险家和旅行家的陆续东来中国,欧洲汉学队伍得以扩大,有关这一论题探究的序幕由此拉开。因此,相较而言,国外学者对此问题涉猎较早,且最初的研究多以汉学家为主力军。如艾约瑟(Joseph Edkins)、夏德(Friedrich Hirth)、裕尔

* 本文是国家社会科学基金青年项目"帕提亚与丝路文化交流研究"(批准文号:15CSS029)和广东省高等教育教学改革项目"'互联网+'时代下《丝绸之路学》课程资源建设与应用研究"的阶段性成果。
① 作者王三三,华南师范大学历史文化学院副教授(广州 510631)。

（Henry Yule）以及赫德逊（Geoffrey Francis Hudson）等人早已程度不同地触及该问题。①但对此类成果稍作梳理，则不难发现，相关研究除了几篇专论外，多散见于一些有关古代地中海与东方关系史的著述中，显得零散。同时，此类成果多是对古典文献的考释，系统性和整体性的研究仍存不足。②国内学者虽早在20世纪40年代已开始撰文讨论这一问题，③但有关该论题的代表性研究也只集中于个别学者的几篇专论。④综合国内外学界的这些成果，大致的结论是：作为东西方古典世界的两极，古代的希腊和中国虽无直接的文化交往，但在历史时期却通过中介族群的传递作用确立了间接的文化交往关

---

① 艾约瑟：《古代中国人所认识的希腊人和罗马人》（J. Edkins, "What did the Ancient Chinese Know of the Greeks and Romans?"），《皇家亚洲文会北华支会会刊》（*Journal of North-China Branch of Royal Asiatic Society*）第18卷，1883年，第1-16页；夏德：《大秦国全录》（F. Hirth, *China and the Roman Orient: Researches into Their Ancient and Medieval Relations as Represented in Old Chinese Records*），上海：凯利—韦尔什，1885年，中译本可参考朱杰勤译：《大秦国全录》，北京：商务印书馆，1964年；H. 裕尔：《东域纪程录丛——古代中国闻见录》（H. Yule, *Cathay and the Way Thither: Being a Collection of Medieval Notices of China*）第1卷，伦敦：哈克路特学会，1915年，第1-34页，中译本可参考张绪山译：《东域纪程录丛》，北京：中华书局，2008年，第1-26页；赫德逊：《欧洲与中国——从古代到1800年的双方关系概述》（G. F. Hudson, *Europe and China: A Survey of their relations from the earliest times to 1800*），伦敦：爱德华·阿诺德出版公司，1931年，中译本可参考李申等译，何兆武校：《欧洲与中国》，北京：中华书局，1995年。

② 近期的代表性研究如有克里斯多夫·A. 马修：《古代中国攻城战中的希腊重装兵》（Christopher A. Matthew, "Greek Hoplite in an Ancient Chinese Siege"），《亚洲历史杂志》（*Journal of Asian History*）第45卷，2011年，第17-37页；卢卡斯·克里斯托普洛斯：《古代中国的希腊人和罗马人：公元前240—公元1398年》（Lucas Christopoulos, "Hellenes and Romans in Ancient China (240BC—1398AD)"），《中国—柏拉图论文集》（*Sino-Platonic Papers*）2012年第230期，第1-78页。此外，希腊学者的研究亦值得注意。如 M. 科尔道希：《中国和希腊世界》（M. Kordosis, "China and the Greek World"），《历史地理》（*Historicogeographica*）1992年第2期；艾兰娜·阿芙拉密多：《希腊和中国文化的异同》（Elena Avramidou, "Greek and Chinese Culture: Similarities and Differences"），《2012年中国世界古代史国际学术讨论会论文集》，天津：南开大学，2012年，第38-43页；艾兰娜·阿芙拉密多：《丝绸之路上的希腊与中国》，《丝路艺术》春季卷，桂林：漓江出版社，2017年，第41-72页。其中，科尔道希（Michael Kordosis）教授长期致力于古代晚期和中世纪地中海世界与中国文化交流史的研究，成果显著。除个别研究外，2004年在希腊约阿尼纳大学还召开了以"希腊和中国世界的关系"为题的第一次希中研究国际会议，与会者从不同的角度对这一问题做了不同程度的论述，具体见克里斯托斯·斯塔夫拉克斯编：《中希研究第一次国际会议论文集——希腊和中国世界的关系》（Christos Stavrakos, ed., Πρακτικά τού Α΄ Διεθνούς Συνεδρίου Σινο-Ελληνικών Σπουδών《Σχέσεις Ελληνικού και Κινεζικού κόσμου》），约阿尼纳，2008年。

③ 国内学者吴廷璆和朱谦之较早撰文讨论该问题，吴文从中外史籍和考古材料综合考察古代中国与希腊可能存在的文化关系，朱谦之则从乐律的角度论证了毕达哥拉斯的音律理论曾受《管子》"三分损益法"之影响，并提出"中国乐律影响希腊"说，分别见吴廷璆：《中国希腊文化接触之研究（上）》，《人地时》1944年第1期；朱谦之：《中国古代乐律对于希腊之影响》，北京：音乐出版社，1957年。

④ 近些年来，杨巨平和张绪山的几篇专论集中地对此问题做了深入而细致的论述。杨巨平：《古代希中文明的接触与交汇》，《世界史研究年刊》1996年总第2期；杨巨平：《公元前四世纪以前希中文明有联系吗？》，《世界古典文明杂志》1998年增刊第3期；杨巨平：《文明的流动：从希腊到中国》，《光明日报》2013年7月4日第11版；张绪山：《三世纪以前希腊—罗马世界与中国在欧亚草原之路上的交流》，《清华大学学报（哲学社会科学版）》2000年第5期；张绪山：《古代中国与希腊—罗马世界》，《丝瓷之路——古代中外关系史研究》第1辑，北京：商务印书馆，2011年，第245-261页。此外，相关研究还呈现出两个特点。一是从考古所见图像材料来推论古希腊文化艺术对古代中国造型艺术的间接影响，如谢明良：《希腊美术的东渐？——从河北献县唐墓出土陶武士俑谈起》，《故宫文物月刊》1997年第15卷7期；邢义田：《赫拉克利斯在东方——其形象在古代中亚、印度与中国造型艺术中的流播与变形》，邢义田：《画为心声：画像石、画像砖与壁画》，北京：中华书局，2011年，第458-513页；葛承雍：《"醉拂菻"：希腊酒神在中国——西安隋墓出土驼囊外来神话造型艺术研究》，《文物》2018年第1期。二是对古希腊喜剧、音乐和古代中国关系的再研究，如杨宪益：《秦王〈破阵乐〉的来源》，杨宪益：《译余偶拾》，济南：山东画报出版社，2006年，第43-47页；杨共乐：《张骞与马其顿音乐的传入》，《华学》第3辑，北京：紫禁城出版社，1998年，第262-263页；黎蔷：《古希腊罗马戏剧东渐史实论》，《戏剧艺术》2000年第4期。以上研究皆对古代希、中文化关系做了有益的探讨，为本文的研究提供了可贵的参考，但研究视角皆与本文不同。

系。在此,学者们普遍将研究视野集中于希腊化时期,认为在这一历史时期,希腊人的"东进"和随后中国人的"西进"为希、中文明的相会提供了历史的契机。细言之,公元前4世纪后期随着亚历山大东侵和希腊化世界形成,希腊化文化大规模地流播于从地中海东岸到印度的广阔地区。正是在希腊化时代的中后期,汉帝国向西扩展,丝绸之路拓通,中国与受希腊化文化长期影响的国家和地区开始建立起官方往来关系。随着汉代中国与希腊化亚洲国家交往的展开,希腊化文化亦随之传入中国。

从希腊化史研究的学术发展历程来看,对希腊化文化东渐的考察理应属于希腊化史研究的基本内容。因为正如塔恩(W. W. Tarn)所言:"所谓希腊化文明(前323—前30)是在新的环境里发展出来,并被扩展到亚洲人那里的一种希腊文明。"①根据塔恩的经典定义,希腊化研究首要关注的显然是这种新的"希腊文明"在亚洲的扩展问题。近些年来,希腊化史的研究渐成了古代史研究领域的一个热门,以至于英国学者格雷厄姆·希普利(Graham J. Shipley)曾总结说:"在过去的20年里,希腊化研究领域发生了彻底的革命。"②但稍作梳理即可发现,国外学界的研究多集中于这一时期地中海东部希腊化世界政治、经济、宗教、哲学以及社会生活史层面,对希腊化远东地区的关注仍显得不够,至于希腊化文明在东方的传播范围及传播模式等问题则更是长期以来被忽视的问题。③其实,这样的现状或多或少也反映了格列·邦格(Glenn R. Bugh)在主编《剑桥希腊化世界指南》时的感慨:"我们仅触及到了这个时期的表面!"④

本文的目的在于以帕提亚为对象,结合中外古典文献和近些年所见考古材料,并在借鉴前人研究的基础上,来说明在汉代中国与帕提亚交往的历史过程中,希腊化文化是如何传入中国的。本文之所以选取帕提亚为考察对象,来论述它在希腊化文化东渐入华过程中的作用,主要基于以下几个方面的考虑。首先,帕提亚脱胎于希腊化时期的塞琉古王国,长期受希腊化文化的影响,是希腊化文化遗产的承继者;其次,在希腊化亚洲,帕提亚是与汉帝国建立外交关系最早也是交往最频繁的国家之一,且当道于丝路要冲,是希腊化世界与汉代中国经贸文化交流的桥梁;再次,作为早期希腊化研究的集大成者,塔恩所谓的五个希腊化王朝为何不包括帕提亚在内呢? 如果说在塔恩时代,帕提

① W. W. 塔恩:《希腊和罗马》(W. W. Tarn, "Greece and Rome"),恩内斯特·巴克、乔治·克拉克以及 P. 沃切尔主编:《欧洲的遗产》(Ernest Barker, Geogre Clark and P. Vaucher, *The European Inheritance*)第 1 卷,牛津:牛津大学出版社,1954年,第 185 页。
② 格雷厄姆·希普利:《最近的趋势和新的方向》(Graham J. Shipley, "Recent Trends and New Directions"),格列·R. 邦格主编:《剑桥希腊化世界指南》(Glenn R. Bugh, ed., *The Cambridge Companion to the Hellenistic World*),剑桥:剑桥大学出版社,2006年,第 315-326 页。
③ 尽管学术界对希腊化文化东渐问题的整体性研究并不多见,然而不得不承认,学者们对希腊佛教艺术(即犍陀罗艺术)的起源及其流变问题却从不缺乏关注的激情。因此,希腊佛教艺术的东传问题却成了希腊化文化东渐研究领域的一个热点。代表性成果如有 R. 格鲁塞:《从希腊到中国》(René Grousset, *De la Grèce à la Chine*),艺文出版社 1948年版;东京国立博物馆和 NHK 编:《亚历山大大帝——东西文化的联系:从希腊到日本》(Tokyo Kokuritsu Hakubutsu-kan and NHK, *Alexander the Great : East-West Cultural Contacts from Greece to Japan*),东京:东京国立博物馆,2003年;安娜·库勒米诺斯、苏嘉达·钱德拉塞卡兰以及罗伯特·罗西等主编:《从培拉到犍陀罗——希腊化东方艺术与建筑风格的混合与认同》(Anna Kouremenos, Sujatha Chandrasekaran and Roberto Rossi, *From Pella to Gandhara: Hybridization and Identity in the Art and Architecture of the Hellenistic East*),牛津:牛津大学出版社,2011年。
④ 格雷厄姆·希普利:《最近的趋势和新的方向》,第 324 页。

亚的希腊化属性还有待商榷的话，那么，后塔恩时代的希腊化研究已然修正了塔恩的观点。近些年来的观点已普遍认为，希腊化乃帕提亚自身历史发展的一个特点。不仅如此，作为希腊化世界的一分子，帕提亚还将自身所吸收的希腊化文化扩展到了帕米尔以东之地。因此，对帕提亚与希腊化文化东渐的讨论不仅是对塔恩所留疑问的进一步回应，更是对希腊化研究中较为薄弱的希腊化文化东渐问题的有益补充。

一、文献所记汉代中国—帕提亚交往与希腊化文化信息的入华

古代文献有关张骞两次出使西域的记载，主要见于《史记·大宛列传》。第一次西使归来，张骞言其"身所至者大宛、大月氏、大夏、康居，而传闻其旁大国五六"[①]。结合公元前2世纪中后期内陆欧亚的政治格局，可知张骞西行"所至"和"传闻"之地实乃希腊化世界的东部地区。其中，以其所听闻的国家帕提亚，亦即安息"最为大国"。根据司马迁在《史记·大宛列传》中的记载，我们可以获得张骞印象中的安息。

> 安息在大月氏西可数千里。其俗土著，耕田，田稻麦，蒲陶酒。城邑如大宛。其属小大数百城，地方数千里，最为大国。临妫水，有市，民商贾用车及船，行旁国或数千里。以银为钱，钱如其王面，王死辄更钱，效王面焉。画革旁行以为书记。其西则条枝，北有奄蔡、黎轩。

约公元前116年，张骞第二次西使至乌孙，同时遣副使前往安息。由于此次西使"赍金币帛直数千巨万"，加之张骞早已闻知安息"最为大国"，可推测汉使带至安息的金币帛等数量当不少于其他国家。约公元前115年，汉使到达安息。《史记·大宛列传》记载了双方初见时的情景：

> 初，汉使至安息，安息王令将二万骑迎于东界。东界去王都数千里。行比至，过数十城，人民相属甚多。汉使还，而后发使随汉使来观汉广大，以大鸟卵及黎轩善眩人献于汉。

以上两段史料告诉我们，在公元前115年，汉帝国的使臣与帕提亚帝国的官方代表取得了联系，这便意味着丝绸之路上最主要的两个大国确立了直接的外交关系。"换言之，伊朗和中国从这年起便绽开了友谊之花"[②]。自此后，帕提亚便陆续遣使至汉，并赠礼汉廷以巩固双方关系，两国之间贸易和文化交流亦随之而展开。纵览两汉史籍，从公元前110年至公元101年，帕提亚遣使通汉的记载不下五次。[③]文献记载虽然不详，但从国内所出土的具有帕提亚风格的考古遗迹来推断，汉与帕提亚之间的贸易和文化交流无疑是相当频繁的。

---

① 《史记》卷123《大宛列传》，北京：中华书局，1959年，第3160页。
② 孙毓棠：《安息与乌弋山离》，《文史》第5辑，北京：中华书局，1978年，第10页。
③ 此五次分别是发生在公元前110年、公元87年、公元88年、公元94年和公元101年。具体可见《史记·大宛列传》和《后汉书·西域传》有关安息的记载。

公元前4世纪后期随着亚历山大东侵,希腊化世界逐渐形成。在整个希腊化世界内部,尤其是希腊化东部世界,希腊文化与埃及、波斯和印度文化进一步相互融合,形成了一种新的具有统一特色的复合多元文化即希腊化文化。帕提亚帝国崛起于希腊化世界各文明相互交融的大时代,且又长期处于希腊化文化的浸润之下,希腊化自然是其一个明显的特征。至公元前2世纪后期,张骞凿空和汉与帕提亚外交关系确立,汉代的中国人便逐渐跨入希腊化世界的门槛,希腊化文化信息亦随之传入中国。根据汉籍的相关记载,在汉与帕提亚的相互交往中,传入汉地的希腊化信息大致有如下几类。

1. 钱币。张骞初次西使回国后,曾报告说:帕提亚"以银为钱,钱如其王面,王死,辄更钱效王面焉"。这一记载完全符合帕提亚采用希腊化币制的事实。这意味着张骞从希腊化世界返回后,将帕提亚帝国采用希腊化钱币的事实带到了汉代中国人的观念里。自此之后,汉与帕提亚频频通使,西去帕提亚的汉人应该也见到过流通中的帕提亚钱币,只是史书未作记载罢了。此外,《汉书·西域传》又载:帕提亚"以银为钱,文独为王面,幕为夫人面。王死,辄更铸钱"。班固记载与司马迁记载的不同之处,即在于"幕为夫人面"一句。班固卒于公元92年,《汉书》所记之事下至公元23年。结合这一时期有关帕提亚钱币的基本史实,可知具有这一特征者,应为公元前2年即位的弗拉阿塔克斯(Phraataces,公元前2年至公元4年在位)。因为在他发行的钱币上,正面为其头像,反面为其母亲穆萨(Musa)像。[1]从司马迁到班固,汉代中国不仅如实地记载了帕提亚钱币的希腊化特征,而且还及时地记录了帕提亚历史发展的具体细节。此外,班固言"文独为王面,幕为夫人面",其实也说明钱币正反面人物为夫妻关系,这又可与约瑟夫所记弗拉阿塔克斯与其母穆萨祸乱朝纲的事实相互印证。[2]

2. 物产风俗。汉通帕提亚以后,汉代中国对于希腊化亚洲世界有了初步的认识。同时,伴随着通使往来的频繁,希腊化世界东部地区的物产亦随之东来。研究者常举葡萄和苜蓿为例来说明问题。两汉史籍皆言大宛、乌弋山离和帕提亚有"蒲陶酒",其原料即"蒲陶"。因此,两汉时期葡萄种植极可能是从帕提亚或其周边地区引入中原地区的。从目前的研究来看,这种植物最早似乎是以亚美尼亚或伊朗地区为中心,西传希腊,东及中亚地区的。再就"葡萄"一名的语源来看,托马舍克(Wilhelm Tomaschek)、金斯密尔(T.W.Kingsmill)和夏德倾向于认为源出于希腊语 bótrus(一串葡萄),但劳费尔(B. Laufer)则进一步认为 bótrus 一词来自闪族语,并推测汉语的"蒲桃"来自伊朗语 Budāwa。该词系词根 buda 加词尾 wa 组成,buda 一词又和新波斯语 bāda(酒)有关联。[3]不过劳费尔又认为汉译名"蒲桃"和希腊语 bótrus 没有关系,原因是在张骞游历的时代,

① 伟烈亚力:《西域传注释》(A. Wylie, "Notes on the Western Regions"),《大不列颠与爱尔兰人类学研究所杂志》(*The Journal of the Anthropological Institute of Great Britain and Ireland*)第10卷,1881年,第39页;乔治·罗林森:《第六个东方君主大国》(George Rawlinson, *The Sixth Great Oriental Monarchy*),伦敦:朗文格林出版公司,1873年,第220页;杨巨平:《希腊式钱币的变迁与古代东西方文化交融》,《北京师范大学学报(社会科学版)》2007年第6期。
② 根据约瑟夫的记载,弗拉阿塔克斯在弑父后,又与其母结婚,罗林森亦认为这是事实。孙毓棠说"只是摩萨是王的母亲而非夫人",显误(孙毓棠:《安息与乌弋山离》,第13页)。因此,班固与约瑟夫的记载又可以相互印证。约瑟夫:《犹太古代史》(Josephus, *Jewish Antiquities*),《洛布古典丛书》,剑桥,马萨诸塞:哈佛大学出版社,1930年,XVIII.2.4。
③ 劳费尔著,林筠因译:《中国伊朗编》,北京:商务印书馆,2001年,第49-51页。波兰汉学家赫迈莱夫斯基认为,汉语葡萄一词应系大宛语 bādaga 的音译,参见徐文堪:《外来语古今谈》,北京:语文出版社,2005年版,第13页。

大宛地区没有人讲希腊语，希腊语在帕提亚帝国内部的影响是甚微的。从目前西亚和中亚地区出土的希腊文化遗迹来看，劳费尔所举的理由显然有些过时，但他先考察葡萄的原产地及其外传的过程继而追溯此词汉语译名由来，则又为我们提供了一种极为可能的参考。如方豪言，葡萄的"中国译名，似直据希腊语，盖彼时希腊语随希腊人之足迹，已遍传于中亚也"①。如此，汉语中"葡萄"一名，则承载了希腊化时期希腊语流通于希腊化亚洲的事实。至于苜蓿，劳费尔和金斯密尔认为源于希腊语"米底草"。林梅村认为，汉代将 *Mēdikē* 汉译为苜蓿，可能受中亚犍陀罗语影响，因为在犍陀罗语中 d 或 dh 有时读作 s。②但笔者以为，方豪所言源于伊朗语 *Musu* 似更近实。③此外，希腊化亚洲产良马也是一个很重要的信息。《史记·大宛列传》亦言大宛周边地区"俗嗜酒，马嗜苜蓿"的情况，说明除大宛、乌孙外，帕提亚也产优良的战马。④斯特拉波在述及米底时，说此地自古产良马。塔恩还特别提及，帕提亚人曾对属塞琉古的米底马觊觎已久。有学者曾言，米特里达提一世进占米底并非单纯为了领地，更是为了夺取米底的天马。⑤因此，汉籍虽未直言帕提亚帝国出良马，但间接信息其实也提及了这一点。

3. 神话故事。在汉王朝与爱希腊（ΦΙΛΕΛΛΗΝΟΣ）的帕提亚相互交往的过程中，⑥希腊的一些神话故事也被带到了汉代中国人观念中。《后汉书·西域传》和《晋书·四夷传》关于甘英西使大秦行至帕提亚西界时所听闻的故事，似乎可以说明这一点。前书称"海中善使人思土恋慕，数有死亡者"，后书称"海中有思慕之物，往者莫不悲怀"。张绪山认为，帕提亚西界船人给甘英所讲的海中"思慕之物"其实就是希腊神话中的海妖塞壬（Sirens）⑦。若此说成立，则至少说明随着汉代中国与帕提亚的交往，地中海神话故事

① 方豪：《中西交通史》上册，上海：上海人民出版社，2008年，第108页。
② 林梅村：《古道西风——考古新发现所见中西文化交流》，北京：生活·读书·新知三联书店，2000年，第189-190页。
③ 关于葡萄和苜蓿语源的讨论，争议较多，可参考劳费尔著，林筠因译：《中国伊朗编》，第31-69页；布尔努瓦著，耿昇译：《丝绸之路》，济南：山东画报出版社，2001年，第257-262页；方豪：《中西交通史》上册，第107-108页；谭少惠：《葡萄考》，《遗族校刊》1937年第4卷第2期；张玉忠：《葡萄与葡萄酒传入我国的考证》，中国食品出版社编：《中国酒文化和中国名酒》，北京：中国食品出版社，1989年，第217-232页；芮传明：《葡萄与葡萄酒传入中国考》，《史林》1991年第3期；余太山：《两汉魏晋南北朝正史"西域传"所见西域诸国物产》，载《揅芬集——张政烺先生九十华诞纪念文集》，北京：社会科学文献出版社，2002年，第437-453页。
④ 侯丕勋：《汗血马与丝绸之路》，《丝绸之路》1995年第3期；余太山：《两汉魏晋南北朝正史西域传所见西域诸国的社会生活》，《西域研究》2002年第1期。
⑤ W. W. 塔恩：《希腊化时代军事和海军的发展》（W. W. Tarn, *Hellenistic Military and Naval Developments*），剑桥：剑桥大学出版社，1930年，第78-79页；理查德·塔达：《阿尔特米塔的阿波罗多鲁斯和帕提亚帝国的崛起》（Richard Tada, *Apollodorus of Artemita and rise of the Parthian Empire*），华盛顿大学2008年博士学位论文，第117页。
⑥ "爱希腊"是帕提亚钱币铭文上常见的国王名号之一，其希腊语原文是"ΦΙΛΕΛΛΗΝΟΣ"，字面意思是"希腊人的朋友"或"爱希腊者"，在古代既可专指爱好希腊文化的非希腊人，也可泛指爱国的希腊人，但主要用来指那些热爱希腊文化的外族统治者，尤其是帕提亚的国王。参考杨巨平：《帕提亚王朝的"爱希腊"情结》，《中国社会科学》2013年第11期。
⑦ 张绪山：《甘英西使大秦获闻希腊神话传说考》，《史学月刊》2003年第12期；张绪山：《〈后汉书·西域传〉记载的一段希腊神话》，《光明日报》2006年3月21日第011版。

沿丝绸之路东渐入华的事实。[①]

4.书写。除了以上提及的一些信息外,希腊化世界普遍的书写方式也通过帕提亚传入了中国。《史记·大宛列传》说帕提亚"画革旁行以为书记"。《汉书·西域传》亦有此言。服虔曰:"横行为书记也。"师古曰:"今西方胡国及南方林邑之徒,书皆横行,不直下也。革为皮之不柔者。"[②]我们不清楚汉人所看到的帕提亚文是用希腊语还是用帕提亚语书写,但考古材料证实,帕提亚时期的书写不论是哪一种文字,都是横向进行,而非下行式的写法。至于书写材料,两汉书皆言帕提亚人所用为皮革。虽然罗林森认为帕提亚早期用亚麻布,在普林尼时代不久后,他们从巴比伦的邻居那里获得了草纸。[③]但阿弗罗曼文书直接说明,帕提亚人的确也以皮革为书写材料。[④]有学者根据希腊化时期的考古证据推测,由于帕提亚人与希腊化的小亚细亚相邻,帕提亚人很可能是从希腊化的帕加马王国获得羊皮纸。[⑤]若此,不论是书写方式还是书写材料,帕提亚人采用的显然是希腊化世界通行的做法。汉人觉察此事异于自己的习惯,所以才略加记述。可见,汉籍寥寥数语,却较为准确地传达了此类信息。

帕提亚是希腊化时代后期崛起于希腊化世界的国家,也是两汉时期汉与罗马丝路沿途中的"最大国"。正是通过这个中介,希腊化世界的很多文化信息逐渐传递到了汉代的中国。细察两汉史籍则不难发现,司马迁、班固以及范晔等人关于希腊化亚洲世界的诸方面记载,不仅与古典作家的某些记载吻合,而且也逐步被考古发掘所证实。在他们的笔下,希腊化世界的轮廓依稀可辨。[⑥]

---

① 国内有学者从《史记·大宛列传》所记"安息长老传闻条枝有弱水、西王母,而未尝见"一语出发,推断西王母很可能是希腊化世界近东地区普遍流行的大母神库伯勒(Cybele)(参见余太山《两汉魏晋南北朝正史西域传所见西域诸国的宗教、神话传说和东西文化交流》,《西北民族研究》2001年第3期)。不过,从目前最新研究来看,西王母显然系中国古代本土神话人物,因其信仰的地理意义始终与"西极"相连,以至于其起源常为学者所争论。具体可参考张绪山《汉唐时代中华夏族人对希腊罗马世界的认知——以西王母神话为中心的探讨》,《世界历史》2017年第5期。

② 《汉书》卷96上《西域传》,北京:中华书局,1962年,第3890页。

③ 乔治·罗林森:《第六个东方君主大国》,第425页。

④ E.H.敏斯:《库尔德斯坦阿弗罗曼出土帕提亚时期羊皮纸文书》(E. H. Minns, "Parchments of the Parthian Period from Avroman in Kurdistan"),《希腊研究杂志》(The Journal of Hellenic Studies)第35卷,1915年,第24页。

⑤ 杨巨平:《亚历山大东征与丝绸之路开通》,《历史研究》2007年第4期,第160页。

⑥ 若以汉籍对于其他诸国的记载来看,我们就会获得更为细致和清晰的轮廓。以《汉书·西域传》所记汉使尉文忠与"容屈王子阴末赴共合谋,攻罽宾,杀其王"的记载为例。塔恩在顾世密(Alfred von Gutschmid)和伟烈亚力研究的基础上认为,阴末赴即希腊王赫尔麦乌斯(Hermaeus),容屈即Yonaki,即Greek-town之意,乌头劳可能是罽宾地区的印度-斯基泰王斯帕里希斯(Spalyris)。李约瑟根据塔恩的解释,详细论述了班固的记载,并说:"希腊人在印度的最后一段时期的统治,完全是靠中国外交上的支持而存在的。"若此类考证成立,则又说明了汉代中国不仅较为清楚地知晓希腊化亚洲,而且还亲自参与了希腊化远东地区印度-希腊人的政治生活。W. W.塔恩:《巴克特里亚和印度的希腊人》(W. W. Tarn, The Greeks in Bactria and India),剑桥:剑桥大学出版社,1951年,第339-343页;约瑟夫·李约瑟:《中国科学技术史》(Joseph Needham, Science and civilization in China)第1卷,导论,剑桥:剑桥大学出版社,1954年,第194-195页。

二、考古所见汉代中国与帕提亚的交流

自20世纪七八十年代以来,在国内陆续发掘的汉墓遗址中时有带域外文化风格的器物出土。经大量研究,学者们普遍认为此类器物多出自西亚地区,其年代约为公元前2世纪至公元2世纪。也就是说,这些带有域外风格的遗物应为与汉帝国建立了外交关系的帕提亚帝国的舶来品。另需注意的是,考古发现部分此类器物埋藏的时间却早于张骞西使的年代,这又说明汉代中国与西亚的交往显然要早于传统意义上丝绸之路开通的时间。总之,这些发现不仅佐证了两汉文献关于帕提亚通汉的记载,而且也丰富了汉与帕提亚丝路关系研究。以下略举数例,以作说明。

1.青海大通银壶。1977年,在青海大通上孙家寨汉晋墓地的乙区M3号卢水胡墓中,出土了一件单耳银壶。[①]该银壶独特之处在于,其口沿、腹部和底部分别装饰有波浪纹、卷草纹和雉蝶纹。就其艺术渊源,各家意见不一。俞伟超首先指出这是帕提亚制品,墓主人系匈奴人。随后的《上孙家寨汉晋墓》报告亦说该壶"腹壁锤有一周花瓣图案,酷似忍冬纹",是公元3世纪时期的帕提亚制品。[②]孙机初认为是帕提亚制品,但后又认为是新疆地区制品。[③]另有说法认为是公元3世纪时期,罗马帝国东部叙利亚地区的制品。[④]齐东方在《唐代金银器研究》中则说:"这件银壶是中亚地区输入的器物。"[⑤]马尔沙克(B.Marshak)则指出,该银壶是在游牧民族地区制作的希腊化风格的器物。[⑥]仝涛则综合诸说,对此问题做了更细致的研究,他从银壶纹饰入手先否定了孙机的观点,进而认为:公元前2世纪,希腊化的帕提亚首先融合并产生了这样的镀金银器装饰纹样。其后随着奄蔡或乌孙的中介,银壶便辗转出现于蒙古地区的匈奴王庭,并最终又流入中国边境地区的匈奴贵族手中。[⑦]他认为银壶的文化渊源在希腊化的帕提亚,但却是通过中国与帕提亚之间的中介民族的转手而传入中国的。以上诸说,似以仝涛的研究最具说服力,但其所谓银壶系汉与帕提亚中介民族转手东来也只是一种可能性的推测。因此,学界大多数意见仍倾向于帕提亚说。[⑧]银壶虽出土于匈奴墓中,但在该墓附近同一时期的汉墓中,还出土了一枚"汉匈奴归义亲汉长"驼钮铜印,即说明该墓主人系匈奴人,此地时已归辖于汉。因此,将银壶归于帕提亚与汉中国交往关系的物证,亦可说通。

① 青海省文物考古研究所:《上孙家寨汉晋墓》,北京:文物出版社,1993年,图版75,第160页插图95。

② 青海省文物管理处考古队:《青海大通上孙家寨的匈奴墓》,《文物》1979年第4期;俞伟超:《古代"西戎"和"羌"、"胡"文化归属问题的探讨》,《青海考古学会会刊》1980年第1期;青海省文物考古研究所:《上孙家寨汉晋墓》,第220页。

③ 孙机:《汉代物质文化资料图说》,北京:文物出版社,1991年,第450-451页;孙机:《大通银壶考》,《中国历史文物》2002年第3期。

④ 中国历史博物馆编:《华夏之路》第2册,北京:朝华出版社,1997年,第283页。

⑤ 齐东方:《唐代金银器研究》,北京:中国社会科学出版社,1999年,第253页。

⑥ 詹姆斯·C.Y.瓦特、安家瑶和何恩之:《中国——黄金时代的黎明(公元200年—公元750年)》(James C. Y. Watt, An Jiayao, Angela Falco Howard, *China: Dawn of a Golden Age, 200－750AD*),纽约:大都会艺术博物馆,2004年,第193页。

⑦ 仝涛:《论青海大通上孙家寨汉晋墓出土银壶的异域风格》,《考古》2009年第5期。

⑧ 霍巍:《文物考古所见古代青海与丝绸之路》,《青海民族大学学报(社会科学版)》2017年第1期。

2.凸瓣纹银盒。1983年,在广州象岗南越国第二代王赵眜(约公元前137年至公元前122年在位)墓的随葬品中,发现了一件银盒。该银盒盒身与盒盖上饰有辐射状的凸瓣纹,故又称凸瓣纹银盒。据笔者统计,相类的器物还有20世纪50年代后期云南晋宁石寨山西汉滇墓出土的四件铜盒、1979年山东临淄西汉齐王墓出土的银豆、20世纪90年代末安徽巢湖北头山汉墓出土的银盒、2004年山东青州西辛村战国墓出土的两件银盒、2009年以来江苏大云山汉墓出土的裂瓣纹银盒和银盆等。[①]为方便讨论,暂且皆称为银盒。学界关于此类银盒(或铜盒)的研究,主要的论争集中于三方面,即其为本土所造还是境外输入品? 若为外来输入品,其输入路线如何? 其文化渊源又该作何解? 综合来看,石寨山西汉滇墓和临淄西汉齐王墓所出银盒时间相对较早,但相关问题的研究却始于南越王墓银盒的出土。目前的观点普遍认为此类器物不大可能出自本土,而是外传品。[②]那么,其艺术渊源如何解释呢? 徐苹芳认为银盒"是西亚或中亚之产品"。孙机认为凸瓣纹是锤揲打压而成,这种技术就其渊源可追溯到亚述时期,但兴盛于阿黑美尼德时期,帕提亚人继承并发展了这一风格。因此,他说"这件银器应为安息朝后期的、即公元以后的制品"。而齐王墓的银盒可能是南方的舶来品,再转运至临淄的。[③]饶宗颐基本认同孙机的西亚来源说,但认为青州在先秦时期就已是海上交通的港口。[④]若青州早为海上交通港口,那所谓齐王墓银盒由南传北的推测可能就存在商榷的余地了。齐东方则根据江上波夫的研究认为,齐王墓银盒和南越王墓银盒"与波斯以及地中海沿岸古代国家的金银器工艺和纹样极为接近"[⑤]。林梅村对银盒问题关注已久,他起初认为银盒乃罗马方物,并根据两广地区发现的玻璃碗进一步证实汉与罗马海上交通关系早已存在。[⑥]但近些年来,他又根据伊朗新发现的银器修正了自己早期的观点。如现存的证据表明,青州战国墓出土的银盒与埃兰的一件银器如出一辙。因此他重新得出结论:"这种裂瓣纹金银器最早见于近东埃兰文明,工艺传统后来为波斯人、帕提亚人所传

① 关于此类银盒的发现可依次参考广州市文物管理委员会等编辑:《西汉南越王墓》上册,北京:文物出版社,1991年;云南省博物馆编:《云南晋宁石寨山古墓群发掘报告》,北京:文物出版社,1959年;山东淄博市博物馆:《西汉齐王墓随葬器物坑》,《考古学报》1985年第2期;安徽省文物考古研究所等编著:《巢湖汉墓》,北京:文物出版社,2007年;山东省文物考古研究所、青州市博物馆:《山东青州西辛战国墓发掘简报》,《文物》2014年第9期;南京博物院等:《江苏盱眙县大云山西汉江都王陵一号墓》,《考古》2013年第10期。
② 国内学者普遍认为此类银盒乃域外输入的舶来品,只是对其舶来路线多有歧义。持本土说者主要有赵德云和伦敦大学亚非学院倪克鲁(Lucas Nickel),二人皆从银盒带有盖子这一特征出发,推测银盒很可能是外国工匠在中国本地制造。不过,李零又从制造工艺出发对倪克鲁的"本土说"提出异议。相关研究可参考赵德云:《凸瓣纹银、铜盒三题》,《文物》2007年第7期;倪克鲁:《南越王墓银盒》(Lukas Nickel, "The Nanyue Silver Box"),《亚洲艺术》(Arts of Asia)第42卷,2012年第3期,第98-107页;李零:《论西辛战国墓裂瓣纹银豆——兼谈我国出土的类似器物》,《考古》2014年第9期。
③ 徐苹芳:《考古学上所见中国境内的丝绸之路》,联合国教科文组织等编:《十世纪前的丝绸之路和东西文化交流》,北京:新世界出版社,1996年,第271、277页;孙机:《中国圣火——中国古文物与东西文化交流中的若干问题》,沈阳:辽宁教育出版社,1996年,第139-155页。
④ 饶宗颐:《由出土银器论中国与波斯、大秦早期之交通》,饶宗颐主编:《华学》第5辑,广州:中山大学出版社,2001年,第12页。
⑤ 齐东方:《唐代以前外国输入的金银器》,《唐代金银器研究》,第250页。
⑥ 林梅村:《汉唐西域与中国文明》,北京:文物出版社,1998年,第317页。

承。"就其传入途径,他认为应系海路而来。①赵德云虽对银盒系境外舶来的说法提出质疑,但就其文化渊源一点,亦说"其直接源头应当在波斯艺术中去追寻"②。近几年来,学者们又撰文讨论银盒问题,其中以刘文锁、李零和霍雨丰的研究为代表,就其结论,皆认同银盒的文化渊源应属于西亚伊朗一带。③现在看来,作为东西文化交流见证的银盒应属舶来品,其伊朗渊源说应该较为可靠的,但我们不能由此而一概认为上述银盒是汉通帕提亚以后,由帕提亚传入中国的。因为此类银盒出土的年代,往往都在西汉早、中期,即都属于汉与帕提亚建立正式外交关系以前流入中国的实物。举例来说,临淄齐王墓年代为公元前179年或稍后,南越王墓年代在公元前128年至公元前117年,晋宁石寨山墓年代在公元前175年至公元前118年。较近期的大云山汉墓,研究者认为主墓M1墓主人系江都王刘非(前168—前128)。白云翔认为墓中银盒年代偏晚,其埋葬年代稍早于南越王墓。④综合这些证据表明:在汉与帕提亚确立官方交往的公元前115年之前,汉代中国显然早已与帕提亚时期的伊朗存在文化交流的迹象。

3. 广西寮尾陶壶。2008年8月至2009年3月,在广西合浦县寮尾东汉墓的发掘过程中,出土了一件青绿釉陶壶。由于新近出土,可能还没有引起学界更广泛的关注,所以关于该陶壶的研究只有几篇专论。2012年的发掘报告称该壶为"低温釉陶壶",并认为:"在汉墓中是第一次出现,造型与我国汉代的绿釉陶器明显不同,而与幼发拉底河畔的塞琉西亚遗址等出土的帕提亚埋藏的陶壶类似。"⑤同年6月,社科院考古研究所黄珊女士在厦门大学举办的"海洋文化遗产调查研究新进展及考古学学科建设研讨会"上,专文讨论陶壶问题。在与国外学者相互讨论的基础上,黄珊将此壶与大英博物馆和卢浮宫所藏帕提亚时期的青绿釉陶壶进行了比较,初步推测该壶是帕提亚时期制作于伊拉克南部和伊朗西南部的产品。她还认为,墓主人很可能是一个来自帕提亚的番客。该陶壶很可能是通过海路传入中国的。⑥结合文献和合浦汉墓群的整体考古研究来看,说此壶为海路舶来品,应无太大异议。《汉书·地理志》所谓"自日南障塞、徐闻、合浦船行可五月……"的记载,其实已明确前汉时期中国与东南亚、印度洋地区存在海上往来的事实。近些年来,考古学家在从波斯湾至南印度沿海乃至东南亚的港口遗址中也发现了大量帕提亚时期伊朗风格的釉陶残片,这些发现不仅证实了文献记载的真实性,也有力地说明了两汉或帕提亚时期波斯湾至印度洋和中国南海地区海上贸易发展的事

---

① 林梅村:《丝绸之路散记》,北京:人民美术出版社,2004年,第115页;林梅村:《丝绸之路考古十五讲》,北京:北京大学出版社,2006年,第105页。

② 赵德云:《凸瓣纹银、铜盒三题》。

③ 刘文锁:《丝绸之路——内陆欧亚考古与历史》,兰州:兰州大学出版社,2010年,第301-309页;李零:《论西辛战国墓裂瓣纹银豆——兼谈我国出土的类似器物》;霍雨丰:《南越王墓的银盒及国内其他裂瓣纹器物》,《文物天地》2017年第10期。

④ 李则斌、陈刚:《江苏盱眙大云山汉墓考古成果论证会纪要》,《文物》2012年第3期。

⑤ 广西文物考古研究所、合浦县博物馆、广西师范大学文旅学院:《广西合浦寮尾东汉三国墓发掘报告》,《考古学报》2012年第4期。

⑥ 黄珊:《从广西寮尾东汉墓出土陶壶看汉王朝与帕提亚王朝的海上交通》。本文初为黄珊女士为2012年在厦门大学举办的"海洋文化遗产调查研究新进展及考古学学科建设研讨会"所提交的论文,后收入吴春明主编:《海洋遗产与考古》,北京:科学出版社,2012年。感谢黄珊女士慷慨赐文。

实。①关于墓主人的身份，黄珊推测是帕提亚的番客或进行海外贸易的商贾。②熊昭明则认定该壶"应非贸易品，当为随身携带进入"③。这些问题与本文主旨无关，不予讨论。总的来看，认定该陶壶属于自海路东来的帕提亚舶来品应该是成立的。

综上所论，我们可做以下总结和补充：

第一，以上三类物证，就其艺术风格论，应该源出于战国末期至两汉时期的伊朗地区，大部分皆属于帕提亚时期的器物。其中可以肯定的是，青海大通银壶应该是从北方陆路传入的。

第二，凸瓣纹银盒出土墓葬的年代约为战国末年至汉初，其地点"既多毗邻沿海，又相距广远"。这表明在汉帝国依陆路正式通帕提亚以前，民间或地方已存在由海路通帕提亚的可能性。④

第三，学界对于南越王墓银盒的舶来路线问题争议较多，大多数学者认为是从海路传入，但仍有部分学者认为是从陆路传入。⑤不过，广西寮尾陶壶的发现似乎进一步支持了南越王墓银盒借由海路传入的可能性。另需指出的是，银盒之间不一定就存在相互仿制的关系，比如晋宁石寨山银盒不一定就是模仿南越王墓银盒制成。此类银盒很可能是在不同时期，经由不同渠道传入中土。至于其中的本土因素，应该是传入内地后附加上去的。

第四，以上物证的入华，虽不能排除其中的一两件存在"蛮夷贾船，转送致之"的可能性，但不一定皆通过"转送"而来。所以，张骞西使以前，汉代中国与帕提亚极可能已存在直接的交往关系。

第五，学者们多取两汉时期的《西域传》来研究汉与帕提亚的关系问题，盖《西域传》保留了关于帕提亚的直接记载，但这会给人造成汉与帕提亚似乎只存在陆路关系的普遍印象。现结合考古物证来看，帕提亚与汉代中国海路关系的存在，不仅早有文献可作推测，而且也越来越得到了考古材料的证实。

三、汉代中国—帕提亚交往与汉代艺术中的希腊化文化因素

20世纪初以来，国内不时发掘出土两汉时期带有希腊化文化特征的考古实物。这些实物有的具有典型的希腊文化特征，有的则表现出希腊化亚洲普遍流行的艺术风格。作为丝绸之路开通初期中外文化交流的见证，学界对此也进行了一系列卓有成效的研

① 海得隆·申克：《斯里兰卡出土帕提亚釉陶和印度洋贸易》（Heidrun Schenk, "Parthian glazed pottery from Sri Lanka and the Indian Ocean trade"），《非欧文化考古学杂志》（Zeitschrift für Archaeölogie Außereuropäischer Kulturen）第2卷，2007年，第57-90页；罗伯塔·汤贝：《罗马和美索不达米亚——公元1000年纪印度的进口商》（Roberta Tomber, "Rome and Mesopotamia- importers into India in the first millennium AD"），《古代》（Antiquity）第81卷，2007年，第972-988页。
② 黄珊、熊昭明、赵春燕：《广西合浦县寮尾东汉墓出土青绿釉陶壶研究》，《考古》2013年第8期。
③ 熊昭明：《汉代海上丝绸之路合浦港的考古学探究》，《中国文物报》2017年5月5日第5版。
④ 宿白：《考古发现与中西文化交流》（宿白未刊讲稿系列），北京：文物出版社，2012年，第25页。
⑤ 周永卫：《南越王墓银盒舶来路线考》，《考古与文物》2004年第1期。

究。[①]纵观此类研究,学者们普遍的结论是:虽然两汉时期中国与希腊并无直接的交往关系,但随着亚历山大东侵以来希腊文化的东进及其与东方文化的长期融合,希腊化遂成为一种主流趋势。及至张骞西使和丝绸之路的开通,中国与希腊化亚洲交往骤兴,希腊化文化亦随之东及汉代的新疆和中原地区。这就是说,希腊化文化的东渐入华远非古典希腊一方东来的结果,更有与汉代中国直接交往的"希腊化亚洲"的贡献。古典希腊和中国分处欧亚大陆两端,正是当道于丝路要冲的这些"希腊化亚洲"国家铺就了双方联系的桥梁。从这一点上说,前辈学者的研究只是溯源式的分析,对于希腊化文化东渐入华的途径和模式却鲜有论及,这无疑为本课题的研究提供了新的方向和有待深入探讨的空间。基于此,本部分仍选取与汉代中国建立直接外交关系的西域"最大国"帕提亚为例,从相关考古实物出发,对帕提亚与希腊化文化的东渐问题作进一步系统的阐述。

1.汉代有翼神兽。汉代有翼神兽的出现,是与希腊化时期帕提亚帝国普遍流行的格里芬(Griffin)观念密切相关的。学界关于有翼神兽问题的讨论由来已久。概括说来,早期的讨论似乎是由南朝神道石刻问题而引出。[②]但是对于我国古代艺术中有翼神兽出现的时间、文化渊源等具体问题,意见分歧较大。比如在出现时间上,李零认为似乎可上溯至春秋中期或至少是晚期,但沈珉认为,其"渊源确可上溯到远古新石器时期

---

① 国内所见带域外文化因素的器物多出土于汉唐时期,且以我国新疆和西北地区居多。就两汉时期的出土物而已,与此相关的研究大致可分为三类。一是对国内所见域外尤其是希腊文化遗痕的整体性概述,如齐东方《汉和前汉时期中国出土的西方文物》(齐东方,"汉代及汉代以前的中国出土西方文物"),《阿尔—拉菲丹:西亚历史研究杂志》(ラーフィダーン AL-Rafidan: *Journal of Western Asiatic Studies*)第15卷,1994年,第130-135页;孙机:《建国以来西方古器物在我国的发现与研究》,《文物》1999年第10期;龚缨晏:《古代中西文化交流的物证——中国境内发现的相关文物古迹》,《暨南史学》第2辑,广州:暨南大学出版社,2003年,第43-55页;林梅村:《汉代西域艺术中的希腊文化因素》,郑培凯主编:《九州学林》第1卷第2期,上海:复旦大学出版社,2004年,第2-35页;玛依努尔·吾甫尔:《新疆地区发现的希腊—罗马文化遗存》,《文博》2010年第5期;葛承雍:《从出土汉至唐文物看欧亚文化交流遗痕》,《故宫博物院院刊》2015年第3期。二是对某一类或个别出土实物体现出的希腊文化因素的个案性分析,如初师宾:《甘肃靖远新出东罗马鎏金银盘略考》,《文物》1990年第5期;钱伯泉:《从新疆发现的有翼人像看希腊—罗马文化的东传》,《丝绸之路》1995年第5期;米歇尔·琵若茹丽:《外部世界对中国文化的贡献:接触和同化》,《"迎接二十一世纪的中国考古学"国际学术讨论会论文集》,北京:科学出版社,1998年,第403-431页;赵丰:《锦程:中国丝绸与丝绸之路》,合肥:黄山书社,2016年,第96-125页。三是对希腊佛教艺术(或犍陀罗艺术)的东渐展开的专题性考论,如邱陵:《新疆米兰佛寺壁画:"有翼天使"》,《西域研究》1995年第3期;王嵘:《关于米兰佛寺"有翼天使"壁画问题的讨论》,《西域研究》2000年第3期;顾颖:《"西域样式"的基础版本——新疆米兰佛寺壁画》,《文史知识》2010年第9期。

② 代表性成果有朱希祖:《天禄辟邪考》,中央古物保管委员会编辑委员会编:《六朝陵墓调查报告》,南京:中央古物保管委员会,1935年,第183-199页;阎文儒:《关中汉唐陵墓石刻题材及其风格》,《考古与文物》1986年第3期;刘凤君:《东汉南朝陵墓前石兽造型初探》,《考古与文物》1986年第3期;龚良:《陵墓有翼神兽石刻的发展及其艺术源流》,《华夏考古》1994年第1期;苏健:《洛阳新获石辟邪的造型艺术与汉代石辟邪的分期》,《中原文物》1995年第2期;林梅村:《狮子与狻猊》《天禄辟邪与古代中西文化交流》,皆载《汉唐西域与中国文明》,第87-95页,96-101页;李零:《论中国的有翼神兽》,《中国学术》第5辑,北京:商务印书馆,2001年,第63-134页;李零:《再论中国的有翼神兽》,《入山与出塞》,北京:文物出版社,2004年,第136-144页;赵克礼:《天禄、獬豸、麒麟考辨——从永陵石兽为"天禄"谈起》,《文博》2003年第4期;霍巍:《胡人俑、有翼神兽、西王母图像的考察与汉晋时期中国西南的中外文化交流》,《九州学林》第1卷第2期,第36-92页;顾问、黄俊:《中国早期有翼神兽问题研究四则》,《殷都学刊》2005年第3期;沈珉:《中国有翼神兽渊源问题探讨》,《美术史研究》2007年第4期;蔡鸿生:《狮在华夏》,《中外交流史事考述》,郑州:大象出版社,2007年,第172-185页;林通雁:《从长安铜飞廉到洛阳石翼兽——对中国古代有翼神兽问题的一个讨论》,《美术研究》2010年第3期。

带羽翼的兽面纹饰"，至春秋战国时期，"独立的有翼神兽随之出现"。至于其文化渊源，滕固说"传自波斯"。朱偰认为"当自小亚西亚美索不达米亚传来"。林树中认为，其渊源来自春秋战国时期青铜器中的有翼神兽，直接来源于汉代。杨泓、姚迁、古兵以及梁白泉等对外来说提出反对意见，如杨泓认为中国的传奇瑞兽"完全是中国古文明的结晶"，梁白泉也说"有翼兽的艺术品中国自古已有"。[①]沈从文对西亚来源说提出质疑，认为"是受秦汉以来神仙方士传说影响"所致。[②]

要探察有翼神兽的文化源流，势必要考察整个历史时期世界各地以有翼神兽为主题的各类实物证据。就以上的研究来看，其中以李零的论证较为系统。他不仅系统梳理了汉及汉以前中国艺术中的翼兽，而且也对同时期境外最常见的翼兽格里芬做了分类探讨。笔者较为赞同李零关于麒麟和天禄辟邪等翼兽的结论。麒麟在先秦以前已出现，但它很可能是被神化了的鹿类动物，但天禄辟邪却是汉通西域以后汉代艺术中较为普遍的主题。《汉书》记载乌弋山离和帕提亚出"桃拔"。颜引孟康注曰："桃拔一名符拔，似鹿，长尾，一角者或为天鹿，两角者或为辟邪。"[③]考古出土的天禄辟邪，一律都是成对的带翼狮或狮子形象，与麒麟无关。因此可以肯定两点：一是根据文献，它们是从西域传入；二是根据出土实物，它们与狮子有关。从这一点上说，天禄辟邪的形象和麒麟其实并无源流上的承接关系。至于古人常用麒麟代指神道石刻的天禄辟邪，其实是人们常以熟悉的东西来解释不太熟悉的东西的普遍行为，这是语言学上常见的词语误用（Catachresis）现象。[④]但李零将亚述、波斯和中亚地区的格里芬分为鹰（鸟）首格里芬、狮首格里芬或带翼狮、羊首格里芬或带翼羊三种似稍嫌不妥。比如亚述的格里芬以狮首为造型者，就不在少数。希腊的格里芬既有鹰首，亦有狮首的情况。[⑤]同样，波斯的格里芬以鹰首为题者，亦不在少数。古代欧亚地区的格里芬造型融合了东西方世界观念的各种因素，若单以地域分类，显然还应考虑同一地域不同历史时期的格里芬所具有的不同特征。[⑥]

狮子产于西亚地区，狮子出现于汉地与汉通西域直接相关。从词源上讲，汉语"狮子"一词应出自古代伊朗语。[⑦]汉通帕提亚后，汉代的石刻艺术中才普遍出现天禄辟邪等有翼神兽的造型。陈竺同早指出，四川雅安高颐墓前石狮，"胸膛两旁各刻有翼，乃是

① 沈琍：《中国有翼神兽渊源问题探讨》，第59-60页。
② 沈从文：《狮子在中国艺术上的应用及其发展》，《沈从文全集》第28卷，太原：北岳文艺出版社，2009年，第224页。
③《汉书》卷96上《西域传》，第3889页。
④ 李零：《论中国的有翼神兽》，第110页。
⑤ 伯纳德·戈德曼：《狮子—格里芬的发展》（Bernard Goldman，"The Development of the Lion-Griffin"），《美国考古杂志》（American Journal of Archaeology）第64卷，1960年第4期，第319-328页。
⑥ 对格里芬问题的整体性研究，可参考林俊雄《格里芬的飞翔——圣兽所见之文化交流》（グリフィンの飛翔——聖獣からみた文化交流），东京：雄山阁，2006年。该书以欧亚内陆大量考古材料为依据，分五个部分论述了格里芬在美索不达米亚的起源，及其在历史时期向东西方世界传播和演变的历史进程。
⑦ 关于"狮子"一词的来源，学界已做过大量的讨论，其中以贝利、蒲立本、林梅村以及徐文堪的研究较具代表。哈罗德·W.贝利：《古代于阗的塞人文化》（Harold W. Bailey, The Culture of the Sakas in Ancient Iranian Khotan），德尔马，1982年，第35页；蒲立本：《为什么是吐火罗人？》（Edwin G. Pulleyblank, "Why Tocharians?"），《印欧研究杂志》第23卷，1995年，第415-430页；林梅村：《狮子与狻猊》，《汉唐西域与中国文明》，第87-95页；徐文堪：《外来语古今谈》，第14页；徐文堪：《欧亚大陆语言及其研究说略》，兰州：兰州大学出版社，2013年，第175页。

西域安息的特殊作风"①。类似的还有汉元帝渭陵寝殿出土的带翼玉狮和河南洛阳西郊出土的东汉石辟邪等。南北朝时期宋文帝和齐武帝墓前的有翼神兽，应该是这一艺术风格在汉以后的延续。②此外，四川彭山出土的有翼神兽画像和哈特拉出土的帕提亚格里芬不仅形态相近，而且神兽的双翼、前爪以及尾部特征也极为相似。③其实在新疆地区发现的织物图案上，带翼神兽也是一个常见的主题。④尼雅遗址出土的有翼神兽，就其形态特征来看，与以色列学者收藏的帕提亚时期青铜香炉上的格里芬极其相似。⑤若将尼雅木雕上的有翼神兽和哈特拉格里芬浮雕相比较，又会发现两者在造型布局上皆呈动物对纹式样，而且也都是用于门楣装饰的饰件。同样的建筑装饰风格，还见于帕提亚时期的尼尼微城，门楣中央的有翼神兽呈对称状，与哈特拉、尼雅所见如出一辙。⑥这一事实起码说明，两汉时期尼雅遗址的建筑不仅具有帕提亚时期的特征，而且在纹样的装饰上也借用了帕提亚艺术的惯用手法。据说斯文·赫定在楼兰LB.Ⅱ佛寺遗址也发现过刻着有翼神兽的木雕饰件，林梅村将该饰件与哈特拉的格里芬进行比较认为，楼兰木雕件的艺术源头是帕提亚时期出现的有翼狮子与花瓶组合题材。⑦值得注意的是，尼雅和楼兰两地的木雕饰件，也多刻有典型的希腊装饰纹样，如似忍冬纹和葡萄纹一类的枝叶图案。⑧这样看来，两汉时期艺术造型中有翼神兽和希腊装饰纹样的出现，显然是汉通帕提亚后，受希腊化文化影响至深的帕提亚艺术东渐的直接结果。

2. 和田人首牛头莱通。1976年，在和田约特干遗址出土了两件人首牛头形莱通。长分别为19.5厘米和17厘米，均为细泥黄陶制成。上塑人首，人物颧骨凸起，浓眉深目，高鼻大眼，胡人特征较为明显。较长的一件下巴突出部分塑有一小牛头，牛角向内

① 陈竺同：《两汉和西域等地的经济文化交流》，上海：上海人民出版社，1957年，第35页。

② 詹姆斯·C. Y. 瓦特、安家瑶和何恩之：《中国——黄金时代的黎明（公元200年—公元750年）》，第25-26页，图版22、23。

③ 四川的格里芬图像可参考霍巍：《胡人俑、有翼神兽、西王母图像的考察与汉晋时期中国西南的中外文化交流》，第88页，图21。哈特拉的帕提亚格里芬浮雕，藏于美国大都会博物馆，见 https://www.metmuseum.org/art/collection/search/322626，2025年4月20日。

④ 张文、徐纯中、吴焯和邱夷平：《汉代中国丝织品所见吉祥动物母题研究》（Zhang Wen，Xu Chunzhong，Wu Zhuo，Qiu Yiping，"A Study on the Auspicious Animal Motifs on Han Textiles in Ancient China"），《丝绸之路》（The Silk Road）第11卷，2013年，第100-112页。

⑤ 奥雷尔·斯坦因：《西域考古图记》（Sir Aurel Stein，Serindia，Detailed Report of Explorations in Central Asia and Westernmost China）第1卷，牛津：牛津大学出版社，1921年，第226页，图版63、64。尼雅遗址所发现的带有格里芬图案的木雕较为多见，另见穆舜英主编：《中国新疆古代艺术》，乌鲁木齐：新疆美术摄影出版社，1994年，第119页，图303。

⑥ J. E. 里德：《希腊帕提亚的尼尼微》（J. E. Reade，"Greco-Parthian Nineveh"），《伊拉克》（Iraq）第60卷，1998年，第65-83页；约翰·博德曼：《亚洲的希腊人》（John Boardman，The Greeks in Asia），伦敦：泰晤士哈德逊出版公司，2015年，第196页。

⑦ 林梅村：《丝绸之路考古十五讲》，北京：北京大学出版社，2006年，第125-127页；陈晓露：《楼兰考古》，兰州：兰州大学出版社，2014年，第215、320页。

⑧ 巫新华主编：《新疆古代雕塑》，济南：山东美术出版社，2013年，第65-72页。

紧贴,牛嘴部留有出水口。①据笔者了解,学界关于中国出土莱通的研究往往多是围绕何家村玛瑙兽首杯而展开,对约特干莱通只零星提及,似乎还未有专文讨论。

从现存的实物来看,古代的埃及、希腊和罗马、波斯以及斯基泰人的艺术中都有大量的莱通存世。古代中国亦有类似的器物,如西汉南越王墓的青玉角形杯,其形亦似于莱通,故常被称为莱通。学者们对于莱通的研究,首先面临的就是如何进行分期和分类的问题。分类的依据不同,易带来混乱。②从词源上看,莱通,系英语 rhyton 一词的汉译,rhyton 又源于古希腊语"ῥυτόν"一词。依利德尔和斯科特的解释,ῥυτόν 有"流出、流动"(flowing、fluid)的意思。③因此,学者们普遍认为莱通在古希腊是一种被用于祭仪的注酒器。不过,从实际的情况看,并非所有的莱通皆有端口,因此,莱通多充当一种仪式化的圣物。从目前国内出土的莱通看,除西汉南越王墓出土的青玉角形杯外,年代较早的也就算约特干的人首牛头莱通了。

那么,此类型莱通是属于哪个历史时期的艺术品呢?概括说来,目前的观点主要有以下几类:刘文锁根据孙机的研究,认为是萨珊时期流行的类型;④穆舜英主编的《中国新疆古代艺术》认为其年代当在公元3—4世纪;马尔沙克认为是在公元3—5世纪;⑤祁小山、王博等编的《丝绸之路·新疆古代文化》将此类型的莱通归入唐代的艺术范畴,这也是目前较为普遍的一种认识,估计是受了唐代玛瑙兽首杯的影响;此外,较新的观点则又认为该莱通大致属于公元4—7世纪的艺术品。⑥也就是说,目前的争论要么认为此类器物属于帕提亚晚期,要么属于萨珊时期。但对比帕提亚晚期西亚地区出土的莱通式样,不难发现所谓人首牛头莱通造型早在帕提亚晚期就已出现。以美国大都会艺术博物馆所藏的一件人首牛头莱通为例,该莱通出土于美索不达米亚地区,高38.1厘米,宽15.2厘米,亦为釉陶制品。需注意的是该莱通器身雕刻的女性,具有帕提亚时期

---

① 约特干出土的人首牛头莱通共有三件,据说其中的一件流入艾尔米塔什博物馆,另外两件分藏于新疆维吾尔自治区博物馆和和田博物馆。穆舜英主编:《中国新疆古代艺术》第141-142页,图357、360;新疆维吾尔自治区文物事业管理局等主编:《新疆文物古迹大观》,乌鲁木齐:新疆美术摄影出版社,1999年,第97页,图0222。此外,在新疆阿图什市阿扎克乡也出土过此类型的莱通,见祁小山、王博编著:《丝绸之路·新疆古代文化》,乌鲁木齐:新疆人民出版社,2008年,第170-171页。

② 孙机:《中国圣火——中国古文物与东西文化交流中的若干问题》,第178-197页;刘文锁:《丝绸之路——内陆欧亚考古与历史》,第256-281页。

③ H. G. 利德尔、R. 斯科特编著:《希腊语英语辞典》(A Greek-English Lexicon, compiled by Henry George Liddell & Robert Scot),牛津:牛津大学出版社,1966年,第1578页;威廉姆·史密斯、威廉姆·维特以及 G. E. 莫林丁编著:《希腊罗马古迹学词典》(William Smith, William Wayte & G. E.Marindin, A Dictionary of Greek and Roman Antiquities)第2卷,伦敦:约翰·默里公司,1891年,第565页。需要说明的是,此类器物在古希腊早期的名称是 κέρας(角形杯),线形文字 B 里已得到证实,以 ῥυτόν 称呼此类器物则是较为晚出的用法。

④ 孙机:《中国圣火——中国古文物与东西文化交流中的若干问题》,第183-184页;刘文锁:《丝绸之路——内陆欧亚考古与历史》,第276页。

⑤ 穆舜英主编:《中国新疆古代艺术》,第202页;詹姆斯·C. Y. 瓦特、安家瑶和何恩之:《中国——黄金时代的黎明(公元200年—公元750年)》,第191页。

⑥ 葛嶷、齐东方主编:《异宝西来:考古发现的丝绸之路舶来品研究》,上海:上海古籍出版社,2017年,第162页。

典型的发型式样。因此，这件莱通当为帕提亚时期无疑。[①]在这一类莱通中，学者们引用较多的是大英博物馆所藏的一件。该莱通高35.5厘米，宽12厘米，出土地点不明，为釉陶质料。吉尔什曼认为这是帕提亚时期的艺术品，并称："帕提亚时期的陶匠也制造带有模制饰品的釉莱通。"[②]因此，就文化渊源和艺术造型而言，和田约特干出土人首牛头莱通应源于帕提亚时期西亚地区普遍流行的艺术式样。

不过，帕提亚以前伊朗地区的莱通前端基本以兽首为主，且整个器身呈弧形。相比之下，古希腊很多容器和莱通往往都以人首装饰前端，整个器身为直线形。[③]但是上述帕提亚晚期的三件人首牛头莱通，何以与此正好相悖呢？很显然，随着希腊文化潮流的东进，希腊艺术的式样也被带到了希腊化世界的亚洲地区。正是在希腊化时期，伊朗传统的曲形兽首莱通和希腊的人首直形容器或莱通结合了起来。玛莎·卡特尔（Martha L. Carter）也持这一看法，并以希腊化时期帕纳久里什泰宝藏（Panagyurishte Treasure）中的人首狮头莱通为例说明这一点。[④]因此，我们可以进一步认为，帕提亚时期人首牛头莱通的出现无疑是希腊化时期这一艺术融合潮流的继续和延伸。

就约特干的人首牛头莱通而言，其整体特征更像上文所举帕提亚时期的三件人首牛头莱通，不同的是，人物的面部特征因时空而发生了相应的变化。萨珊时期虽也流行人首牛头莱通，但器身上部多只有人首，而且下端的牛头亦与帕提亚时期有所不同。约特干在两汉时期为于阗国的重要城市，为丝路南道的必经之地，张骞两次西使皆经过和田。因此，可认为和田出土的人首牛头莱通应该是带有希腊化特征的帕提亚人首牛头莱通进一步影响汉魏中国造型艺术的有力实证。不过，至于克劳斯·帕尔拉斯卡所说何家村玛瑙兽首杯也是希腊化文化影响下的产物，就又是另一个有待讨论的问题了。[⑤]

3. 山普拉马人彩色壁挂。1984年，考古学者在和田地区洛浦县山普拉乡发现一座汉墓。其中84LSIM1号墓出土的一块残损的彩色毛织壁挂，经拆开重拼后，长116厘米，宽48厘米，其上部分为一马人双手持一长管乐器做吹奏状，下部分为一武士右手持矛像。该武士大眼高鼻，立体感较强。由于其余部分残缺，所知仅有以上所描述的信息。关于这块壁挂，不论是从其质料构成、来源还是从其本身图案的含义等方面，学者

---

① 琼·阿鲁兹：《女性头像莱通》（Joan Aruz, "Rhyton with Female Head"），《大都会艺术博物馆学报》（The Metropolitan Museum of Art Bulletin）第59卷，2001年第2期，第13页。具体图像可见http://metmuseum.org/Collections/search-the-collections/328840，2016年1月23日。

② R. 吉尔什曼：《帕提亚和萨珊时期的波斯艺术：公元前249年—公元651年》（R. Ghirshman, Persian Art: Parthian and Sassanian Dynasties, 249B. C.—A. D. 651），纽约：金色出版社，1962年，第111页。

③ 笔者曾就此问题请教过大英博物馆的库尔提斯（Vesta Sarkhosh Curtis）女士，她曾指出，可依莱通的形状是直或弯来判定该莱通是源于希腊还是波斯。对于库尔提斯女士的指点，在此深表谢忱。

④ M.L.卡特：《克利夫兰博物馆所藏印度—伊朗银制莱通》（M. L. Carter, "An Indo-Iranian Silver Rhyton in the Cleveland Museum"），《亚洲艺术》（Artibus Asiae）第41卷，1979年第4期，第309-325页。

⑤ 克劳斯·帕尔拉斯卡：《中国的希腊化风格玛瑙莱通》（Klaus Parlasca, "Ein hellenistisches Achat-Rhyton in China"），《亚洲艺术》（Artibus Asiae），第37卷，1975年第4期，第280-290页。转引自弗朗瓦索·路易斯《何家村莱通和中国的角形酒杯（觥）：令人陶醉的珍品及其古史》（Francois Louis, "The Hejiacun Rhyton and the Chinese Wine Horn (Gong): Intoxicating Rarities and their Antiquarian History"），《亚洲艺术》（Artibus Asiae）第67卷，2007年第2期，第201-242页。

们都已做了不少的研究。①

目前争论较多的依然是壁挂图案本身的含义及其象征意义问题。比如，最初的简报认为马人图案是《魏略·西戎传》中马胫国人形象，②但参与发掘者李吟屏则认为，壁挂上半人半马怪物是希腊罗马神话中的马人喀戎（Centaur），整个表现手法也是以希腊风格为主："高耸的鼻梁几乎与额头垂直，飘动在肩头的兽（狮?）皮隐喻着勇敢，手中的号角象征着对自己荣誉的宣扬，马的四蹄也与中国传统摆法不同；马人四周的菱格图案，却带着西域韵味。"③《山普拉的于阗古墓》的作者分析认为，赫拉克勒斯在猎取厄律曼托斯的野猪时误伤了喀戎，他感到痛苦难忍，只求速死，壁挂反映的也就是这一故事。④目前来看，马人系喀戎的观点已为大多数学者所认可，但壁挂中的武士形象及其身份又该作何解释呢？林梅村曾依据法国考古学家法兰克福（C. Debaine-Francfort）的分析，认为该希腊武士应为亚历山大大帝，后又倾向于认为该武士为赫拉克勒斯。⑤美国学者张禾综合壁挂的织法和人物装束，指出这是"进入欧亚草原并本地化了的希腊武士形象"⑥。窃以为，鉴于臆测成分太多，该武士的具体身份可暂且不论，但很明显的是其面部特征与中亚哈尔恰杨（Khalchayan）出土的希腊武士雕塑极其相似，这意味着该壁挂所反映的主题是与希腊化中亚地区文化有关联的。⑦因此，有学者直接指出："武士面部各器官均使用退晕方法以表示明暗，具有立体感。显然为希腊化影响之产物。"⑧照此说来，壁挂中的马人形象应系希腊神话中的喀戎无疑，且该壁挂所反映的文化主题应与希腊化中亚地区流行的文化大有关联。

那么，这块壁挂是汉代新疆本地的制品吗？很明显，壁挂中的人物服饰不是地中海地区的式样，而与中亚地区的服饰式样相近。因此，该壁挂不可能是来自地中海地区，

① 代表性的成果有：新疆维吾尔自治区博物馆、新疆文物考古研究所编著：《中国新疆山普拉——古代于阗文明的揭示与研究》，乌鲁木齐：新疆人民出版社2001年版；李吟屏：《洛浦县山普拉古墓地出土缂毛裤图案马人考》，《文物》1990年第11期；阿丽娅·托拉哈孜：《马人和武士纹壁挂浅析》，《新疆艺术》1998年第3期；王作民、何晓、祁小山、胡湘利、肖小勇：《山普拉的于阗古墓》，《文明》2002年第3期；林梅村：《汉代西域艺术中的希腊文化因素》，第23-30页；贾应逸、陈元生、解玉林、熊樱菲、王秀兰：《新疆扎滚鲁克、山普拉墓群出土（西周至东汉）毛织品的鉴定》，《文物保护与考古科学》2008年第1期。
② 阿舍买提·热西提：《洛浦县山普拉古墓地》，《新疆文物》1985年第1期。
③ 李吟屏：《洛浦县山普拉古墓地出土缂毛裤图案马人考》。穆舜英和葛承雍亦持此说。穆舜英主编：《中国新疆古代艺术》，第197页；葛承雍：《从出土汉至唐文物看欧亚文化交流遗痕》，《故宫博物院院刊》2015年第3期。
④ 王作民、何晓、祁小山、胡湘利、肖小勇：《山普拉的于阗古墓》，第83页。
⑤ 林梅村：《汉代西域艺术中的希腊文化因素》，第29-30页；林梅村：《松漠之间——考古新发现所见中外文化交流》，北京：生活·读书·新知三联书店，2007年，第62页。
⑥ 张禾：《洛浦山普拉出土武士——半人马缂织壁挂图案风格探源》，祁小山、王博编著：《丝绸之路·新疆古代文化（续）》，乌鲁木齐：新疆人民出版社，2016年，第60-61页。
⑦ 美国学者罗伯特·琼斯认为，壁挂中武士装束与古典时期和希腊化时期的希腊武士完全不同，但脸部的表现手法又具有希腊化的某些风格，有可能是波斯人或萨卡人。罗伯特·A.琼斯：《丝绸之路上的喀戎——中国西部近期考古所见希腊化织物》（Robert A. Jones, "Centaurs on the Silk Road: Recent Discoveries of Hellenistic Textiles in Western China"），《丝绸之路》（The Silk Road）第6卷，2009年第2期，第23-32页。关于哈尔恰杨出土的希腊武士雕塑，可参考G.A.普加琴科娃《哈尔恰杨》（G. A. Pugachenkova, Khalchayan），塔什干，1966年，图1：公元前1世纪中期哈尔恰杨出土的赫劳斯家族成员黏土头像。
⑧ 穆舜英主编：《中国新疆古代艺术》，第198页。

应该是来自中亚。①贾应逸对扎滚鲁克、山普拉所出毛织品的鉴定结果认为：其中有同质毛，也有异质毛；既有新疆当地产的绵羊毛，也有少量的安哥拉山羊毛。但羊毛品种并不完全等同于羊毛织品的产地，如山普拉墓地所出的彩色条纹栽绒毯，使用被国际学界认为创于波斯的"8"字扣法，但羊毛则是新疆地产的巴楚羊毛。她在其新著《新疆古代毛制品研究》一书中，通过对山普拉出土的大量缂毛织物的比较分析，进而推定该壁挂应是沿丝绸之路西来的中亚地区织物。②赵丰则根据哈尔恰杨所出土赫劳斯（Heraus）家族陶俑头像和钱币图，也推断该缂毛壁挂应产于中亚地区。③综上所论，壁挂出土于东汉墓地，且其织法与伊朗有关，又出产于中亚，这是否意味着该壁挂与帕提亚时期曾经流行的文化式样存在某种相互影响的关系呢？近几十年来，域外丝织物考古研究工作的深入开展有力地回答了这一问题。自20世纪60年代末以来，日本国士馆大学伊拉克古代文化研究所对伊拉克地区阿勒塔尔（Al-Tar）遗址进行了长期发掘，此地曾出土了一幅类似于山普拉马人壁挂的人物像缂毛织物。该缂毛织物也用同样技法重视人物面部的晕染效果，属于希腊样式，且出土地层为帕提亚时期。④除阿勒塔尔以外，此类缂毛织物在地中海东岸的叙利亚地区也多有发现。如此说来，山普拉马人壁挂显然属于帕提亚时期西亚和中亚地区普遍流行的织物式样。而就其所体现的文化要素而言，马人吹长笛的形象在希腊罗马造型艺术中较为常见，站立的武士及其装束则又体现出其中亚身份和草原游牧民的属性。帕提亚人长期受希腊文化浸染，且本身又具有游牧民族的文化渊源，要说该壁挂出于帕提亚帝国的艺术家之手亦无不可。韩森（Valerie Hansen）即根据壁挂中士兵匕首上的兽头图案，倾向于认为其源出于帕提亚帝国。⑤

实际上，张禾所谓"这帧壁挂有可能织于希腊化时期，希腊—马其顿人与草原民族如帕提亚和斯基泰人接触较多的西亚、黑海北部以及中亚等地"的推论，在一定程度上也暗示了当道于丝路要冲的帕提亚人在丝路文化交流融合链条中的角色。⑥因此，该马人壁挂在山普拉的出土，不仅反映了爱希腊的帕提亚对汉王朝边疆地区文化艺术的影响，而且也说明了汉代中国与帕提亚在丝绸之路上文化交流的复杂性。

综上所述，考古材料已说明前张骞时代的中国与帕提亚已存在交往关系。至张骞西使和汉通帕提亚后，陆路贸易渐兴，汉代中国与希腊化亚洲的交往渐趋频仍。文献资料也直接表明，在汉代中国与帕提亚相互交往的历史过程中，希腊化世界的相关信息或随汉使的东返，或随帕提亚使节的来访被陆续带入中国。帕提亚时期希腊化文化因素的入华，是丝路初兴阶段内陆欧亚文化发展的重要篇章。在汉帝国与罗马帝国构成的

---

① 詹姆斯·C. Y. 瓦特、安家瑶和何恩之：《中国——黄金时代的黎明（公元200年—公元750年）》，第194-195页。
② 贾应逸等：《新疆扎滚鲁克、山普拉墓群出土（西周至东汉）毛织品的鉴定》，第21页；贾应逸：《新疆古代毛制品研究》，上海：上海古籍出版社，2015年，第265页。
③ 赵丰：《锦程：中国丝绸与丝绸之路》，合肥：黄山书社，2016年，第111页。
④ 藤井秀夫：《伊拉克阿勒塔尔发掘报告（1971—1974年）》（Hideo Fujii, *Al-Tar. I, Excavations in Iraq : 1971—1974*），东京：日本国士馆大学伊拉克古代文化研究所，1976年，第2-14页、第120-130页。转引自阿丽娅·托拉哈孜：《马人和武士纹壁挂浅析》，林梅村：《汉代西域艺术中的希腊文化因素》，第27页。
⑤ 芮乐伟·韩森：《丝绸之路新史》（Valerie Hansen, *The Silk Road : A New History*），牛津：牛津大学出版社，2012年，第202页。
⑥ 张禾：《洛浦山普拉出土武士——半人马缂织壁挂图案风格探源》。

两极贸易体系中,帕提亚借其地缘优势,扮演了极其重要的历史角色。在汉代中国与爱希腊的帕提亚相互交往的300多年里,帕提亚本土的文化因素与帕提亚艺术中所混杂的希腊化文化因素亦逐渐地越过葱岭,东渐入华,以润物细无声的方式或直接或间接地对汉代中国文化艺术产生了深刻的影响。

本文原载《世界历史》2018年第5期,略有改动。

中西古典学

古典学术和古典精神

——《西方古典学研究入门》序言

近四十年来，正当西方古典学被正式引入我国，不仅在学术界受到出人意料的关注，而且也在文化公众那里掀起了小小的热潮之际，在西方，这门精致且高严的学问却已风光不再，甚至走向了衰微。现代古典学经历了18世纪后半叶以降百余年的草创、勃兴和鼎盛，进入20世纪后便开始盛极而衰，尤其是第二次世界大战以来，一种深层的危机感渐渐弥漫整个西方古典学界。古典学已经到了为自己的生存担忧的地步，不仅因为各种令人窘迫的现实状况，更因为这个学科面临的问题攸关其存在理由：古典世界和当代世界有无内在关联？这种关联是否需要以及能否维系下去？古典学是维系两者的有效手段吗？古典学的现实意义究竟何在？

古典学的当代危机显露于内外两个方面。就外部情形而言，古典学身处"后古典世界"，这个"后古典世界"绝不仅仅在时间上位于"古典世界"之后，更重要的是，"古典世界"已被它决定性地抛到了身后，这个时代不再跟随"古典世界"，而是摆出各种姿态，与之撇清关系。"古典世界"特别是"古典"这一概念所蕴含的"古典主义"饱受诟病，遭到"后古典世界"的严厉批判。根据"古典主义"（classicism）的思维模式，"古典世界"（classical antiquity）被塑造成一种理想和一个本源，由此来强调西方文明自古及今的"古典传统"（classical tradition）及其连续性：作为"理想"，古典世界的辉煌文明具有永不磨灭的内在价值，具有超越一时一地的普适性以及超越历史和时代的典范性；作为"本源"，古典世界乃西方文明最纯粹的源头，具有永不枯竭的丰富性。据此，"古典主义"致力于追怀、摹仿和复活业已失落的"古典理想"，旨在承接和维护赓续不绝的"古典传统"。这样一种"古典主义"被解构为纯属虚妄的假象：诚然，古典世界在历史上有着巨大而深远的影响，但并非因为它的超验的内在价值和优越性，它的永不改变的完美性和典范性，而是缘于种种特殊的历史情境和复杂的历史条件。从认识论上说，我们关于古典世界的知识永远是片面的和不确定的，从中无法推导出任何一种普适的"古典理想"。从史实上说，"古典文明"作为西方文明的"本源"，并不具备纯粹性，而是受到古代近东多种文明的影响和刺激才逐步形成；纵使具备所谓的"纯粹性"，我们也不应简单地渴慕返回其间，而无视它是如何通过与当下的交互影响被不断地构建出来的。经过此番"后古典世

---

① 作者张巍，复旦大学历史学系西方古典学教授（上海 200433）。

界"的批判性审视，"古典世界"和"古典文明"不再具有高于其他时代或其他文明的典范性，而只是众多时代和文明里的一个而已。

"后古典世界"的外部批评得到了古典学界自身的普遍应和。第二次世界大战以后，西方古典学者们意识到，这门学科不能再像19世纪全盛时期那般，以一种高居众多人文学科之首的傲然姿态，心安理得地在其学科内部延续习以为常的研究。这些学者使出浑身解数，为古典学发掘新的研究材料和资源，寻觅新的研究方法和角度，开辟新的研究课题和方向。譬如20世纪下半叶，多学科的研究方法迅速得到重视，学者们不仅打通古典学的各个分支学科，进行交叉或综合研究，而且还引入各种其他学科的理论和视角来研究古典文明；60年代起，新兴的各色文学理论被先后运用于古典文本的解读，令古希腊罗马文学研究呈现出光怪陆离的景象；80年代以降的"文化转向"，运用社会学和人类学的方法关注古代世界的底层和边缘文化，运用考古学的方法关注普通民众的物质文化；近二十年来兴起的跨文化乃至全球化古典学倡导其他文明对古典文明的主动的接受研究，以及将各种古典文明同等对待的比较研究。表面上，古典学呈现出一片繁荣之态，新的研究材料和资源、方法和角度拓展了研究课题和方向，古希腊罗马世界的各个方面无不得到关注和探究，借此古典学似乎获得了新的生命力。可是，从人文学科的整体来看，古典学却不断地被边缘化，一种地位和生存的危机感如影随形，令古典学者仿佛对这个时代问心有愧。其实，当古典学者致力于翻开古希腊罗马世界的每个角落之时，恰恰是为了因应"后古典世界"的外界批评之声，远离以古希腊罗马经典为核心的精英文化。结果是，古希腊罗马文明被日益异域化和他者化，与现代西方文明拉开无法弥合的距离。与此同时，古典学术的传统基础——古典教育也被斥为保守意识形态的温床，一个奉古典主义为核心价值的制度化的教育机构，与精英主义、排外主义和欧洲中心主义有着千丝万缕的联系；古典教育曾经是上流阶层的一种标志，一种文化资本，强化其种族、性别和阶层意识，维护其地位和特权；传统的古典教育往往滋生复古的意识形态，导致对现代文化及现代性的全盘否定，以及对古典文化及古典性的盲目推崇。因此，古典学术要与传统的古典教育撇清关系，成为一门纯粹的研究性学科。

从内外两方面的危机不难得出如下结论：古典世界和当代世界没有内在关联；即便有，也无必要维系下去；即便有必要维系，这也不是古典学的任务，因为古典学乃是回避现实意义的历史性的纯学术。面对这样的结论，某些眼光不囿于古典学表面繁荣的西方古典学者认识到，这门学科正面临着深层的危机，它必须清醒地反思自己的性质和任务，反思自己与其所处的时代之间的关系。一些先知先觉者提出，古典学亟待自我革新，清除任何一种独一无二的理想化的"古典主义"的余孽，主动追随"后古典世界"的时代思潮，转变为多元的历史主义的古典学（参见莫利《古典学为什么重要》）或者多元的"后古典主义"的古典学（参见 The Postclassicisms Collective，2020），才有可能重焕生机。言下之意就是，为了化解它面临的危机，古典学必须再次变得"合乎时宜"。

果真如此？事实上，古典学的当代危机需要从它的现代困境里找寻根源，而这一困境于现代古典学诞生之际便初露端倪。如所周知，18世纪后半叶德国的新古典主义（Neoclassicism）时代思潮孕育了现代意义上的古典学。有别于14至16世纪文艺复兴时期重罗马的人文主义,德国的新古典主义奉古希腊为典范,具有强烈的"爱希腊主义"(Philhellenism)特征。温克尔曼(Johann Joachim Winckelmann, 1717—1768)引领了这一时代风气,他发表于1755年的纲领性论文《有关绘画与雕塑艺术对希腊作品进行摹仿的思考》(*Gedanken über die Nachahmung der griechischen Wercke in der Mahlerey und Bildhauer-Kunst*),率先提出"让我们成为独一无二、无法摹仿的唯一一条道路,就是去摹仿古人,尤其是古希腊人"以及"体现于希腊雕塑的高贵的单纯与静穆的伟大,同样也是最好时期的希腊文学的真正特征"的著名论断。九年后,他的划时代巨著《古代艺术史》(*Geschichte der Kunst des Alterthums*, 1764)明确主张,古希腊人的艺术作品尤其是雕塑和建筑创造了"古典理想",处于从埃及到罗马整个古代艺术进程的巅峰。温克尔曼勾画的"古典理想"深刻影响了当时一大批文化菁英,包括莱辛、维兰德、赫尔德、歌德和席勒等,他们共同开辟了现代德国文化最具创造力的时期。

正值高举"古典理想"旗帜的新古典主义迅速席卷整个德国文化界之际,现代古典学应运而生了。18世纪70年代,哥廷根大学的海纳(Gottlob Heyne, 1729—1812)与哈勒大学的沃尔夫(Friedrich August Wolf, 1759—1824),最早让古典语文学成为一门独立的学科。有趣的是,现代古典学的问世还有一个象征性的日期——1777年4月8日。那天,一位年方十八的青年学生到哥廷根大学登记入学,要求注册"学习古典语文学"(studiosus philologiae)。校方反对说,"古典语文学"并非现有的四个系科之一,如果他将来想当一名教师,应该注册学习神学(studiosus theologiae),但青年学生坚持己见,学校无奈之下只得应允。这位青年学生便是现代古典学之父沃尔夫。这则耳熟能详的逸闻不仅标志着现代古典学的诞生,还有其深刻的象征意味:"古典语文学"终于摆脱了神学的枷锁,不再是附庸于神学的一门技术性的辅助学问,而成为独立于神学且与之媲美的一门具有高度人文精神的学问。沃尔夫创立现代古典学之举堪称从学术上对温克尔曼倡导的"新古典主义"的实现。文艺复兴时期的人文主义已经让罗马文学从拉丁语的教学当中脱离出来,不再为教会的神学教育服务,成为人文学者独立研究的对象,而德国的新古典主义则进一步让希腊语言和文学从拉丁语言和文学的附属地位中脱离出来,使之超越后者成为一切文明的最高成就。现代古典学在诞生之初将古希腊语言和文学置于首位,古罗马语言和文学置于次位,并以两者作为一个整体对立于基督教文明,正是它原初的精神内核。也就是说,古典学作为一门学问要与基督教神学相颉颃,要使其学问的对象古典文明与基督教文明对峙,从而实现古典精神与基督教精神的抗衡,这正是古典学为整个西方文明的格局所担负的精神使命。

沃尔夫把古典学的对象定义为"以各种形式表现的有关古代的知识",并称之为一门历史的学问,必须尽可能地在研究对象的原初历史情境中加以审视和理解。为此他发明了Altertumswissenschaft一词,在他所给出的定义里,Altertum(即古代)是作为整体的古希腊罗马文明,但其中希腊人的地位又高于罗马人,因为前者更完美地体现了真正的人性特征,是人类存在的理想范本,而Altertumswissenschaft的目标正是通过对整个古代世界的重构来寻回古希腊人的精神。可见,现代古典学在诞生之初,"历史主义"与"人文主义"这两种互相制约的因素已经成为一条隐伏的线索,但古典学术最初仍服务于古典精神的追寻。然而，沃尔夫之后的德国古典学却沿着历史主义支配下的"古典古代学"（klassische Altertumswissenschaft）路径发展，而整个19世纪德国古典学的鼎盛意味着古典学术对于古典精神的胜利。沃尔夫创建的古典语文学，虽然起初是复原、理解和阐释古典文献的学术研究，但作为历史科学，真正的目的在于对古代世界进行历史的重构，亦即"重现过去的真实"。经过严格的历史研究方法训练出来的古典语文学者不再固守于古典文献，而要以古代文明的整体为其研究对象，因此"古典语文学"转变为"古典古代学"，致力于对过去的史实（Realien）进行全面而客观的研究，借此获致对古代文化的客观了解。这一进程在19世纪末20世纪初德国"古典古代学"的集大成者维拉莫维茨（Ulrich von Wilamowitz-Moellendorff，1848—1931）身上达到了顶峰。古典学遂成为高举实证历史主义的学科，成为现代人文学术的典范而大获成功。但成功的另一面是，它早已忘却新古典主义的精神内核，偏离了诞生之初的精神使命，与古典精神渐行渐远。古典学不再力争古典文明之于现代基督教文明的优先地位，也不再倡导古典精神之于基督教精神的优先地位。虽说19世纪70年代以及20世纪二三十年代，尼采（Friedrich Nietzsche，1844—1900）和耶格尔（Werner Jaeger，1888—1961）分别致力于复兴古典学的精神使命，前者倡导"不合时宜的古典学"，后者揭橥"第三次人文主义"，但都宛如空谷跫音，难以挽回古典学对其精神使命的背弃。

综上所言，古典学的现代困境源于其诞生之初的精神使命与学科发展的历史际遇之间的两难。它在整个19世纪的空前成功使其迅速背离并彻底抛弃了诞生之初的精神使命，20世纪以来的盛极而衰更是让古典学对其原初的精神使命避之唯恐不及，"合乎时宜"几乎成为古典学唯一的选择。为古典学术而彻底放弃古典精神，这正是现代古典学的成功之道，但同时也深化了它的困境。彻底放弃古典精神的古典学术，只能尾随其他更具现实性的学科力求"合乎时宜"，而难以对西方文明的整个格局担负任何精神使命，这其实才是古典学所面临的危机的深层原因。因此，要化解古典学的当代危机，必须克服它的现代困境，重建古典学术与古典精神的真正联系，复兴古典学的精神使命。归根结蒂，古典学的精神使命就是维系古典世界与现代世界的内在关联，而成为维系两者的有效手段，就是古典学的现实意义。

但问题在于，古典学作为一门学科恰恰是一种现代学术，本身便是现代精神的产物，它又如何在运用现代学术的各种方法之时，葆有古典精神？面对这一难题，首先要从更长远的时段着眼，赢获古典学术史的整体意识，以此来反观现代古典学。设若古典学的当代危机不断深化，以至于它在"后古典时代"的某一天寿终正寝了，被当作陈旧的古董而仅供赏玩，那么18世纪末以降的现代古典学究竟能为后世留下什么，什么又是其最富生命力的遗产？事实上，这一假想的情形在西方历史上曾经发生过，那就是希腊化时期300年间（公元前3世纪初至公元前1世纪末）辉煌的古代古典学的终结，而它又为西方后世留下什么有生命力的遗产？从今日的角度来看，希腊化时期的古典学术，相比于此前的古风和古典时期的希腊文化而言，不过是一种次生的文化现象，其最终价值就在于尽最大可能地保存古典作品的真面目，维护古典精神的生命力，使之具备持久的文化意义，足以对后世产生巨大的影响，那么200年来的现代古典学术也应作如是观。

从根本上说,学术本身只是一种次生的精神活动,只有当它指向(而非遮蔽)它所依凭的原生的精神活动,才算实现它真正的价值。对于古典学术这一次生的精神活动而言,它所依凭的原生的精神活动便是古典精神,无论古代古典学还是现代古典学,莫不如此。

所以,现代古典学运用各种现代学术方法来研究古希腊罗马世界,必须以古典精神的维护与发扬为鹄的。现代学术方法只是手段,古典学不能止步于此,因为它不应满足于仅是一门历史性的学科;而只有向着古典精神进发,古典学才会成为一门现实性的学科。这就是从古典精神去观照并融摄现代精神,从经历时间淘洗的恒久价值来评估瞬息万变的当下价值,并从中生发出反思和批判的现实意义。这一探求"古典精神"的过程实质上就是与我们生活于其中的当下现实拉开距离的过程,只有拉开距离,我们才能赢获观照当下现实的批判性视野。换言之,涵泳于"古典精神",并不意味着"返本归源",驻守于某种奠基性的"古典时代"而流连忘返,因为如此一来,拉开距离的批判性视野便无从谈起。相反,我们必须不时从"古典精神"赢获的视距观照当下现实,使之发挥批判性的作用。当然,这也不意味着厚古薄今,用"古典精神"一味反对"现代性",而是要从"古典精神"的视距批判性地融摄"现代性"。

再者,作为一门人文学科,古典学的研究对象是古希腊罗马文明,但其宗旨并不在于研究对象,而在于研究者本身,也就是研究者自己的人文精神。这是人文学科不同于自然科学及社会科学的根本所在。故此,当古典学术运用现代智识工具及其精神去理解古希腊罗马世界,试图比古人更好地理解他们的世界,这只是学术之路的半途,我们还要反向延续这一进程,运用古代智识工具及其精神去直面现代世界,从而比今人更好地理解我们自己的世界。这是一条漫长的往复之路:我们背负现代智识工具出发去往古代,到古人那里学习古代智识工具,逐步以之涵括前者,返回现代,用古典精神直面现代世界。

古典学对研究者的人文精神的抉发、培育和养成诉诸古典精神——从古希腊罗马文明当中探求古典精神的本源及其演变,并通过这一向外的探求来抉发、培育和养成研究者自身的古典精神。古典学术实质上是由外入内、内外并进的探求古典精神的过程。对这一过程而言,语言和思想占据了首要的位置。古典精神虽能体现于其他各种媒质与形式,但语言和语言所传达的思想毕竟承载了古典精神最恢宏博大、最精深微妙之处。这便要求我们以古希腊罗马的传世经典为根本,以语文学的训练为基础,以历史文化的方方面面为辅助,来把握语言及语言对思想的传达,来体认语言所传达的思想。

有鉴于此,本部《入门》主要围绕古典语文学,尤以传世古典文献的解读和研究展开。这一重心的选择,除本书篇幅和作者学力所限,根本的理由在于,组成古典学术的四大研究方向(古典语文学、古代史、古代哲学和古典考古学)当中,古典语文学乃是基础,而传世古典文献的解读和研究又是基础中的基础。依凭这一重心,本部《入门》的目标是经由古典学术通达古典精神。为此,我们把古典学术分成"古典学养"("学")和"古典研究"("术")两个相辅相成的部分。本书的根本旨趣在于,经由"古典学养"(第一、二章)到"古典研究"(第三至五章)的古典学术之路,成为通向古典精神的养成之路。这条道路以古希腊罗马经典的研习为核心,具体的操作方法有三:其一,统观古典文史哲之全局，循其学术源流的主脉而识其大体，此方法见于第一章"专业培养"和第二章"典籍博览"；其二，精研古典文史哲经典文本，依靠文本细读而入其精髓，此方法见于第三章"经典研读"；其三，居于古典文史哲之交汇处，从语文→历史→思想来贯通文史哲之畛域而得其整全，此方法见于第四章"研究起步"和第五章"研究方法"。当然，如前所述，这条道路只是漫长的往复之路的前半程，返回之路才是养成了的古典精神的真正归宿。

关于本书有三点说明。第一，本书虽然对古典学术的整体面貌有所概览（尤见第一章"专业培养"和第五章"研究起步"第一节），古典语文学以外的其他研究方向（古代史、古代哲学和古典考古学），以及古典学术的辅助学科（诸如铭文学、纸草学、钱币学和图像学）都未能涉及。事实上，针对这些研究方向和辅助学科，有必要另行撰写独立的《研究入门》，并非本书作者所能代庖。第二，本书所举实例，皆来自希腊古风和古典时期，未能顾及希腊化时期和罗马，这当然也缘于作者自己的专业限制，不过本书所侧重的基本训练和研究方法，经适当变通以后，也能运用于其他时期的传世古典文献及基于其上的相关研究。此外，本书的附录部分尽量将视野扩展到其他时期，或可弥补正文所举实例的局限。第三，本书虽放眼古典学术最重要的几种学术语言包括英语、德语、法语和意大利语学界的研究，但仍偏重英语学界，这固然缘于英语作为当代主导性学术语言的现实，不过作者认为，古典学术并非英语学界所能囊括，还望初习者努力拓宽自己的眼界，尽力将德语、法语和意大利语学界的相关研究也纳入视野。

最后，需要强调的是，本部《入门》虽属晚近四十年来将西方古典学引入我国的学术潮流，却有别于对西方古典文明的科学化接受方式，即所谓的纯学术研究。纯学术研究者宣称，进入中国的古典学须全盘按照国际标准来移植，古典学的引入无异于某种自然科学，国际标准乃不可移易的金科玉律。他们有意或无意回避的问题是，古典学的"国际标准"实质上带有强烈的西方学术的当代属性，制定并奉行这一标准的主流学界往往利用古典学术来为当代西方的各种意识形态服务，进入中国的古典学不必也不可亦步亦趋。毋庸置疑，中国的古典学者需要接受国际水准的专业训练并具备国际视野，但这一国际视野不应当把中国自身的古典文明以及古典学术传统排除在外，更不应当成为自我隔绝于中国文化之外的借口。中国的古典学者要比西方古典学者更有能力反思习焉不察的西方学术话语，明辨西方古典学内部的批判暗流，结合中国文化内部有生命力的学术传统，让西方古典学真正成为最优秀的中国学术之一部分。唯有如此，中国的古典学者方能不但作为古典学者直面当下世界，亦且作为中国学者直面自己所属的中国文化。

本文原载张巍：《西方古典学研究入门》，北京：北京大学出版社，2022年，第v–xiv页，略有改动。

论古代希腊、罗马和中国史学中的认知视域与社会功用

穆启乐 著① 叶民 译

> 战战兢兢，
> 如临深渊，
> 如履薄冰。
>
> ——《诗经·小雅·小旻》

跨文化比较研究面临困难。首先,这种大胆的尝试需要一种必备的多面的能力,然而几乎没有人能具备这样的能力。此外,跨文化比较研究处于这样一种困境中,它既要把研究的材料缩小在可验证的范围之内,同时还要确保材料的基本状况具有代表性。在文学领域中,将关注点集中于"经典作品"上,不失为一种可行的方法。所谓经典作品是指这样一些作品,它们从某个特定的时间点开始,便被承认具有典范意义,并且对相关传统产生影响,因而它们被认为是这类作品的代表。正如我在其他场合所详细论证的那样,我认为这种方法可以运用于古代希腊、罗马和中国史学研究案例中②。

我提出下列著作作为范例,以便对这三种传统进行比较研究:在中国方面包括"五经"中的两经《尚书》和《春秋》,中国最早的叙事体史书《左传》,以及中国史学最重要的作品司马迁的《史记》;在希腊方面包括希罗多德的《历史》、修昔底德的《伯罗奔尼撒战争史》和波里比乌斯的《通史》这三部杰作;在罗马方面则包括撒路斯特的《喀提林阴谋》《朱古达战争》,李维的《罗马史》(《自建城以来史》)和塔西佗的《历史》《编年史》。

下文中我们要探讨关于上述作品的两个问题。第一,每部作品中的历史事件范围有什么样的界定和结构? 我们所指的不是由有明确主题的事件所构成的范围,而是由该著作所提及的历史事件的总体范围,特定的单一事件或群组事件是以这个总体范围为背景,受到突出的描述,而得到我们的审视和理解。③我们把每一部作品所提及的历史事件的总体范围称为它的"界域"。本文的第一部分试图描述上述作品的"界域"特

---

① 作者穆启乐,德国德累斯顿大学古典学讲席教授,自 2011 年始任北京大学人文讲席教授。

② 参见第一章有关论述。我非常感谢卡尔-约阿戏姆·赫尔克斯坎普(Karl-Joachim Hölkeskamp)和约恩·吕森(Jörn Rüsen),他们两位的鼓励和支持,使我在此文章所开始的比较研究中有所进步。

③ 具有明确主题的事件的范围同所提及的全部事件的范围相比,可以是一回事,但并非一定如此。在多数情况下,被提及的全部事件的范围要比具有明确主题的事件的范围或多或少更大些。

征。①我们研究的第二个问题则与每部作品的创作意图和预期作用有关。对此在研究界域问题时会有所涉及，但第二部分会进行专门探讨。同研究界域问题一样，在研究预期目的问题的时候，我们会用小型的类型学方法，我们要探讨的核心问题是，在多大程度上"界域"与"作用"之间是相互关联的。②

一

在研究上述作品所呈现的"界域"的时候，让我们首先从希腊历史学家的作品开始。这些作品的第一个共同点在于，作为这些著作主要内容的事件，发生在最近或者不久之前。他们所记述的事件显然具有某种现实性。此外，这三位历史学家的家乡也与他们所记载的这些事件有直接关系。希罗多德的爱奥尼亚、修昔底德的雅典即是如此，波里比乌斯的阿卡亚在他所描述的几十年的历史中，最终成为罗马势力范围的一部分。

尽管这三位历史学家所记述的历史具有现实性，尽管他们的家乡与之有相关性，但这三部作品中的界域并没有变得狭窄。恰恰相反，三位历史学家都显示出一种卓越的能力，能够置身于出生城市和家乡之外。当然，希罗多德原来的家乡爱奥尼亚在他著作的某些部分中起到一定的作用，而且他的暂居地雅典自然是他历史描述的主体之一，但是他也重点描述了希腊的其他地区和城市。尤其显著的是，他还以同样的篇幅记载了异邦人、异邦帝国和他们的统治者。修昔底德痴迷于雅典及其政治和文化上的成就，但是他并未从雅典人的视角而是从一个客观的观察者和分析者的立场，记载伯罗奔尼撒

---

① "认知视域"（Sinnhorizont）这个名词的缺点在于："界域"（Horizont，地平线）最初只是指把地平面一部分和天穹分开的分界线，不是指观察者和地平线之间视野可及的地平面部分，这后者是我们所说的"认知视域"。但在近代哲学中，Horizont的广义用法即已形成传统，我们可以在近代以来的哲学家那里看到（参见亨斯克、颜森和谢那尔所撰的《界域》[N. Hinske, P. Janssen, M. Scherner, "Horizont"]，载《哲学历史词典》[Historisches Wörterbuch der Philosophie]第3卷，1974年，第1187-1206页）。莱布尼茨用这个词指人类知识的范围（第1195页）："界域（Horizont）是包括人类已知事物并用来表示特殊的人类知识领域"。在鲍姆嘉通的《美学》中也使用了完全类似的表达（第1196-1197页）。同时还可以比较胡塞尔对这个名词的使用（第1200页）："在有意追求的经验中所实际上获得的对象，绝不会只是通过完全被孤立的和隔绝的、完全不确定和不知道的方式被获得，而是作为在内在相互联系的、作为既在情景之中又在情景之外的事物而被认知。事实上我所认知的每个事物，都有它自己的界域（Horizont，晕圈、背景、知觉领域）。"

② 希腊—罗马史学和古代中国史学的比较研究状况，从20世纪90年代中期以来并没有根本的改观，只取得了很小的进步。关于司马迁的研究，有两部新出版的、值得阅读的西方专著，即杜兰特：《模糊的镜子：司马迁著作中的紧张和冲突》（S. W. Durrant, The Cloudy Mirror: Tension and Conflict in the Writings of Sima Qian），纽约，1995年；哈迪：《金文和竹简的世界：司马迁对历史的征服》（G. Hardy, Worlds of Bronze and Bamboo: Sima Qian's Conquest of History），纽约，1999年。两者均从比较角度进行研究，仍然以语言的研究见长。另一部刚出版的有关古代史学的论文集，即克劳斯主编：《史学的局限：古代历史著述中的文体与叙事》（C. S. Kraus ed., The Limits of Historiography: Genre and Narrative in Ancient Historical Texts），莱顿，1999年，其中除了有研究希腊罗马以及研究古代东方史学的文章之外，还有两篇研究古代中国史学的文章（然而并不是比较研究，而是纯汉学研究）。除此之外，首要值得关注的是一个较大的比较研究课题，主题是"古代希腊与古代中国的知识与智慧"，它在史学方面亦进行了比较研究。见冼克曼和杜兰特：《塞壬与圣人：古代希腊与中国的知识和智慧》（S. Shankman and S. Durrant eds., The Siren and the Sage: Knowledge and Wisdom in Ancient Greece and China），纽约，2000年，"第二部分：在哲学之前与之后：修昔底德与司马迁"，第79-156页。这项工作的主要内容同我现在的研究相比有根本的不同，我会在其他场合做出解释与讨论。

战争。波里比乌斯的主题并非他的国家如何融入罗马帝国,而是罗马如何崛起,成为世界的统治者。因此,历史学家的家乡的命运在三部记载中各自发挥着某种作用,但对他们的观点并不起决定性作用。

但是有明确主题的系列事件的时空范围,就整体而言,与这些著作的界域相比,并不是一回事。其实我们会有这样一种印象,在上述三个案例中,历史学家在叙述中所涉及的界域,即在描述中同时出现的背景,从整体上囊括了人类历史。另外,作为前景的主题事件被当作例证,甚至是最具有典范意义的例证(因为它们是最引人注目的案例)来进行研究和描述,目的在于揭示人类历史的本质是什么,以及人们会根据什么原则在政治领域中采取主动行动或者被动忍受。这就意味着,叙述对象如统治者、城市和帝国可能出现的结局——更确切地说,是在历史不断延续的同时历史著作可能出现的结尾——总是存在于作者内心深处。某些段落对这种关系做出了特别清晰的描述。

希罗多德在序言中谈到自己著作的主题包括广大的地理范围和种族范围,声称自己著作的主题为"人类的功业"以及"希腊人和异邦人那些值得赞叹的丰功伟绩"。这不会仅仅限于爱奥尼亚和雅典。他在后文中写道(1.5.3-4):"……我要把我的历史叙述下去,无论城邦的大小,我要同样对待;因为其中很多城邦,以前曾经强大,现在却变得弱小,而在我的时代强大的城邦,以前曾经是弱小的。因此我认为,人类的幸福不会停留在一个地方,我会同样关注这两者的。"我们读到这里就会明白,位于希罗多德记载的前景中的不仅有地理—政治的界域,还有时间长度的界域。①

与之相同,修昔底德的描述主题即伯罗奔尼撒战争,同样被放在了所谓的人类历史的界域之中。在他记载的开篇,修昔底德明确地说明,他之所以选择记载这场战争是因为它是"影响希腊人和一部分蛮族人的最大的骚动""影响到人类绝大部分"(1.1.2)。为了证明自己的结论,他审视了以前的历史,并尽可能搜集各种史料。②修昔底德的历史视野也包括了未来。依据所谓的考古学,在关于方法论的一章的结尾(1.22.4),他认为如果自己的作品能为"那些想要清楚地了解过去所发生的事情和将来也会发生类似事件的人"提供有益的判断,他自己会感到满足。作者并未提到在那个未来的时代,雅典会丧失霸权。但是,他间接地援引一个例证,即伯里克利第三篇演讲词的著名段落,谈到这个城市智慧和力量会化身为一个凡人。修昔底德认为根据一切事物的自然规律,此人会看到这个城市走向衰落。③

---

① 迈斯特提到希罗多德记叙的基础是"通史概念",并认为"世间万物皆短暂的思想"是"他的记叙的中心思想"。见K. 迈斯特:《古代希腊的历史书写:从开端到希腊化时代末》(K. Meister, *Die griechische Geschichtsschreibung. Von den Anfängen bis zum Ende des Hellenismus*),斯图加特,1990年,第28、38页。毫无疑问,这两者都是恰当的。

② 在与希腊地区比邻而居的民族和帝国的问题上,修昔底德并没有像希罗多德那样对民族学的强烈兴趣,这一点是很明显的。虽然我们看到他对于以前历史中的战争行为的概述,原则上包括了非希腊世界,但是他的关注点首先是希腊世界。然而,他的兴趣特别地放在了直接叙述的对象身上,即伯罗奔尼撒战争,那个时代中最强大的两个希腊城邦之间的纷争。修昔底德在他著作的序言部分要提出的就是这样一个证明,这场在希腊两大势力中心之间爆发的军事纷争,是有史以来最重要的事件。

③ 参见2.64.3,请同时参见1.10.2。作为其思想的一种实验方式,修昔底德注意到了,不仅斯巴达而且雅典将会在未来丧失霸权并衰落。

在波里比乌斯的案例中，我们也发现了极其相似之处，他不仅赋予他的主题——罗马崛起成为世界的主宰——一种量变的独特意义（与希罗多德和修昔底德相同），而且还认为，随着罗马人建立了对世界的统治权，罗马历史（作为已发生的事件）呈现出一种新的质变的"体"征（1.3.4）。因此，他的这部历史（作为描述）具有一种通史的视野，对此我们并不感到惊异。^①在著作的开始（1.2），他回顾了旧日帝国的更替过程（波斯帝国、斯巴达帝国和马其顿帝国）。在第三卷开端的第二篇序言中，他提到了未来。为了证明他更改最初的计划，并且把他的记载延续到皮德纳（Pidna）战争之后的合理性，他认为一定要增补内容，描述罗马人通过什么手段，在赢得这次战争之后最终获得了霸权，因为这样才可以为世人和后人留下对罗马人的最终评价（3.4.7）："因为显然这样的记载将能够让世人看到他们能否谋求或避免罗马的霸权，也能告知后人他们是应当赞美和敬仰罗马帝国，还是厌恶它。"如果这种意图还不够明确，那么我们会在第六卷的序言中看到进一步的说明，虽然其主要的关注点在于阐述罗马力量强大的原因，但波里比乌斯也认为罗马并不能摆脱循环周期规律而永远存在，它不能摆脱生长、成熟、衰落和灭亡的自然法则。^②因此，在波里比乌斯的《通史》中所产生的历史界域便远远超出了其本来的描述之外，尽管这种描述具有特定之处。最终同希罗多德和修昔底德一样，波里比乌斯的"界域"包含了"人类所已知的范围"。

但是撒路斯特、李维和塔西佗的著作呈现出另一种画面。正如前文所言，他们的著作代表了罗马史学的三种主要形态，即专题著作、通史和断代史。这些著作形态的不同之处首先在于它们所记载的事件的时间跨度。然而如果读者带着我们的第一个问题，仔细地观察它们的时候，就会得出一个清晰的结论，即无论它们属于哪一种类型，在所有描述中所引起的历史的界域都是相同的：它们囊括的是罗马历史，而且是其总体发展过程，但其视域只限定在罗马史上。罗马历史作为案例，不仅被当作一个范例，而且是唯一的范例来看待。此外无须关注其他东西。

不仅李维《罗马史》中的界域从整体上包括了罗马历史，而且撒路斯特和塔西佗的专题著作和断代史的界域也是如此，从这些著作的前言和插叙中我们可以清楚地看到这一点。最先提到这一点的是撒路斯特的《喀提林阴谋》（6-13）中的第一个较长的插叙。这位史学家用娴熟的笔触勾勒了罗马历史发展的全景，因为在他看来这场阴谋只有同这种发展过程相对照才可以理解，同时也只有如此这场阴谋才能记载得最为清晰和最令人感到震惊。同样，在第二本专著中，撒路斯特把朱古达战争当作一连串事件之一来介绍，之所以重要，是因为它标志了罗马内政的一个新的开端："……这是第一次为抵抗贵族的蛮横而发动的战争。"（5.1）同样，在一段所谓关于政治派系斗争的插叙中（41-42），他概述了平民和贵族的斗争史，并将其作为朱古达战争时期国内冲突的背景（而在《喀提林阴谋》中的一大段插叙中，他把罗马毁灭迦太基看作划时代的历史事件）。最后，尽管撒路斯特的断代史《历史》只有残篇流传下来，但在序言中我们已经看到以罗

---

① 除了下文中所提到的或者引用的段落之外，请参见5.33，在这里，波里比乌斯劝告那些写作通史的历史学家，要同这些作家区分开来，他们虽然声称要写作通史，但是在实现其承诺的时候，却离这种要求差得很远。

② 着重参见该书第57章。

马通史为界域的特点并有明显的悲观主义色彩观点,作者看到了当时的政治派系常常相互倾轧,只有出于对外敌入侵的恐惧才肯罢手(残篇第12,Maurenbrecher编)。

塔西佗也是如此。在《历史》和《编年史》这两部著作的前言中,塔西佗指出了自己的著作在罗马史学发展过程中的位置,而将罗马史学的发展放在罗马历史发展的背景前观察和理解。①但是在正文中,塔西佗有时会通过简短的回顾,来唤醒读者意识中罗马历史总的发展过程。作为例证,我引用作者在奥托(Otho)和维特里乌斯(Vitellius)的决战之前的一段插叙。在这段记载中,塔西佗简单概括了罗马的集团和个人对权力的贪欲,认为这种贪欲通过罗马霸权的扩张而持续增长,随着帝国的形成而爆发出来,最终导致了内战。他以此来驳斥这样一种观点:在贝德里阿库姆战斗之前,存在两军和解的重大转机(《历史》2.38)②。

因此,不仅是李维的《罗马史》,撒路斯特和塔西佗的著作也把罗马历史当作一个整体来看待。这体现在两个方面,其一是台伯河边的村落的令人惊异的发展,其二是从霸权的建立至作者所处的当代之间,道德的衰落导致其地位陷入危机中。

更为让人棘手的可能是上文所提出的第二种论点,即罗马的历史不是被当作众多例证中的一个例证来看待,而只是当作唯一的例证,一个唯一会引起关注的例证。但是《喀提林阴谋》前言(2.6)中的说法却与这种论断相悖:"因此权力总是从能力较差的人手中转入能力较强的人手中。"这便出现了这样一种设想:政治权力的中介(统治者、城市、帝国)都受到这样一个基本法则的制约,权力将会属于或者交给拥有最高美德标准的人。这种论断似乎具有极其普遍的意义。但是必须说明的是,撒路斯特在其直接的语境中谈论的是居鲁士、斯巴达人和雅典人,而不是罗马。有人会这样认为,撒路斯特意识到如果罗马无法阻止普遍存在的道德沦丧的话,罗马会丧失其优势,甚至会灭亡,但是他的理智的洞察力认为这只是一种理论上的可能性,事实上他并不相信这会变成现实。

李维的著作中也时隐时现出一种对罗马灭亡的忧虑,但并未明确说明。在前言中他断言,道德的没落会加速衰落,以至于同时代的人既无法忍受罪恶本身,也无法承受对这种罪恶的补救措施(§9)。

在塔西佗身上我们也看到了相似之处。在《日耳曼尼亚志》中他忧郁地暗示"帝国的宿命即将迫近"(33.2),并且在《历史》(1.3.2)中他明确地指出"众神所考虑的并不是我们的幸福,而是对我们的惩罚"。但是最终罗马的灭亡问题并不在他考虑范围之内,或者更确切地说,同撒路斯特和李维一样,这不过是一种对灾难的模糊的揣测,它处于

---

① 政治史中具有决定性意义的转折点不再是毁灭迦太基,而是君主制导致共和制度的解体。塔西佗在《历史》中清楚地看到了君主制对于历史著作的影响(1.1.1),在《编年史》中他却从君主制的第二代人开始写起(1.1.2),自然有其原因,他在第二个案例中解释了为什么他的记述在奥古斯都的死亡后才开始。

② 另一个例子出现在《历史》中,塔西佗在记载维特里乌斯攻占卡皮托林山并发生大火的时候,充满激情地回顾了卡皮托林山的历史(3.72):"这是罗马建城以来所犯下的最可悲的,也是最可耻的罪行。罗马没有外部的敌人,只要我们的风俗不越轨,诸神对我们是仁慈的。可是我们的祖先通过相应的占卜仪式、作为帝国大权的保证而修建起来的、至善至大的朱庇特神殿,就连波森纳……和高卢人……都不敢破坏的这座神殿,却被皇帝的疯狂所摧毁……"在《编年史》中可以举出几个引人注目的段落,例如对财务官(11.22)和对城邦(12.23-24)的历史的回顾;此外还有在内容上与序言相联系的一段插叙,表明了塔西佗的史学特征与共和时代的史学特征之间的不同之处(4.32-33)。

对未来具体发生事件的设想的界域之外。①

我们将两种界域做一对比，原则上希腊历史著作中的界域是"世界范围的"，包含了"人类的已知范围"，即人类历史的整体。它包括的地域是由多个中心构成的，所描述的不仅包括了特定主体（统治者、城市、帝国）的起源与兴盛，而且包括了其衰落和灭亡，无论这是一个现实还是未来的期望。而罗马史学中的界域比较狭窄，它包含的是罗马历史的整体，除此之外没有其他。它所包括的地域只有一个中心，尽管这个中心——罗马的（并不辉煌的）起源和（令人惊异的）崛起过程总是在意识中出现，但是，罗马的衰落和灭亡只不过是一种潜在的威胁，并不被当作必然的未来实现的结果看待。

我们转而研究中国的史学著作。首先我们会感到它们与罗马的著作有共同之处：中国的著作包括的是帝国历史的整体，除此之外没有其他。

《尚书》再现了从传说中的尧帝时代（公元前3千纪）一直到东周早期（公元前7世纪）的法令、对话和演讲，几乎包含了中国历史的整体。此外，在其"后世"的材料中，相当多的内容与早期历史有关。例如周公（周朝的建立者武王之弟）的演讲词，这些演讲词是给武王未成年的儿子的，周公为其摄政。演讲词部分针对年幼的国王，部分是针对被推翻的商代显贵。几乎所有周公的演讲都讲到，牢记天命历史——即夏代和商代的命运——的重要性，并且要为自己的行为承担后果。②最早的中国历史文献以及最早的中国历史文献汇编的界域包括了早期中国历史的整体，这是由朝代更替组成的帝国史的整体。

这种界域也会在后世的文献中出现。《春秋》由一个个单独的记录组成，因此运用界域概念来对其进行研究就没有必要了。但《左传》并非如此。虽然它被认为是对《春秋》的注解，它的解释彼此之间大多没有联系，然而其简要的记载总体上特别集中于有明确主题的事件之上；同时我们也会发现有些段落中，追溯以前的历史并因此而打开了更为广阔的历史界域。我举一例：《宣公三年》记载，楚王曾助周天子一臂之力，最后在周的信使与楚王的对话中，楚王问及周的宫殿中鼎的大小和重量。此问题颇具震撼力，因为

①尽管上述结论不会受到反驳，但是我仍然诚实地指出，《历史》中有一段有关犹太历史的插叙，对历史的追溯在另一个方向上，已经超出了罗马的范围(5.2-10)。然而，这段非罗马的历史并不是独立于罗马历史之外的。相反，之所以提到犹太和耶鲁撒冷的历史，是因为对这个城市的毁灭的描述跟罗马人有直接的关系。与之相应，此演讲回顾了一系列的帝国更替过程，如亚述、米底、波斯、马其顿和罗马帝国等，但这种思想并不是指一个前后相继的过程，也绝非存在罗马灭亡的可能性。相反，在这个插叙的最后一章正好描述了犹太历史是如何融入罗马历史的(5.9及下一段)。此外，公元4世纪的作家阿米安仍然自然地信守罗马永恒的思想，这不仅出现在他著作中的所谓第一个罗马插叙部分(14.6，尤其第3段)，而且出现在对亚德里亚堡惨败的描述之后(31.5.11-17)（参见莫米利亚诺：《历史与史学著述选》，穆斯特、尼佩尔、格拉夫腾编[A. Momigliano, *Ausgewählte Schriften zur Geschichte und Geschichtsschreibung*, hg. von G. Most unter Mitwirkung von W. Nippel und A. Grafton]，第1卷《古代世界》，斯图加特，1998年，第373-386页，尤其是第383-384页）。在这里他将罗马历史等同于人的年龄变化，但他陷入到一种困境中，并可笑地试图摆脱这些困境，他觉得罗马在老年的时候可以从一个生理意义上的人变成法律意义上的人，将管理国家的遗产权力委托给他的孩子，即罗马皇帝"就像一位节俭的父亲，聪明而富有，将管理遗产的权力委托给皇帝，他的孩子"(14.6.5)。

②参见《召诰》："相古先民有夏，天迪从子保，面稽天若；今时既坠厥命。今相有殷，天迪格保，面稽天若；今时既坠厥命。今冲子嗣，则无遗寿考，曰其稽我古人之德……我不可不监于有夏，亦不可不监于有殷。"相同之处体现在《多士》《无逸》和《君奭》。在"古文尚书"的一些文献中也涉及过去的历史。商王盘庚在他关于迁都的讲话中，多次援引"先王"（《盘庚》等），最后一位商王的仆从提到禹，这位传说中的治水英雄和夏朝的建立者（《洪范》）。

鼎是周天子统治的最重要象征。其隐含意思是,提问者有意图谋帝国的最高统治权。而信使的回答简要地回顾了从夏经商一直到周的朝代世系顺序,并断言还不到天命转移到新朝代的时候。①在此书另一个地方,也对早期的历史做了简要的回顾,并对周灭商赋予了特殊的意义②。

最后我们来看司马迁的《史记》。正如上文所言,这部历史本身是一部中国通史。虽然其各个部分具有完整的独立性,但是有一点仍然值得注意,即在某些部分中,在涉及后来数百年的事件时,总是会一再提到中国历史发展的整个过程。这种现象主要出现在司马迁为绝大部分章节所做的总结性评论中。例如在《高祖本纪》的末尾,作者提出了虽然简单而固执的,但是又全面的对于从夏代到汉代朝代世系的分析,尤其补编了前三代的世系,认为每个朝代的堕落最终导致其灭亡。③《史记》中还有很多其他部分可以作为对比参考。④在这些部分中,中国历史的发展过程除了朝代的世系之外,还有其他结构模式,然而其地位并不重要。⑤重要的是,司马迁总是一再提及中国历史的整体史观,并将其运用于所论述的主题上。

我们可以得出这样的结论:罗马史学著述的界域包括了罗马通史,同样,中国史学著述的历史界域也包括了中国通史。我们还可以得出这样的结论,即罗马的历史界域并没有在罗马通史之外,而中国的历史界域也并没有超出中国通史。但是在第二点上两者仍有所不同。正如我们所看到的那样,只有当罗马的灭亡不被当作一种具体的可能性看待时,罗马历史界域才会限定于罗马历史上。虽然罗马的衰落原则上可以作为一种思想存在,但是这种思想不会被明确地表达出来,而是处于半意识或者潜意识中。相反,在中国的史学中,这种衰落设想事实上被排除在外。因为中华帝国在地域上被认为是"四方"或者"天下",换而言之,中国的范围即等于有秩序的世界。我们已经在《尚

---

① 《左传·宣公三年》:"定王使王孙满劳楚子。楚子问鼎之大小轻重焉。对曰:'在德不在鼎。昔夏之方有德也,远方图物,贡金九牧,铸鼎象物,百物而为之备……桀有昏德,鼎迁于商,载祀六百。商纣暴虐,鼎迁于周。德之休明,虽小,重也。其奸回昏乱,虽大,轻也……周德虽衰,天命未改,鼎之轻重,未可问也。'"
② 相关此过渡时期范围内的人物或事件请参见《左传·僖公十五年》:文王(间接)、武王之子与周宫廷中任职的商朝前大臣;《宣公十二年》:周灭商、商朝最后君主、武王。有关更早的朝代或者传说中的夏代的君主参见《隐公十一年》:文王与黄帝;《僖公二十七年》:禹;《僖公三十年》:夏皋、文王;《成公二年》:"早期君王"概览,尤其是早期时代的"四王",即三朝(夏商周)的建立者禹、唐、文王与武王;《成公十三年》:禹和夏商周;《献公二十九年》:(按照相反顺序)武王、唐、禹、舜(评论不同地区和时代的音乐与歌舞)。
③ 《史记》卷八《高祖本纪》:"太史公曰:夏之政忠。忠之敝,小人以野,故殷人承之以敬。敬之敝,小人以鬼,故周人承之以文。文之敝,小人以僿,故救僿莫若以忠。三王之道若循环,终而复始。周秦之间,可谓文敝矣。秦政不改,反酷刑法,岂不缪乎?故汉兴,承敝易变,使人不倦,得天统矣。朝以十月。车服黄屋左纛。葬长陵。"
④ 在此仅举其最重要的部分,"八书"中的"四书":卷二五"律书",卷二六"历书",卷二七"天官"和卷三〇"平准"。
⑤ 可能最重要的是麒麟周期性出现的概念(约每500年出现一次),这可能在司马迁的自我认识中起到非常重要的作用(参见《史记》最后一章太公自序部分)。关于司马迁的这种顺序模式参见李惠仪:《〈史记〉中的权威思想》(Wai-Yee Li, "The Idea of Authority in the *Shih Chī*"),载《哈佛亚洲研究杂志》(*Havard Journal of Asiatic Studies*)54,1994,第345-405页,尤见第400-405页;关于中国历史思想的总体评价,参见闵道安:《中国的时间观念》(A. Mittag, "Zeitkonzepte in China"),载缪勒和吕森主编:《历史感觉的形成,问题的形成,时间观念,认知视域,表述策略》(K. E. Müller, J. Rüsen Hgg., *Historische Sinnbildung. Problemstellungen, Zeitkonzepte, Wahrnehmungshorizonte, Darstellungsstrategien*),汉堡,第251-276页,1997年,尤其是第263-270页。

书》中感受到了这种思想，[①]在《左传》中我们也发现了其存在，[②]在《史记》中这种思想变得成熟。[③]中国历史最重要的方面是政治意象，如果政治意象即世界，那么就难以想象会灭亡。如果说它被同时代的世界上的另一个政治强国所灭亡，就更不可设想了。[④]因此我们得出以下结论：罗马史学中总是一再回顾罗马城弱小的起源，通过对这种起源的回忆，通过回忆同竞争势力之间激烈冲突而最终建立霸权的过程，罗马人获得了自信心和使命感。在中国史学中，并没有对自己弱小开端的回忆。《尚书》一开始就描述了传说中的尧帝的成就。[⑤]这种成就中并没有记载尧帝如何把一个小国变成繁荣富强的国家，但是却重点描写了他如何用和谐和秩序的方式影响家庭，然后将这种影响力推及到部落和封国，最后影响到整个"天下"。同样，司马迁在其著作的开始记载了黄帝的功绩[⑥]：他在现存的"政治结构"中证明了自己的价值，首先征得当时统治者的同意之后，恢复了因反叛而被毁灭的秩序，然后取得政权，成功执政。因此罗马帝国经过了产生、发展和鼎盛的过程，而中华帝国是"存在"的状态。换句话说，我们的分析可以得出这样的结论：同罗马史学中的界域相同，中国史学中所包含的是全部中国历史，别无其他。然而，这并不是因为像罗马历史学家一样，中国的历史学家不愿意考虑其帝国时空界限之外的领域，而是因为由于逻辑的原因，他们不会这样做。

这种差别就会造成另外一种差别出现，它与界域的大小无关，而是与界域所包含的历史领域的结构有关。我们在上文中已经论述，罗马历史学家将罗马史看作不仅是一种而且是唯一的发展过程：罗马的进步过程是从台伯河边的小居民点发展成为"人类世界"的主人，此后便由于道德的衰落而处于危险的境地。相比而言，正如中国的文献所描写的那样，中国历史似乎没有开端，而且也不考虑其结束，把中国历史看成三种周期，即治世与乱世相互交替的周期，反复发生的状况或事件的周期，以及皇朝从兴起到繁荣再到衰落和灭亡的周期，而这后一种周期是占首要地位的。

至此，我们可以对前文的观点加以总结。在希腊、罗马和古代中国的历史著述中，存在三种类型的界域：第一，古代希腊的历史著述中反映出一种人类历史的界域。在此界域中，单个的国家经历了产生、成长、繁荣和衰落阶段，而每一个历史叙述中的主体的

---

① 《尚书》第一段是这样记载的（《虞书·尧典》）："曰若稽古，帝尧曰放勋，钦、明、文、思、安安，允恭克让，光被四表，格于上下。"第二段来自《虞书·益稷》，传说中的尧帝说："予欲宣力四方，汝为。"他的助手（后来的禹帝）说："俞哉！帝光天之下，至于海隅苍生，万邦黎献，共惟帝臣，惟帝时举。"

② 此处仍有必要做一说明。周朝的历史表现为从公元前8世纪之后愈加衰弱，后来中央政权崩溃瓦解。《左传》正好把这个时代作为记载对象。因此，周帝国或者说中央政权在所记述的事件范围内越来越丧失其重要性：封国以及它们的代表人物，作为独立的主体，占据较大的地盘，不受任何限制地干政。但是更有那重要意义的是，这种有序的统一帝国的思想，在这种背景之下仍然零星地出现。

③ 对这个时期的中国思想的巨大意义，请参见莫里兹：《失序的疑惑和苦难——世界反思的两个着眼点》（R. Moritz, "Das Staunen oder das Leiden an Unordnung-zwei Ansatzpunkte von Weltreflexion"），载莫里兹主编：《近来研究所反映的汉学》（R. Moritz hg., *Sinologische Traditionen im Spiegel neuer Forschungen*），莱比锡，1993年，第103页以后。

④ 不属于华夏族的敌人从开始就被当作蛮族看待，他们虽兴风作浪，但遭到蔑视。如有必要，他们是惩罚的对象而不是打击的对象。正如《尚书》第一篇所言（《虞书·舜典》）："帝曰：'皋陶，蛮夷猾夏，寇贼奸宄。汝作士，五刑有服……'"

⑤ 《尚书·尧典》。

⑥ 《史记》卷一《五帝本纪》。

最终衰落甚至灭亡都处于思考范围之内。第二,古代罗马的历史著述反映出一种"民族"历史的有限界域,它被视为是一个巨大的动态过程,一个从弱小的开始到世界的主宰的过程,对这种主宰地位的威胁尽管不一定能够被感知到,但是似乎可以被避免,并且罗马的衰落作为一种真实发生的可能性并不在被考虑范围内。第三,中国的历史著述反映出,中华帝国的历史界域是以天际作为边界,这种历史由诸多的治平与混乱周期或朝代更迭阶段组成,而帝国的灭亡问题,既没有被考虑过,甚至也无法想象。

<h2 style="text-align:center">二</h2>

我们现在讨论第二个问题,即前文提到的那些史学著作的创作目的或社会功能问题。这个问题同上述三种史学观中的特殊界域问题之间存在着直接联系,虽然前文就曾提到这个问题,但现在应当做具体说明。

就希腊历史著作而言,我们已经指出了这种联系。与这些著作宽广的界域和人类历史的定位相对应的是一种兴趣,这种兴趣就是针对具有普遍意义的、对所有人类和时代相关的历史生活规律的认知这一特殊兴趣,就是将对这些规律的认知在相应的读者圈中进行介绍的兴趣。修昔底德著名的论断十分清楚地表述了这一点,他希望创造"传世的财富"(1.22.4)。然而,在这句话前面的句子也值得引用:"我这部历史著作很可能读起来并不引人入胜。但是如果那些想要清楚地了解过去所发生的事件和将来也会发生的类似的事件(因为人性总是相同或相似)的人,认为我的著作还有一点益处的话,那么,我就心满意足了。"我们可以明显地看出这部著作的界域的宽度,它可以将人类历史全部包括在内;同时我们还可以明显看出这部著作的预期作用,即介绍那些以人性为基础的政治生活的规律性认识。界域与作用两者间也许并不是必然互为条件的关系,但却天然有共生性。

希罗多德和波里比乌斯的著作有相似之处。当然,与修昔底德彻底将历史"人性化"的方法不同,在希罗多德看来,事件的发生除了有人的动机之外,还有神的动机。但是,有一点是显而易见的,即他认识到了在受神所影响的人类历史的兴起和衰落中,存在着某些规律性,并且对此给予明确的描述。另一点似乎也显而易见,他认为这些在较大空间范围和较长时间范围内展开的事件中才能看到的规律性,只有在不受狭窄的时空限制的读者圈中才具有重大意义。[1]波里比乌斯特别愿意谈论他的著作的创作目的问题。同修昔底德一样,他认为他的著作的最重要目的,在于介绍关于历史进程的因果

---

[1] 我们可以肯定地得出这样的结论,希罗多德来自爱奥尼亚地区,长期在雅典居住,最后把图里伊当作新的家乡,因此他写作是为了整个希腊语世界,而不属于任何城邦或联盟。因为正如文中所暗示的那样,他认为自己的作品显然能够可以同荷马的作品相媲美,因此还有可能他希望自己的作品永远在后世流传,毋庸置疑,这也包括在埃及、波斯和两河流域的精通希腊语的读者。

关系的观点。①此外他还谈到第二个相关目的,即历史著作对于读者的性格和态度方面的影响。②在这两点上波里比乌斯都明显地想到要有一个在地理、政治方面以及时间方面不受任何限定的读者圈。波里比乌斯的著作同时是写给希腊人和罗马人看的。从许多段落中还可以看出,他的著作是为那些对通史历程感兴趣的人而写的,也是为那些从对关键阶段的记载中能获得明智的洞察力和道德力量的人写的。③

这三部希腊著作中体现出了界域的广度,所意图达到的效果忽略了地理、政治和时间的界限。我们要对这些现象进行充分的认识,就必须参考几年前科塞里克所提出的观点。他认为:许多伟大的历史学家在成为历史学家之前,都遭受了"挫折的经历",并且从挫折中产生了完成作品的重要动力。④在希腊历史学家方面,科塞里克列举了希罗多德、修昔底德和波里比乌斯;在罗马历史学家方面,他列举了撒路斯特和塔西佗。他的观点对于我们的研究非常重要。但是在这个问题上,我们发现了希腊和罗马历史学家的不同点,这一点科塞里克并没有论及。

希罗多德、修昔底德和波里比乌斯有共同之处,他们所"遭受"的"挫折"导致他们被流放,尽管由于社会地位、财力和个人品质,他们获得了人们的尊重,但是却长期远离祖国。这种特殊的社会境遇,即作为一个居住在其祖国之外的外乡人,是造成他们著作的宽广界域的重要原因,这也是他们把这些有关政治历史发展的一般性观点介绍给几乎不会受到地理、政治和时间因素限制的读者的原因。

但在罗马历史学家那里,情况有所不同。科塞里克认为塔西佗只是"陷于自己无法摆脱的境遇中的人"⑤,一个"丧失存在感的人"。但事实上,即使在他所厌恶的图密善皇帝的时代,他仍然能够继续他的事业,而他所"失去"的,与希罗多德、修昔底德和波里比

---

① 从众多的段落中只援引这一段(2.56.11-12):"历史与悲剧的目的不同,而且恰恰相反。对于后者而言,必须通过感人的词语,给人以一时的震撼或感动,相反,对于前者而言,必须通过真实的事件和演说,永远地教育并规劝好学者,因此悲剧首先要达到感人的目的,即使所说并不真实——这是为了满足观众的幻想,但是历史是要把真实放在首位——因为要给好学者以教益。"
② 著作的第一句话跟两个目标有关(1.1.1-3):"如果我们之前的历史学家中都忽视了对历史的赞美,那么我也许有必要鼓励每个人对我这部著作进行深入的研究,对人类而言,最适合的教导便是知晓过去所发生的事情。但事实上毫不夸张地说,之前的所有历史学家(不是少数)把这一点作为他们工作的中心(而不是无关紧要的事),他们认为,作为担任公职之前的真正的学校和培训,没有比学习历史更好的真正的方法了。他们还宣称,对别人灾难的回忆是令人印象深刻的和独特的老师,教导人们能够以勇气来抗拒命运的捉弄。因此没有人,至少不是我,认为今天有责任重复那些已经说得很好的和经常说的东西。"
③ 波里比乌斯除了把希腊人当作自己的读者之外,同时还把罗马人也作为自己的读者,如果考虑到他同罗马统治阶层之间的良好关系的话,这一点几乎可以肯定。他还把后来人作为自己著作的读者,正如在3.4.7的记载:"很明显对于我们这一代人而言,是拒绝罗马的统治还是接受它,已经有了清楚的答案。对于后来人而言是赞美它还是谴责它,也有了明确的答案。"给人留下最深刻印象的是在38卷中(4.5-8),波里比乌斯特别直接地对自己的读者说:"对于一位把政治史作为写作对象的作家而言,我们要求他只能选择真实。因为他的读者群越大,那么他通过著作所形成的传统就要比那些每日新闻存在的时间要长。因此作家应当非常看重真实性,而他的读者也赞赏这种原则。在这种危机时刻,我们的责任反而在增加,作为希腊人应当用一切方法来帮助希腊人……但是通过一部历史著作把事实流传给后世,就需要杜绝任何的谎言,因此听众读书不是为了暂时的听说的愉悦,而是为了他们不再犯同样的错误。"
④ 参见科塞里克:《经验的转变和方法的变化:一个历史学—人类学的简述》(R. Koselleck, "Erfahrungswandel und Methodenwechsel. Eine historisch-anthropologische Skizze"),载迈耶和吕森主编:《史学方法》(Ch. Meier, J. Rüsen Hgg., *Historische Methode*),慕尼黑,1988年,第51-55页以后。
⑤ 参见科塞里克,1988年,第55页。

乌斯相比,显然少了很多。但无论如何,就塔西佗著作中的前言、其他某些段落以及整体风格而言,根据上述罗马历史著述的传统,他的历史著作不仅集中于罗马和其历史上,而且叙述的对象是罗马听众。①撒路斯特也是一样。当他不能(或根据他自己的说法,也不愿)在政治上取得成功的时候,他事实上退出了政坛。尽管他在某个时刻放弃了自己直接的政治抱负,不再作为一个政治家在共和国中发挥作用,但是作为历史学家他仍然可以发挥作用,并努力争取承认和赞誉。②这就是说,撒路斯特和塔西佗都是罗马精英群体的成员,并且他们想要通过历史写作影响罗马人和罗马国家——很可能他们的界域中只有罗马人和罗马国家。这种界域在李维身上也体现了出来。尽管他出身于贵族家庭,年纪尚轻,并未入仕途,就创作了他的杰作。③但是如同这三位罗马历史学家的界域完全限定于罗马一样,我们在有些段落中隐约可察觉到的罗马衰落甚至灭亡的想法只跟罗马有关,然而,对于这些罗马史家来说,他们历史著作超出罗马的影响完全是无足轻重的。

下面我们将他们的创作目的做一个总结。罗马史学家也希望介绍他们的观点,但是这些观点中最关键的是道德和成就之间的联系,并且只有援引一个案例才有说服力,这就是罗马。撒路斯特、李维和塔西佗试图向读者阐明,罗马从台伯河边的小村庄变成一个世界超级大国,只有以祖先的道德品质——美德(boni mores),即 virtutes——为基础才有可能实现。他们以直接或间接的方式指出,虽然罗马建立了对外霸权,但是也存在着由于道德衰落而滋生的危险,而他们认为一定要关注这种衰落。④他们创作目的并

① 塔西佗在《阿古利可拉传》的前言中,虽然他首先提到"一个在大小城邦中都会有的缺点",然而他特别提到罗马的先辈作家,并且把他们的作品和自己的自传作品同当时罗马的政治状况紧密地联系起来,从而也同罗马历史紧密联系起来。从这部短小作品中,我们知道塔西佗只把罗马人当成了读者。在《历史》和《编年史》中也是如此。此外在《编年史》(3.65.1 和 4.33.4)中,塔西佗明确地指出他的读者是和他同阶层的人,即罗马政治精英阶层。

② 在我看来,这两部专著的前言的主要目的在于证明,"记载所发生的事情""记录所发生的事情",是由于"勇敢精神"的作用,也是"荣誉"提出的要求,这些行为同"为国尽责"和"业绩"本身是一样,都值得称道。此外,撒路斯特尤其关注罗马和罗马状况,这并不能掩盖这一点,即撒路斯特在两篇前言中选择了希腊式的,即哲学—人类学的方法(《喀提林阴谋》:所有人类……;《朱古达战争》:他错误地抱怨人类自己的本性……)。

③ 这种结论仍值得商榷。最重要的一点是对前言10b的理解:"从中为你和你的国家选择你应当效仿的东西,你应当避免的开端恶劣与结局不光彩的东西。"李维在这里针对的是罗马读者吗?他所说的"tuae rei publicae"是"为你的国家,即罗马国家"吗?要么他针对的是任何一个行省的读者?而"tuae rei publicae"是指"为你的国家,那个永远存在的国家"?没有一个最可靠的答案。如果有人问的话,我认为第二种选择的困难明显是在可以具体设想的国家的属性上。这句话不可能是李维对罗马统治范围以外的读者所说。如果事实上把读者的国家(res publica)当作一个与罗马不同的国家来理解的话,最大的可能是指第二个"祖国"(patria),根据西塞罗观点(《法律篇》2.5),即每位没有出生于罗马的罗马公民所拥有的祖国,即读者各自的母国。因此,就此问题而言,李维著作中的界域仍然限定在罗马和罗马历史上。

④ 关于撒路斯特的观点参见前言和插叙部分(《喀提林阴谋》,6-13;36.4-39.5;《朱古达战争》,41-42),关于李维的观点参见其前言。塔西佗与这两者相比,其创作意图较为复杂。他知道,对共和时代的状况进行简单的、不加更改的恢复,无论如何既不可能也不值得向往。的确,在一段文字中(《编年史》3.55.5)他明确地承认在某些地方今朝胜过昨日。(参见多普:《"我们的前人并非一切都更好"——元首政治早期作家论他们的时代》[S. Döpp, "Nec omnia apud priores meliora. Autoren des frühen Prinzipats über die eigene Zeit"],载《莱茵博物馆杂志》[Rheinisches Museum]132,1989年,第73-101页)。然而,我们知道在《编年史》中塔西佗直接引用了提比略的演讲词,并给予正面的评价(3.53-54),他强调维帕乡身上的古朴风俗具有榜样意义(3.55.4),并且在结束时塔西佗做了这样的评价:"我们今天和我们古代的这种有益的竞赛将永远持续下去。"从这些史料中,我们认为塔西佗仍然将祖先的道德习惯看作好的东西,并且认为它们是评价当时潜在的混乱行为方式的准则。

不仅仅是介绍观点，对此这些历史学家有明确的表述。他们认为更重要的是自己的作品具有道德影响力。在《朱古达战争》的序言中，撒路斯特虽然不是直接地，但却是明确地指出了这样一个事实，即创作历史有益于国家，因为通过纪念祖先的业绩，可以激励后人仿效先人，为国效力（4.4-6）。李维在其《罗马史》序言的结尾做了同样的评论，强调历史的教益作用。历史可以为读者提供好的或者坏的榜样，这样读者可以为了自己的利益或国家的利益，有所仿效或摒弃（10）。甚至具有悲观主义思想的塔西佗也公开宣称他著作的道德影响力。在《编年史》第三卷中，他认为"历史著作最重要的任务"在于"使勇敢的行为（virtutes）不被遗忘，并使邪恶的言行对后世的责难有所畏惧"（3.65.1）。正如在上文所详细论证的那样，撒路斯特在《朱古达战争》序言中所倡导的道德的作用，同李维在其《罗马史》前言的结尾以及塔西佗在《编年史》著名的章节（3.65）所倡导的是一致的。总之，我们有了这样一个印象，罗马历史学家在这样一个界域中确立了他们著作的作用，这个界域应当是在其记叙中所确定的、以单一的罗马国家（res publica Romana）的历史发展过程为界限。他们著作的作用是巩固国家的道德结构，以此对国家持续的繁荣富强有所贡献，或至少应当延缓其衰落。

中国的案例中也存在着在界域与作用之间的对应关系——为了理解作品意图问题上特殊的细微差别，我们除了要研究其作品的界域问题，还要关注历史学家的社会地位问题。正如我们所看到的，中国著作中的界域同罗马著作中的界域一样，所包括的历史领域为一元中心结构。鉴于历史中理论上存在多元的中心，罗马史学虽然没有明确地讨论关于罗马衰落甚至是灭亡的可能性问题，但是在半意识中或者在潜意识中存在着这个问题，而在中国的知识语境中帝国灭亡的思想事实上并不存在。中国人的观点反映的是治世和乱世的更迭、朝代更替的历史周期理论。每次首先有一位雄才大略的统治者建立一个朝代，在某个特定的时代之后出现衰变，最后在一位弱小无能的统治者手中灭亡，随之解体，而后一个新的朝代出现。

我们要阐述的历史著作的写作意图，与这种界域有所联系。首先我们发现中国历史著作同样在其创作意图上、在空间和时间上都没有超越中国的界域。它产生于政治中心，其规模或大或小；也为这些当政者所用，其范围或宽或窄。历史学家并没有考虑中国国家政权时空范围之外的读者。下面我们分析创作意图中的功能定位问题。在《尚书》所保留的数百年以来的演讲词、对话和文告中，我们已经发现这样一种思想频频出现，即当政者应当把历史上的统治者和"大臣"的行为看作是一面"镜子"。根据其语境，"镜子"即是应当遵循或应当避免的范例。①因此我们得到这样一个论断，历史记忆——这是针对《尚书》本身提供的记忆而言——的作用是提供一种基本道德指导，随之产生一种标准，一种在历史的进程中反复实现或者反复丧失的标准；还会产生一种推

---

① 参见《尚书·召诰》，此外参见《康诰》《酒诰》《多士》《君奭》等。

动力,鼓舞执政者通过自身的行为,让自己的时代成为一个有序而和谐的时代,而非混乱和争斗的时代。

与此相似,在儒家传统中,"五经"之《春秋》被视为孔子的一种努力,他试图通过记叙道德准则及其实例,改善当时令人悲哀的道德和政治状况。[①]当今的汉学并不认可这种解释,而是将这部著作看作是一部单纯的编年史,其目的在于准确地记载重要的事件。[②]然而我们认为这样一种状况更为重要,这就是《左传》的作者和司马迁继承了《春秋》微言大义的风格,因此他们的著作被认为是《春秋》这部编年史的后继者。

如同罗马的历史学家特别关注罗马的道德衰落一样,中国的历史学家也关注道德秩序的维持和复兴问题,因为这种秩序有腐败的危险。两者的不同之处在于,中国的历史学家将其解释为周期性出现并可以周期性得到调整的衰落,而罗马历史学家认为罗马的衰落会导致潜在的灭亡。

现在我们可以这样认为,罗马作家在道德方面的呼声要比中国的作家更具紧迫感。事实上,这种区别在原文的字句中并没有固定表达。尽管史书的创作意图有细微的差别,但这种差别与其说是史书中界域的不同而造成的,不如说是历史学家在罗马和中国所处的社会地位的不同而造成的。

这些罗马历史学家从一开始就属于政治精英集团,他们的历史著作是以罗马国家为中心而创作的,试图在国家内部产生影响,并为国家利益服务。因此对他们来说,最重要的是影响读者的行为和态度,不仅影响其接受能力和判断力,而且要影响他们的行动。根据森普罗尼乌斯·阿塞里奥(Sempronius Asellio)的论断,真正的历史学可以让人变得积极向上,投身保卫国家事业;真正的历史学不太会伤害共和国。作为撒路斯特的前辈,他用简洁的表述说明了其创作意图。[③]

相比而言,中国历史学家的创作意图一方面被估计得比较高,而另一方面却似乎不那么具有远见。之所以被估计得比较高,是因为这种创作意图不仅要对如此强大的国

---

① 这种传统最早见于《孟子》。《孟子·滕文公下》:"世衰道微,邪说暴行有作,臣弑其君者有之,子弑其父者有之。孔子惧,作《春秋》。《春秋》,天子之事也,是故孔子曰:'知我者,其惟《春秋》乎!罪我者,其惟《春秋》乎!'圣王不作。"稍后孟子言:"孔子成《春秋》,而乱臣贼子惧。"

② 依据肯尼迪:《春秋释义》(G. A. Kennedy, "The Interpretation of *Ch'un Ch'iu*"),载《美国东方学会杂志》(*Journal of the American Oriental Society*)62,1942年,第40-48页。

③ 参见残篇 2HRR(《罗马历史残篇》[*Historicorum Romanorum Reliquiae*], H. Peter 编,莱比锡,1914年,斯图加特,1967年重印)。

家发挥政治上的影响，而且要介绍一种比政治构造和体系更为重要的道德秩序。①之所以被估计得不足，是因为通过上述介绍我们得知，历史学家的工作就是准确记载并评价所发生的事件，这就是他们工作的首要任务和本质特征，至于读者自己具体该如何行动，则完全留给读者评判了。

如果中国历史著作中道德目的论不仅仅是作者的空想的话，其细微不同之处是与历史著作所占据的社会地位有关，是与其在发展过程中所形成的社会角色有关。根据流行的观点，中国史学的产生与君主组织的国家官僚体系内部一种特定的官职有关，这就是史官。史官在历史发展中承担与登记和记录有关的不同类型的任务，史官的一贯特征是准确而忠实地记载已经发生的事情。从《左传》开始，与史官在史学方面的鲜明特征相符的是这样一种理想，即确切地证实并评价历史事件和人物，即使有生命危险也不能阻止他实现这个目标。同罗马的史学一样，中国的史学也影响了那些当政者的行为，但中国历史学家——他们还想要达到一种极致——只当官员而非政客，因此他们的首要任务在于，准确记载并适当地评价历史事件，以此来维持道德秩序。如果他们这样

① 在《尚书》中，这种秩序特别指"天命"理论。这种理论可能是由周代的代表人物所形成的，目的在于为他们反对商朝统治者的行为找出合理的原因，并为他们的统治赢得合法性。因此这种理论是出于一种具体的政治利益而产生的。但有一点并没有改变，这种理论的核心要素是一种普世的道德秩序的设想，这种秩序的成功或者失败是上天给予或者撤销其委托权的重要标准。（正如史华慈所说："上天对君王的态度取决于一种客观的、'普救论'的对行为的评判标准。"见史华慈：《古代中国的思想世界》(B. Schwartz, *The World of Thought in Ancient China*)，麻省剑桥，1985年，第46页。如果同儒家的阐释相一致，认为《春秋》不仅仅是一部编年史的话，那么它通过记载所介绍的最重要的道德自然是儒家的道德，正如《公羊传》和《谷梁传》所阐明的一样。《左传》也确立了这种思想特征。虽然，这些著作与基督教《教义问答》形式的平行注释本主要的区别在于，它们是独立的历史阐释作品；然而，在许多专门用来做解释的段落中，有短小的评语，体现出明显的儒家的特征。司马迁《史记》的内容当然比较复杂，体现在多个方面：一方面，在他著作结尾的自传章节中，他首先承认他的父亲在史学方面是儒家的继承者，并表明自己有责任完成父亲未竟的事业；另一方面，在作品稍后的部分，他拒绝把《史记》同《春秋》做平行对比阐释（《史记》卷一三〇《太史公自序》）。这是一个中国式谦逊的案例，带有自命不凡色彩。此外，司马迁在此章末尾的一大段中，有很多价值评判的评语，带有明显的儒家特征，但仍然有一些例子证明，司马迁同正统的对某些行为方式和人物的评价标准保持距离——正如最近李惠仪所关注的（李惠仪：《〈史记〉中的权威思想》，第44-53页）。但是这并不意味着，司马迁没有给出一种独立于具体的政治结构和状况之外的道德标准，用于评价他所描述的行为以及所描绘的人物。因此我认为，对于司马迁而言，存在这样一种最重要的标准，这就是一个人的追求自我施加的目标或者独立的生活计划的最终结果（包括在失败时以较高的姿态上演自尽一幕）。这当然不是儒家标准，但是正如我所认为，这是一种超越了政治结构与状况的标准。——相比较而言，我认为罗马历史学家所建立的评价标准体系，比较集中地针对具体的政治现实，针对罗马国家以及他们的关注点：国家所提倡的那些道德即是良好的道德，道德层面与政治层面叠加在一起，脱离罗马国家的道德是不存在的。

做了,就是尽职尽责。①

我们当然会把对界域和作用的考察同进一步的研究有机地结合在一起。我们可以分析历史学家尝试用什么手段确定他们所描述的事件的真实性;或者我们可以分析他们尝试用什么标准来评价他们放在记叙的中心位置的历史人物。我们试图研究这些领域,希望它们对在此所设想的观点发挥很大启发作用。我们所承担的推动跨文化比较研究的尝试工作,总是面临陷落和崩塌的危险,目前我们已经花费了相当多的关注和精力,希望至少没有辜负此前的承诺。

本文原载穆启乐著,黄洋编校:《古代希腊罗马和古代中国史学:比较视野下的探究》,北京:北京大学出版社,2018年,第43-67页,略有改动。

---

① 参照法官的概念,弗兰克指出这种关系的特点,内容如下:史官成为"对统治者和其政府进行风俗道德监督的法官";"编年史家的记载"是"永恒判决";把编年史家当作法官的设想,其概念经过了一个长期的发展过程,才在中国史学史中确立起来。弗兰克把司马迁的历史写作的意义看作是:"他(即司马迁)明确地指出,他坚信自己的职业就是继承《春秋》为法官的精神,并以儒家经典的规范为准绳(但我们发现,这并不是那么容易)。"参见弗兰克:《中国史学的意义》(O. Franke, "Der Sinn der chinesischen Geschichtsschreibung"),载弗兰克:《汉学论集》(Sinologische Arbeiten),第3卷,1945年,第470-487页。最后请参考稍后不久由 E. Haenisch 所作的学术演讲,这篇演讲在谈到关于中国史官的"委任意义"和"其担负的职责"时,认为"这不是向国家负责,而是向高等法律机关负责"。见赫尼希:《中国历史书写的精神特质》(E. Haenisch, "Das Ethos der chinesischen Geschichtsschreibung"),载《世纪》(Saeculum)1(1950年),第111-123页,引文见第111页。——在对中国史学家发挥的法官作用的定义方面,可以同罗马史学家发挥的监察官作用做一个对比,但我们也认识到,监察官的记载并非永恒判决,而是为了改正人们的行为,监察官总是通过演讲直接影响公共道德,并且监察官同其他罗马高级官吏一样按期担任政治官职,任职者的地位取决于其职务的政治上的——当然在这方面也等同于道德上的——影响力。

汉史之诗：《史记》《汉书》叙事中的诗歌功能

柯马丁 著① 林日波、郭西安 译 郭西安 校

一、西汉的歌诗文化

当我们在备受尊崇的《诗经》和南方诗歌总集《楚辞》之外寻找中国早期诗歌之时，总是习惯借助于中古及其后的几部主要诗集。首先是《文选》和《玉台新咏》，二者皆成书于公元6世纪前半叶；其次是郭茂倩编的《乐府诗集》，成于公元12世纪早期。这些文本有这样的地位，部分是因为它们吸收并某种程度上遮蔽了一些更早的、已经散佚的诗歌选集，这使得它们成了我们进入早期及中古前期的中国诗歌世界的主要途径。②除了上述总集，《乐府诗集》之后还出现了大量诗歌选集。此外，我们发现类书也广泛征引了许多诗歌，现存最早的例子出现在公元7世纪早期。然而，稍微看下最完整的先唐诗歌总集，即逯钦立所辑校的《先秦汉魏晋南北朝诗》，③我们就会发现其中相当数目的诗最早是因为镶嵌在史书叙事中才得以传播的。这里，我不是指某位历史学家尝试采用自成一体的编目格式来收集保存诗歌，譬如沈约（441—513）所撰的《宋书·乐志》存录了大量诗歌那样；也不是指那种常见的某人本传里选录其文学作品的现象。事实上，我指的是这样一种情况，即诗歌作为叙事整体的有机因素被天衣无缝地融括在历史叙事里，其中，诗歌的创作以及/或者表演被嵌入特定叙事背景中，被指派给了某个历史角色，并且诗歌与叙事形成彼此解释、强化的关系：这是中国早期历史编纂有别于古希腊罗马历史编纂的特殊现象。与东周的《左传》《国语》里的"赋诗"形式不同，汉代的《史记》《汉书》所展示的诗歌表演并非以引《诗》为主，而是由叙事中的某位历史人物新作一首诗来抒

① 作者柯马丁，美国普林斯顿大学亚洲学讲座教授，美国哲学院院士，美国东方学会主席（2023—2024），古根海姆奖获得者（2018），国际权威汉学期刊《通报》（*T'oung Pao*）主编，中国人民大学古代文本文化国际研究中心创始主任，曾任普林斯顿大学东亚系主任（2013—2020）。
② 在这篇论文中，我所用的"诗"（poetry）和"歌"（song）这两个术语在某种程度上的内涵是一致的。这里所讨论的每一首诗其实就是歌。诗需要和赋这种通常是更华丽的韵文体裁相区分，在一定程度上这也是可以做到的。刘歆曾经为赋下定义说："不歌而诵谓之赋。"参见《汉书》30.1755。本文末尾，我将重提歌和赋这两种体裁的界限问题。
译文将视具体语境采用"诗歌"或"歌诗"来指称这种诗与歌内涵交叠的现象。——校者
③ 逯钦立辑校：《先秦汉魏晋南北朝诗》，北京：中华书局，1983年。

发胸臆。一方面,诗歌的创作和表演都出现在特定的叙事背景之中;另一方面,诗歌和叙事又是互相说明和印证的。与保存在传统文学选集里的诗歌相比,历史叙事当中的诗歌还保留其特有的起源语境。它们来自过去,真实、直接地表述了自身,因此缩小了过去与现在之间的历史距离。

倘若采用选集的形式,那么就会由(通常是晚出的)注解来提供一首诗歌假定的语境,从而提供特定的阐释角度;史书展现的诗歌,则是让它在其自身的语境里直接对我们说话。文学选集里保存的每首诗歌都被剥离了其具体起源,而史书则将诗歌作为一种看似从过去发出的真实声音本身保存下来。一旦与过去特定的时刻相连接,诗歌就涵括了富有戏剧性的历史瞬间的精义,反过来也被保留在了对这一时刻的记忆里。[①]本文即试图考察在早期帝国时代,有关西汉历史事件的史书里所呈现的诗歌与历史书写的关系。主要保存在司马迁《史记》和班固《汉书》中的历史,是我们最能接近西汉史的渠道,尽管两部著作都似乎包含着通过逸事传统形成的叙事,这些逸事的最终版本可能一直保留到了班固的时代。[②]

汉代官僚政权及机构的发展需要并促进了书面文本的流传,[③]而汉代的文学文化则在很大程度上由"赋"这种每每篇幅宏大的文体来定义;在此语境下,篇幅较短的诗歌这种诗体形式往往被理解为一种表演文类,并仍然频繁呈现在社会和文本实践的各种场合。穿插在早期历史编纂的叙事里,诗歌的出现经常标识出重要的历史时刻,而且与史书中对真理、情感、道德和真实的强烈诉求密切关联。从精心创作的帝国祭献颂诗,到英雄或恋人面临身心毁灭之时的即兴吟唱,抑或预言政治灾难或者哀叹民生多艰的匿名小调中,我们都可以看到这一点。不难发现,在汉史的不少篇章中,当事件发展到极富戏剧性的时刻,语词就开始押韵了。

诗歌正是在这种历史编撰的功能中看似真实且为人所接受,这一事实表明当时宫廷内外都存在着更为广泛的诗歌文化。为了了解西汉时期的这一现象,我们首先可以查证的资料是《汉书·艺文志》中的"赋"与"歌诗"部分,其中除了一千零五篇赋,还著录

---

① 尽管这些诗歌中的大部分并没有出现在史书之外的诗歌选集中,但是它们和镶嵌其中的著名历史逸事一道,依然获得了某种准经典的地位,甚至往往胜过了文学选集中的某些作品。此外,保存了这些逸事歌诗的早期史书巨著,其地位仅次于经,同样处于传统学术的核心。史嘉柏在一篇出色的文章里提到:不为选集所录诗歌就并非经典。见其"Song and the Historical Imagination in Early China", *Harvard Journal of Asiatic Studies* 59.2, 1999, pp. 305-361. 我的看法与此略有不同;除此以外,我的基本立场均与史嘉柏一致,他的研究在许多方面都为本文的研究奠定了基础。另一项对史书叙事里镶嵌诗歌的重要研究则涉及常璩(约291—约361)的《华阳国志》,见 J. Michael Farmer, "A Person of the State Composed a Poem: Lyrics of Praise and Blame in the *Huayang guo zhi*", *Chinese Literature: Essays, Articles, and Reviews* 29, 2007, pp. 23-54.

② 我相信这一点不但适用于《汉书》,也适用于《史记》。然而,《史记》部分叙事之真实性及其与《汉书》相应篇章的关系问题,至今聚讼纷纭。对这个问题正反两方面的近期讨论,请参见《表演与阐释:早期中国诗学研究》所载《〈司马相如列传〉与〈史记〉中"赋"的问题》里的简述。

③ 我已经在多篇文章和场合下讨论过这种发展情况。参见《表演与阐释:早期中国诗学研究》所载《〈司马相如列传〉与〈史记〉中"赋"的问题》《出土文献与文化记忆:〈诗经〉的早期历史》及 Martin Kern, "Ritual, Text and the Formation of the Canon: Historical Transitions of *Wen* in Early China", *T'oung Pao* 87, 2001, pp. 43-91, 和 "Feature Article on Mark Edward Lewis, *Writing and Authority in Early China*", *China Review International* 7.2, 2000, pp. 336-376 等文。

有三百十六篇"歌诗"；①但这份目录既不完整也并非公允。列在目录之首的是"《高祖歌诗》二篇"，注家以为系指《史记》和《汉书》中所保留的汉高祖刘邦的两首诗歌；②接着便是两组祭祀颂诗，分别为十四篇和五篇，可能属于汉武帝的"郊祀歌"③；再就是三十五篇与军事远征、帝王巡游、游幸相关的歌诗；还有一些歌诗被认为是皇室成员所作。军事和旅行诗被认为部分与十八首"铙歌"相匹配，后者被保存在公元6世纪早期沈约所著的《宋书·乐志》中，尽管缺佚严重。④然而，没有任何特别的证据表明"铙歌"是西汉作品。《汉书·艺文志》短歌部分的其他篇目标题则更加不可考，倘若不说是全部，至少可说大都已亡佚。有的学者把《汉书·艺文志》里那种早期表示类别的标题与一些晚出很多的总集中所辑的传世诗歌直接关联，这种做法尚属臆测。

我们必须考虑到，《汉书·艺文志》的列表虽然是节略性的，却代表着西汉晚期皇家藏书的目录，最初由刘向所撰，题为《别录》，缘起于公元前26年一纸访求整理天下图书的诏令。⑤之后，刘歆将其节略整理为《七略》，而班固在编撰《汉书》时，采纳并进一步删削了《七略》的内容。近年来出土的一些文献在《汉书·艺文志》中无法找到对应的记录，这就表明最终保存下来的这份西汉皇家书录是有所取舍的。此外，《汉书》本身就已经存在有意审查的证据。⑥据我推测，《汉书·艺文志》中所列举的歌诗大部分，甚或全部，都是乐府的表演曲目。乐府这一帝国机构裁撤于公元前7年，至少有八百二十九人

---

① 《汉书·艺文志》30.1753-1755。亦可参见顾实：《汉书艺文志讲疏》，第184-189页。《汉书》本身列举的诗歌总数是三百十四首，事实上应该多出两首。关于汉代诗歌的权威西方论著仍然首推Jean-Pierre Diény, *Aux origines de la poésie classique en Chine：Étude sur la poésie lyrique à l'époque des Han*, Leiden：Brill, 1968。安妮·比勒尔（Anne Birrell）的著作 *Popular Songs and Ballads of Han China*（Honolulu：University of Hawaii Press, 1993）尽管再版时根据初版遭受的诸多批评有所修改，但是依然存在很多缺憾，无法成为可靠的参考书。

② 《史记·高祖本纪》（8.389）、《史记·留侯世家》（55.2047）；《汉书·高帝纪下》（1B.74）、《汉书·张陈王周传》（40.2036）。

③ 至于"郊祀歌"，参见《汉书·礼乐志》（22.1052-1070）；对它的翻译研究，参见Martin Kern, *Die Hymnen der chine-sischen Staatsopfer：Literatur und Ritual in der politischen Repräentation von der Han- Zeit bis zu den Sechs Dynastien*, Stutgart：Franz Steiner Verlag, pp. 174-303。在《艺文志》中，那十四首歌诗被称为"泰一杂甘泉寿宫歌诗"，其他五首则曰"宗庙歌诗"。至于将二者合在一起就是十九首"郊祀歌"的假设，参见王先谦：《〈汉书〉补注》30.56b。在《〈汉书·艺文志〉讲疏》一书中，顾实确信在祖庙中演唱的这五首颂歌是十九首郊祀歌中的前五首，它们对应着五方神灵，包括"中"（页184）。有充分证据表明这种假设不成立。宗庙演奏的五首颂诗更可能是"郊祀歌"里庆贺祥瑞出现的歌诗，即《汉书》卷二十二里第十、十二、十三、十七及十八首。具体论述，参见Martin Kern, *Die Hymnen der chinesischen Sta-atsopfer：Literatur und Ritual in der politischen Repräsentation von der Han-Zeit bis zu den Sechs Dynastien*, pp. 174-175。

④ 参见《宋书》22.640-644；《乐府诗集》16.223-232；逯钦立辑校《先秦汉魏晋南北朝诗》1.155-162。对此精彩的讨论，参见陆侃如·冯沅君：《中国诗史》第一卷，第162-170页。也可以参看铃木修次：《漢魏詩の研究》，东京：大修馆书店，1967年，第123-151页；张永鑫《汉乐府研究》，南京：江苏古籍出版社，1992年，第167-172页；萧涤非：《汉魏六朝乐府文学史》，北京：人民文学出版社，1984年，第47-59页。

⑤ 《汉书·成帝纪》（10.310）、《汉书·艺文志》（30.1701）。

⑥ 《汉书·贾邹枚路传》（51.2367）。班固记载说，除了《艺文志》中所列举的一百二十篇赋作，枚皋还有"数十篇"作品"尤嫚戏不可读者"。

曾供职其中,他们为国家祭祀提供乐曲,同时也演练不同区域的传统风谣。[①]

因此,并不奇怪的是,除了汉武帝时的十九首《郊祀歌》和汉高祖时的十七首《安世房中歌》,[②]还有七十二首歌诗、民谣及片段,它们的创作时间或可追溯到西汉,并且大都被保存在《史记》《汉书》等两汉史料中。[③]或许并非所有都源自西汉;然而即使它们的实际创作时间可能仅在《汉书》之前,它们依然属于早期帝国时代的风谣,因此比仅存于《宋书》及其后资料(包括后世对早期风谣踵事增华的资料)中的诗歌更可靠。有一些,甚至可能是许多仅保存在晚期总集里的诗歌也许真的源于早期,甚或就是西汉。但是,能证明这种假设的证据微乎其微,通常根本就不存在。学者很难找到有关某首诗歌原始情境的证据,哪怕仅仅是不甚确定的暗示。这并不是说在这些早期资料所录之外就没有其他的西汉诗歌,但是当时存在的未曾见录的诗歌也未必就是后世传统回溯性认定的那些汉诗。

具体而言,我们仍然很难将五言诗的兴起定位到两汉之交。只有两首保存在东汉资料里的五言诗被认为产生于公元前2世纪:一首据传是李延年(约前140—前87)为其妹,即汉武帝的宠妃李夫人而创作的;一首被归于汉高祖的宠姬戚夫人名下。李延年诗之见称,在于第二组对句所刻画的那个引人注目的形象。诗曰:

> 北方有佳人,绝世而独立。一顾倾人城,再顾倾人国。宁不知倾城与倾国? 佳人难再得![④]

然而,需要注意的是,这首诗是武帝与其宠妃罗曼史的一部分。它和这段罗曼史一道,可能在武帝身后的几十年中逐渐演绎,最终定型于武帝(及李延年)之世的数代以后。这段罗曼史的最终版本,或许也是这首诗的最终版本的完成时间,应当更接近班固作《汉书》时,而非公元前2世纪晚期。

二、作为预言与征兆的诗

戚夫人是汉高祖刘邦的次妃,其子如意被封为赵王,戚夫人希望他能被立为太子,但终归于徒劳。刘邦去世,太后吕氏(公元前180年薨)立即监禁了戚夫人,髡其发,钳

① 参见《汉书·礼乐志》22.1072-1074。有关乐府的历史,参见张永鑫:《汉乐府研究》,第45-81页;Anne Birrell, "Myth-making and Yüeh-fu: Popular Songs and Ballads of Early Imperial China", *Journal of the American Oriental Society* 109.2, 1989, pp. 223-235;增田清秀:《楽府の歴史的研究》,东京:创文社,1975年,第16-31页;铃木修次:《漢魏詩の研究》,第90-115页;Michael Loewe, *Crisis and Conflict in Han China, 104 BC to AD 9*, London: George Allen & Unwin, 1974, pp. 193-210。

②《汉书·礼乐志》22.1046-1051。至于《安世房中歌》的翻译和研究,参见 Martin Kern, *Die Hymnen der chinesischen Staatsopfer: Literatur und Ritual in der politischen Repräsentation von der Han- Zeit bis zu den Sechs Dynastien*, pp. 100-173。

③ 参见《先秦汉魏晋南北朝诗》1.87-143。

④《汉书·外戚传上》(97A.3951)。至于这首诗在后来许多文献资料中存在异文,参见《先秦汉魏晋南北朝诗》1.102。

其颈，衣褚衣，令其春。劳作之际，戚夫人歌曰：

> 子为王，母为虏，终日春薄暮，常与死为伍！相隔三千里，当谁使告女？ ①

这首由两行三言、四行五言句构成的诗歌据说触怒了吕后，于是她鸩死如意、荼毒戚氏。然而，诗歌把吕后生动地刻画成中国历史上最无情恶毒之人，这种戏剧化的叙事只能让人怀疑逸事的若干细节以及此诗的真实性。正如汉武帝与李夫人的罗曼史那样，我们或许也可以把这则故事读作在后代的历史想象里逐渐丰满的叙事，而在某个时刻这首诗也被设定为出自戚氏之口。

在提到"常与死为伍"的时候，归于戚夫人名下的这首诗显得具有某种预言性。相应地，刘如意被害以及戚夫人遭肢解的故事也得到了追溯性的宣告。据《汉书》云："高后八年三月，被霸上，还过枳道，见物如仓狗②，檄高后掖，忽之不见。卜之，赵王如意为祟。遂病掖伤而崩。先是，高后鸩杀如意，支断其母戚夫人手足，摧其眼以为人彘。"③这一事件被记载在《汉书·五行志》，表明戚氏母子的境遇从属于更宏大的宇宙论框架，后者常为历史事件提供解释。《汉书·五行志》中的许多内容均来自追溯性重构，从一种"事后"的视角，把征兆的出现安排到具体的历史发展过程中。④现存汉代诗歌中，被认为出自西汉的全篇或有相当部分是五言的作品还有四篇，其中两篇也体现出诗作为征兆或者预言性隐语的特征。四篇之中，有三篇被认为作于汉元帝（公元前48年至公元前33年在位）、成帝时期，亦即晚于李延年和戚夫人所处的时代。第四篇保存在《史记》中，但它属于褚少孙所补部分。⑤有一首典型的无名氏预言歌诗，据说在成帝之世就已经流传民间，预言了汉世的衰亡。诗曰：

---

① 《汉书·外戚传上》（97A.3937）；《先秦汉魏晋南北朝诗》1.91。

② 我把"仓狗"理解为"青色的狗"。这好像有点奇怪；尽管"仓"也可以理解为灰色或者银色，我以为这种奇异性正是作者用心所在，尤其是考虑到这一事件之反常。在西汉记载的征兆里，颜色奇异的动物之出现乃是征象之一，例如《汉书·礼乐志》（22.1069）里记载的一首颂诗提到脖子上有五彩文羽的赤雁。

③ 《汉书·五行志中之上》27中之上.1397。

④ 我曾另文讨论过《汉书·五行志》这一特征。参见 Martin Kern, "Religious Anxiety and Political Interest in Western Han Omen Interpretation: The Case of the Han Wudi Period（141-87 BC）", （日本）《中国史学》，2000 年第 10 期，pp. 1-31。早期有关西汉时代征兆阐释的研究成果包括 Wolfram Eberhard, "Beiträge zur kosmologischen Spekulation in der Han-zeit，" Baessler-Archiv 16, 1933, pp. 1-100; Homer H. Dubs, The History of the Former Han, vol. 3, Baltimore: Waverly Press, 1938-1955, pp. 546-559, 并请参看各章附录里对日蚀的记载；Hans Bielenstein, "An Interpretation of the Portents in the Ts'ien-Han-Shu," Bulletin of the Museum of Far Eastern Antiquities 22, 1950, pp. 127-143; and Wolfram Eberhard, "The Political Function of Astronomy and Astronomers in Han China," in Chinese Thought and Institutions, ed. John K. Fairbank, Chicago: Chicago University Press, 1957, pp. 33-70（德文版 "Die politische Funktion der Astronomie und der Astronomen in der Han-Zeit", in Sternkunde und Weltbild im alten China: Gesammelte Aufsätze von Wolfram Eberhard, Taipei: Chinese Materials and Research Aids Service Center, 1970, pp. 249-274）。尽管这些研究都各有价值，但是研究者们都没有充分地注意到一个事实，即《汉书·五行志》是一篇充满意识形态的文献，其文本构成跨越了不同年代层面，而其中的某些判断是有意颠覆早先对某些特定事件的解释。在这种意义上，《五行志》所折射出的不仅是西汉历时漫长的讨论，也是这些章节最终被组织进《汉书》时，相关讨论在东汉时代的延续。

⑤ 《汉书·五行志中之上》27中之上.1395、1396、90.3674；《史记·滑稽列传》（126.3209）。

邪径败良田,谗口乱善人。桂树华不实,黄爵巢其颠。故为人所美,今为人所怜。①

《汉书》明显采用了西汉之后的视角,根据"五行宇宙论"的颜色象征法对诗文进行了解码:开红花的桂树象征汉世;桂树华而不实指明皇家后继无人;因为王莽篡汉后,色尚黄,故歌以黄雀为象。如此,汉室沦至"为人所怜"的地步。

另一首无名氏五言诗的创作年代也可以追溯到汉成帝统治末期,表达对大规模处决的集体悲痛。因据说皇帝荒废朝政,长安犯罪现象颇为普遍,故"酷吏"尹赏②活埋数百囚徒及不法少年。只有在行刑百日之后,死者的家人才被允许挖出尸体,另行安葬。长安街道上一时哀声不绝:

安所求子死?桓东少年场。生时谅不谨,枯骨后何葬?③

没有什么能比这首诗歌更好地表达了史家对"酷吏"的矛盾心情。与其上下文的叙事不同,诗歌向读者表明,即使尹赏所处决的大多数犯人都有罪——诗中也承认了这一事实——但是他们也是汉帝国的普通百姓,也有亲人、尤其是父母哀悼他们甚至无法得到安葬的严酷命运。史家明确表示了自己的谴责对象:长安乱象乃是因为"上怠于政,贵戚骄恣"④。这首表达了普通百姓苦痛的诗歌,本质上是史家批评成帝荒淫统治的一部分。

《汉书》中不但包含了大量据称源于民间的诗歌,而且还解释了这些诗歌是如何被采集到宫廷,并随后为史家所用的。学者经常援引的乐府采诗的核心证据,就是《汉书·礼乐志》所存的乐府目录。这里相关的短语"采诗夜诵",很可能实指狭义的为帝国仪式挑选诗歌,而非泛采民间诗歌。⑤然而,《汉书》中的其他相关章节在提及采诗之说时,措辞要明确得多。据《汉书·礼乐志》记载,通过古代的"采诗之官","王者所以观风俗,知得失,自考正也"。⑥同篇提到了乐府选择或收集("采"字兼具两意)"歌谣"之事;⑦这里,提到"谣"就清楚地表明诗歌的民间本源。最后一点,《汉书·食货志》扩充了"月令"所述制度,提出,"孟春之月,群居者将散,行人振木铎徇于路以采诗,献之大师,比其音

---

① 《汉书·五行志中之上》27中之上 .1396。《先秦汉魏晋南北朝诗》1.126。
② "酷吏"是对残暴官吏的称呼,《汉书》90有他们的合传。因为有采取严酷措施的能力,尹赏接连被委派到几处犯罪活动猖獗的地区,其本传见《汉书·酷吏传》(90.3673-3675)。
③ 《汉书·酷吏传》(90.3674);《先秦汉魏晋南北朝诗》1.123。
④ 《汉书·酷吏传》(90.3637)。
⑤ 《汉书·礼乐志》(22.1045)。作为最有影响的《汉书》注者,颜师古指出这里指的是朝廷收集民歌之事。需要注意的是,如同《汉书·礼乐志》的其他章节一样,这一部分也存在严重的文本问题,参见下文。
⑥ 《汉书·艺文志》(30.1708)。
⑦ 同前引文献(30.1756)。

律，以闻于天子。故曰：王者不窥牖户而知天下"。①《汉书》编纂后的一个世纪，郑玄也对古诗表达了相似意见。②可见，周代及西汉采集民间诗歌的说法已被东汉学者普遍接受。③同样，又过了一个世纪，杜预（222—284）在对《左传》中所引《逸夏书》注解时亦指出，携带木铎的"遒人"是帝王派遣在民间采集歌谣的。④

三、歌诗的地域性与"楚声"的问题

此外，根据《汉书·礼乐志》和《汉书·艺文志》的记录，乐府具有很强的地域性；记录泛泛地提到，来自赵、代、秦、楚各地的曲调经过乐府整理后在朝中演奏。记录无疑暗示了这些诗歌的民间特点，因此我们也可以假定其中大多数乃晚近的秦或西汉作品。《汉书》中的其他章节进一步证实，在西汉中期尤其是汉武帝⑤统治时期，长安的宫廷文化中出现了上述地域甚至是异域的歌诗和曲调。据一则有阙文，不完全可靠的材料记载，乐

---

① 《汉书·食货志上》（24A.1123）。在此，颜师古确认这些被采之诗表达了百姓的怨恨和对统治者的批判。应当注意的是，尽管《汉书·食货志》所谓"孟春之月"的表达方式沿用了早期《月令》，并曾出现在多种资料里（主要《吕氏春秋》《淮南子》《礼记》，部分也可见于《左传》《周礼》等），但是这些涉及历法的文本里没有一处提到采诗。另外，早期的文献资料一致显示，携带木铎出游的王使并非要收集来自百姓的意见，相反，作为统治者的代表，他们是来向百姓解说法令、宣布四时所禁及行事的。参见《周礼注疏》3.17a、19c、11.75b、76c、35.236c、36.247c。《礼记正义》10.85a、15.134a、31.262a。可能出自东汉以前，与民间采诗相关的唯一一文本就是《礼记·王制》，曰，孟春之月，"命大师陈诗以观民风"。见《礼记正义》11.100b。此处仅仅暗示了采诗。此外，《王制》章的断代尚无定论。《史记》注意到，文帝命令博士"刺六经中作王制，谋议巡狩封禅事"（28.1382）。然而，《礼记·王制》只字不提封禅，而且也不清楚《史记》此节所谓"王制"是否真的指一篇文本，而非泛指的"王者之制"，更不用说是否特指《礼记》此章了。换句话说，把《王制》章断归文帝之世的做法完全依赖《史记》此节，但这种断代最多只能是权宜之计；《王制》章也很有可能是东汉对一系列早期及新近撰述材料的编纂。简言之，提到民间采诗的文本没有哪篇能可靠地断归东汉之前。
② 参见《毛诗正义·诗谱序》1.3。初唐成文的"正义"里引用了郑玄他处皆佚的诗说。
③ 近年偶有学者对《汉书》所谓西汉乐府采诗说提出异议。参见姚大业，《汉乐府小论》：天津：百花文艺出版社，1984年，第1-11页；张永鑫：《汉乐府研究》，第57-64页；Anne Birrell，"Mythmaking and Yüeh-fu：Popular Songs and Ballads of Early Imperial China"。其中的论述即使含有推断性质，对采诗说的挑战仍是相当有说服力的。然而，以上论著都未能意识到，这些明显是理想化的记载，其重要性与其说在于陈述正确的史实，毋宁说在于给史书叙事里包含诗歌的做法以可信性和合法性。这并不能就说班固伪造了历史。我们很容易想象，大量诗歌，连同对它们恰当的功能、用途及采集过程的理想化叙述，是如何流传到《汉书》编者手里的。
④ 《夏书》的部分内容仅仅见于《尚书·胤征》篇（《尚书正义》7.45c），系伪《古文尚书》之一；对应章节或本于《左传》。参见杨伯峻：《春秋左传注》，第1017-1018页（襄公二十四年）。
⑤ 有关武帝宫廷文学文化的精彩讨论，参见 David R. Knechtges，"The Emperor and Literature：Emperor Wu of the Han，" in *Imperial Rulership and Cultural Change in Traditional China*，ed. Frederick P. Brandauer and Chun-chieh Huang，Seattle：University of Washington Press，1994，pp. 51-76。

府系汉武帝所"立"。①然而,就《汉书》的描述而言,西汉时代的诗歌文化深深地根植在音乐当中,而这也是乐府的职责。尤其是考虑到帝国祭祀的颂歌和舞蹈,但其意义不止如此。②《汉书·艺文志》里与歌诗相关罗列了两类记录,除了指特定地域风谣的歌辞外,还指其曲调,即七篇《河南周歌诗》,伴《河南周歌声曲折》;七十五篇《周谣歌诗》③的情况也一样。在这两类记录中,何谓"声曲折"并不确定。然而,因为《汉书·艺文志》记录的是书面文献,所以这个词很可能是指某种乐谱。④

对诗歌的音乐演奏的重视也可以从西汉宫廷中占主导地位的地方诗歌风格中看出来。这些地方诗歌在汉代历史文献中被称为"楚歌"或者"楚声",这两个词在汉代之前的文献中并没有出现。它们在西汉的显著地位与刘氏家族的南方根源有关。南方的地域性对西汉文学产生的重大影响尤其体现在"赋"这种汉代主要的诗歌体裁中,⑤同时也体现在汉武帝"郊祀歌"和他本人的作品中。另外,《史记》和《汉书》中有三则资料显然与"楚歌"和"楚声"相关。一是公元前202年,项羽(前232—前202)在垓下的决胜之夜,他听到了四面传来的"楚歌",因而意识到身陷重围。⑥二是汉高祖庙祀的"房中乐",据

①《汉书·礼乐志》(22.1045)。《汉书·礼乐志》(22.1043)有一处提到早在公元前194/193年乐府机构就已有雏形。贾谊《新书》4.4b的记载也有类似提及。此外,《汉书》中共有两处地方提到汉武帝设立乐府之事,但时间说法不同:一说是公元前114年,一说是公元前111年。参见22.1045、25A.1232(此则材料在《史记》12.472、28.1396亦有记载)。另外还有考古证据:提及"乐府"的有一个秦钟,以及可以追溯到公元前129年的南越文王墓出土的一组八只"勾鑃"钟上。参见袁仲一,《秦代金文陶文杂考三则》,《考古与文物》,1982年第4期,第92-96页;广州市文物管理委员会、中国社会科学院考古研究所、广东省博物馆共同编写的《西汉南越王墓》上册第40-45页,下册图版十四第一至四幅,北京:文物出版社,1991年。《史记·乐书》还记载,在汉惠帝、汉文帝及汉景帝统治时,乐府已存在。尽管传世《乐书》文本晚于司马迁原本《史记》,但其资料仍然可能来源于西汉晚期或者东汉早期。参见Martin Kern, "A Note on the Authenticity and Ideology of Shih-chi 24,'The Book on Music'", *Journal of the American Oriental Society* 119.4, 1999, pp. 673-677。至于汉武帝"立"乐府之说,我们还不能肯定如何理解《汉书》的这一段。或者文本传写有误;或者是记载公元前194/193年乐府已经存在的人并非班固;再或者"立"字并非"始立"之意,如同刘勰在《文心雕龙》中理解的那样,而应被理解为"重新设立""重新组织"或者"设立新职能",参见詹锳,《文心雕龙义证》7.235。另一个问题是,《汉书·礼乐志》(22.1045)这则材料中记载了司马相如为乐府创作诗赋而受赏之事。其实,在乐府被赋予新的功能之前,司马相如已经去世数年,绝不可能为之写作颂诗(而且《礼乐志》记载的这些颂诗的创作时间经常是混乱的,并每与《汉书》其他章节所载出入)。参见Martin Kern, *Die Hymnen der chinesischen Staatsopfer: Literatur und Ritual in der politischen Repräsentation von der Han-Zeit bis zu den Sechs Dynastien*, pp. 59-60、174-185、299-300。有意思,也令人费解的是,《汉书》93.3725也把《郊庙歌》归于司马相如之名下。《史记·佞幸列传》(125.3195)的对应章节里没有提到司马相如。
②据周朝的礼仪传统,舞蹈是国家祭祀中的一个核心要素。参见《汉书·礼乐志》(22.1043-1044)。这些用于祭祀的舞蹈一部分是从周、秦时代继承下来的,在随后的朝代里,它们被继续模仿,同时被分别配上了歌词。至于对汉代及六朝舞蹈的完整论述,参见Martin Kern, *Die Hymnen der chinesischen Staatsopfer: Literatur und Ritual in der politischen Repräsentation von der Han- Zeit bis zu den Sechs Dynastien*, pp. 53-95。
③《汉书·艺文志》(30.1755)。
④同样的结论见王先谦:《汉书补注》30.58a;顾实:《汉书艺文志讲疏》,第188页。被唯一保存下来的中国早期诗歌的乐谱被假定在"铙歌"里得到了传承。考虑到铙歌混乱的句法,沈约怀疑在他所处的时代所得到的文本——与我们这个时代的所见到的传世本可能相同也可能不同——系誊写过程中"声辞艳相杂"的结果,即原本中可能较小的记声符号窜入歌辞正文(《乐府诗集》19.285引用了沈约,16.228则涉及铙歌)。可能属于记声符号的有"梁"字,似乎以表音功能用于"郊祀歌"第八及其他若干早期歌诗里;参见《汉书·礼乐志》(22.1085),Martin Kern, *Die Hymnen der chinesischen Staatsopfer: Literatur und Ritual in der politischen Repräsentation von der Han-Zeit bis zu den Sechs Dynastien*, pp. 217, 223。
⑤有关西汉赋的历史记载都强调这种文类根源于南方文学文化,后者自汉代起便以《楚辞》为代表,并一定程度上也在南方语言的修辞方式中表现出来。
⑥《史记·项羽本纪》(7.333)、《史记·高祖本纪》(8.379);《汉书·高帝纪下》(1B.50)、《汉书·陈胜项籍传下》(31.1817)。

说系用"楚声"，以此来纪念汉室的南方根源①（作于公元前202年和公元前195年的《安世房中歌》以及《汉书》与"房中乐"相关的部分里，确实有南方诗歌语汇和意象的痕迹。②然而，这些颂歌也近似公元前219年至公元前210年秦皇的勒石铭文，而后者同样被"诵"之后才诉诸勒石）。③三是公元前195年，汉高祖对期盼立其子如意为嗣的戚夫人说："为我楚舞，吾为若楚歌。"随后，他真的唱起了那首传统所谓的《鸿鹄歌》，表示已确立的太子得到了朝中重臣拥戴，无法废黜。诗曰：

　　鸿鹄高飞，一举千里。羽翼以就，④横绝四海。横绝四海，又可奈何！虽有矰缴，尚安所施！⑤

　　汉高祖的这首八行四言诗是早期文献中唯一被明确称作"楚歌"的。然而，它近于白话的简单语汇无法表明，它与《楚辞》、赋和"郊祀歌"所显示的南方诗歌风格之间存在着任何联系。⑥另外，这首诗四音节的韵律特点并不代表不同于传统的音乐形式；其他与西汉王室相关之作也是如此。⑦因此，尽管"楚舞""楚歌"和"楚声"显然指文学和音乐作品的表演，且在西汉宫廷中表演楚地（或者具有楚地风格）文学作品的能力被认为是不同寻常的，⑧但是史家的记述并没有提供足够的证据以确定何以把这些诗歌和音乐表演称作楚风。然而，尽管有汉高祖《鸿鹄歌》和大部分《安世房中歌》中的四言颂诗这样的作品，从大多数被认为由刘氏家族和其他显要汉代早期人物所作诗歌来看，它们的某些韵律特点不但背离经典的四言形式，而且表现出与《九歌》及其他楚辞作品的相似性。这些诗歌或系三言，或系四言与三言杂糅，并经常（但非必定）包含语助词"兮"字。

　　若要寻找多少和《诗经》音韵相左，并似乎接近南方文学传统的西汉诗歌，我们就要

---

① 《汉书·礼乐志》(22.1043)。

② 参见 Martin Kern, *Die Hymnen der chinesischen Staatsopfer: Literatur und Ritual in der politischen Repräsentation von der Han-Zeit bis zu den Sechs Dynastien*, pp. 169-173。

③ 参见 Martin Kern, *The Stele Inscriptions of Ch'in Shih-huang: Text and Ritual in Early Chinese Imperial Representation* (New Haven: American Oriental Society, 2000) 及 *Die Hymnen der chinesischen Staatsopfer*, pp. 108-109, 153-159, 164-168。作为整体，十七首《安世房中歌》在形式上和措辞上多有差异，故而难以被认为皆与南方文学传统紧密相关。尽管有一些散见的文学特征与《楚辞》中的特征有相似性，但是大多数诗歌还是深受《诗经》和周代青铜铭文的传统措辞、语汇的影响。

④ 飞鸟得到羽翼的辅佐乃是比喻统治者有大臣辅助的常用意象。这里，"鸿鹄"指的是太子刘盈，即后来的汉惠帝。当汉高祖打算让刘如意替代刘盈继承皇位时，受到朝廷中那些强烈支持刘盈的大臣的阻止。

⑤ 《史记·留侯世家》(55.2047)、《汉书·张陈王周传》(40.2036)。有关此诗在《史记》及其以后的文献中的不同版本，参见《先秦汉魏晋南北朝诗》1.88。

⑥ 这给注疏者带来了一些麻烦。举例来说，郑文《汉诗选笺》一书就认为原本不规则的诗行中有语助词"兮"字，但是被史家所删。从白居易的《六帖》开始，某些相当晚的文献中确实有"兮"字；这导致后来的研究者认为后世的版本乃是最原始的，可以上溯到陆贾（约前240—约前170）已佚的《楚汉春秋》，因此甚至早于司马迁《史记》。参见《先秦汉魏晋南北朝诗》1.88。然而，大量其他的例子证明，"楚歌"中并非必然包含"兮"字。

⑦ 另一例简单的四言诗出自刘章（朱虚侯，后封城阳王，前176年薨）手笔。见《史记·齐悼惠王世家》(52.2001)、《汉书·高五王传》(38.1992)。

⑧ 《汉书·严朱吾丘主父徐严终王贾传》(64A.2791, 64B.2821)。在此，不能将《汉书》所指的"楚辞/楚词"与后来王逸《楚辞》的标题相混淆。

走出帝国祭祀颂诗或其他为官方代言的作品；①多数此类诗歌被认为作于绝望毁灭的悲剧时刻。此时，诗歌的历史书写功能表现尤为明显。当项羽被刘邦的部队困于垓下之时，他意识到自己大限将至，通过这首为其宠妃虞姬即兴而作的诗歌，项羽接受了自己的命运。歌曰：

> 力拔山兮气盖世，时不利兮骓不逝。骓不逝兮可奈何，虞兮虞兮奈若何！②

而当公元前195年，汉高祖暮年最后一次返回故乡沛县时，他也作歌凝练地抒发了帝国开创者即将辞世的忧思，并思索他的帝国将来如何才能得到巩固。此歌后来题为《大风歌》：

> 大风起兮云飞扬，威加海内兮归故乡，安得猛士兮守四方！③

赵幽王刘友（公元前181年薨）被迫迎娶吕氏之女为妻，尽管其所好实系其他宫人；于是，他遭到了吕氏的诽谤。刘友最终从封地被传唤到了长安监禁起来。在饿死之前，他哀叹自己的命运，并表示悔不当初自决。歌曰：

> 诸吕用事兮，刘氏微；④迫胁王侯兮，强授我妃！我妃既妒兮，诬我以恶。谗女乱国兮，上⑤曾不寤！我无忠臣兮，何故弃国？⑥自决中野兮，苍天与直！吁嗟不可悔兮，宁早自贼！为王饿死兮，谁者怜之？吕氏绝理兮，托天报仇！⑦

燕王刘旦（公元前80年薨）和华容夫人之间的诗歌唱和，同样发生在极具戏剧性的情景中，即在燕王自杀之前的宴会上，自杀原因是其推翻昭帝（公元前87年至公元前74年在位）自立之密谋未遂。第一首为刘旦所唱，第二首则是华容夫人。据颜师古注，刘旦之诗系想象其身后的王城场景。歌曰：

---

① 其中包括"郊祀歌"；部分《安世房中歌》；汉武帝的两首《瓠子歌》，史载系公元前109年巡视黄河堤坝修筑时所唱（《史记·河渠书》[29.1413]；《汉书·沟洫志》[29.1682-1683]；《先秦汉魏晋南北朝诗》1.93-94)；以及两首"天马"歌（《史记·乐书》[24.1178]），它们和《郊祀歌》里的对应篇章（《汉书·礼乐志》[22.1060]）一样大约可以追溯到公元前113至公元前101年。后者相关论述参见 Martin Kern, *Die Hymnen der chinesischen Staatsopfer: Literatur und Ritual in der politischen Repräsentation von der Han-Zeit bis zu den Sechs Dynastien*, pp. 229, 236。
②《史记·项羽本纪》(7.333)、《汉书·陈胜项籍传》(31.1817)、《先秦汉魏晋南北朝诗》1.89。
③《史记·高祖本纪》(8.389)、《汉书·高帝纪下》(1B.74)、《先秦汉魏晋南北朝诗》1.87。
④ "诸吕"即控制王庭的吕太后家族。"刘氏"即汉代皇朝。
⑤ 即吕后。
⑥ 这一句意思不明，传统学者从不同方面对其句法进行了分析。参见王先谦：《汉书补注》38.2b。一种读法是将"何故"属上句，"弃国"属下句。颜师古似乎就是按照这种读法，他对这两句的解释是："悔不早弃赵国而快意自杀于田野之中。"见《汉书·高五王传》(38.1989)。
⑦《史记·吕太后本纪》(9.403-404)、《汉书·高五王传》(38.1989)。其他异文参见《先秦汉魏晋南北朝诗》1.92。

归空城兮，狗不吠、鸡不鸣，横术何广广兮，[1]固知国中之无人！

发纷纷兮置渠[2]，骨籍籍兮亡居。母求死子兮，妻求死夫。裴回两渠间兮，君子独安居！[3]

遭遇可悯的骑兵都尉李陵（公元前74年卒），于公元前99年投降匈奴。他未能说服同样被俘的朋友苏武舍弃汉朝投降匈奴。多年后，苏武最终获释，将重返长安。别离之际的伤感令李陵慨然作歌：

径万里兮度沙幕，为君将兮奋匈奴。路穷绝兮矢刃摧，士众灭兮名已隤。老母已死，虽欲报恩将安归！[4]

据《汉书》记载，可憎的广川王刘去（公元前71年薨）是一个施虐狂。在嫉妒心的驱使下，他与妃子、后来被立为王后的阳成昭信摧残并杀害了至少十六人，其中十四人是他的嫔妃。刘去的简短传记中包含了他的两首诗歌。第一首是指责妃子陶望卿通奸；陶氏为逃避酷刑，投井自尽。这首恶人之歌表演于一个宴会的场合，预言了他的妃子的厄运。歌曰：

背尊章，嫖以忽，[5]谋屈奇，起自绝。行周流，自生患，谅非望，今谁怨！[6]

《汉书》把刘去描述成极端残酷的人，但同时又是被阳成昭信玩弄于股掌间的懦夫。按照她的提议，刘去其他所有的嫔妃都被囚禁，只在宴会上现身。因为可怜她们的境遇，刘去作歌，令阳成昭信有节奏地击鼓为其伴奏，以亲自教授其嫔妃演唱之法。歌曰：

愁莫愁，居无聊，心重结，意不舒。内茀郁，忧哀积，上不见，天生何益！日崔隤，时不再，愿弃躯，死无悔。[7]

仅仅是因为这首诗及其先容，刘去显得不只是个追求荒淫之乐的残酷凶手。他也怜悯自己的嫔妃，似乎能感觉到她们的痛苦和失望。刘去的人性闪光乃是回应并反衬阳成昭信无情、冷血的恐怖统治，表明他尚有人情，只是无力驾驭自己的正妃。刘去幼习经典，熟读《易》《论语》《孝经》。[8]正因这种种，他才显现为一个性格复杂、充满内心

---

① 这里，我采纳了清代学者尤其是王念孙的意见，读"广"为"旷"。参见王先谦：《汉书补注》63.13a。

② 我不敢说我已经理解了这句话的意思。据颜师古的解释，"渠"指的是宫殿建筑内部复杂的水路，连接着宴会大厅附近的池塘。传统注家都对这一意象的内涵避而不谈。

③《汉书·武五子传》（63.2757）、《先秦汉魏晋南北朝诗》1.108-109。

④《汉书·李广苏建传》（54.2466）、《先秦汉魏晋南北朝诗》1.109。在李陵投降匈奴之后，皇帝下令诛杀了包括其老母在内的全部家人。

⑤ 据颜师古注，"尊章"指妇之公婆。

⑥《汉书·景十三王传》（53.2429）、《先秦汉魏晋南北朝诗》1.110。

⑦《汉书·景十三王传》（53.2431）、《先秦汉魏晋南北朝诗》1.110。

⑧《汉书·郊祀志》（25.2428）。从上下文的记载中，我们可以知道，刘去还以喜欢优美的文辞，熟悉各类预言、医药、占卜、方技、博弈、倡优等技艺见称。

冲突的人,清楚地意识到皇子所应当具有的道德操守与他施加的暴行之间存在着巨大的差距。换言之,正是这首诗歌将刘去塑造为真正的悲剧人物;说到底,他的失败代表了整个刘氏王族的失败。紧随这两首诗歌,历史叙事详叙了他的逾矩行径,而训练有素、善于阅读符号表征的读者也预感到了最后不可避免的结局:刘去废立自杀,阳成昭信弃市。①

另外一个可能是南方诗歌的例子,同样发生在戏剧化的场景中,即广陵王刘胥(公元前54年薨)投缳之前在宴会上的表演。就和史家记叙绝望之歌的很多类似情境一样,刘胥之死是因为即位的野心未遂。这次事件是,他多次雇请女巫"李女须"祝诅,先是诅咒汉昭帝,其后又诅咒汉宣帝,怨望其死,而且随着汉昭帝的驾崩,刘胥对这种手段更加信服。中断了一段时间之后,刘胥再度让女巫诅咒汉宣帝,据说此后在刘胥的宫殿里开始出现一连串奇怪的征兆:"胥宫园中枣树生十余茎,茎正赤,叶白如素。池水变赤,鱼死。有鼠昼立舞王后廷中。"②根据汉代史笔,这些现象无疑预示着灾难即将降临。数月之后,诅咒宣帝之事败露,刘胥极为恐惧,于是将女巫和二十几个宫人毒杀,以绝其口。面临天谴,他举行了一次绝命之宴,命亲人鼓瑟歌舞。最后,刘胥自歌:

> 欲久生今无终,长不乐兮安穷!奉天期兮不得须臾,千里马兮驻待路。黄泉下兮幽深,人生要死,何为苦心!何用为乐心所喜,出入无悰为乐亟。蒿里召兮郭门阅③,死不得取代,庸身自逝。④

像其他先古歌者一样,刘胥表现了自己的决心和预见:他即席宣告了自己的死亡,随后投缳——很可能就是自绞于歌中所称之"郭门阅"。其子降为庶民,国除。以诗歌预言的特征也突出表现在息夫躬(公元前1年卒)身上。等待朝廷任命之际,他表达了对横死的担心。他的作品在《汉书》中不是被称为"歌",而是被称为"著绝命辞"之

---

① 《汉书·景十三王传》(53.2432)。

② 《汉书·武五子传》(63.2762)。

③ 颜师古注称"蒿里"为"死人里",其地位于泰山附近(参见《史记·河渠书》[28.1402]),被看作是私人进入阴间之地。亦可参见《先秦汉魏晋南北朝诗》的无名氏诗《蒿里》(1.257)。"阅"作"橼"解虽鲜见,但可证于《尔雅》(郝懿行,《尔雅义疏》B1.7a),尤其可注意到郝懿行(1755—1823)将"阅"解释为"橼之长而直达于檐者"。

④ 《汉书·武五子传》(63.2762)、《先秦汉魏晋南北朝诗》1.111。最后两句的含义,我参考的是王念孙的语法分析和解释(王先谦,《汉书补注》63.16b有引用)。

"辞"，①这样的表述方式使得这一作品似乎接近于赋。②歌曰：

> 玄云泱郁，将安归兮！鹰隼横厉，鸢徘徊兮！缯若浮茧，动则机兮！蒺棘
> 栈栈，曷可栖兮！发忠忘身，自绕罔兮！冤颈折翼，庸得往兮！涕泣流兮萑兰，
> 心结惜兮伤肝。虹霓曜兮日微，孽杳冥兮未开。痛入天兮鸣呼，冤际绝兮谁
> 语！仰天光兮自列，招上帝兮我察。秋风为我吟，浮云为我阴。嗟若是兮欲何
> 留，抚神龙兮揽其须。游旷迥兮反亡期，雄失据兮世我思。③

诗歌之后，本传叙事只有八字便戛然而止："后数年乃死，如其文。"正是这首诗歌本身行使了叙述功能。

最后，还有一首采用了当时的韵律而归于"刘细君"名下的诗歌。刘细君是江都王的女儿，她在元封时期（前110—前105）嫁给了中亚乌孙国的国王，因而在历史上又以乌孙公主闻名。据《汉书》记载，当时的乌孙国国王已经老朽，他和这位年轻的中国妻子互相语言不通；此外，公主也只能每年在宴会上看到他一次。她的怨词融合了早期诗歌和史书所常见的两种传统主题：空闺之怨和居夷之苦，因为乌孙的风俗从汉代视角来看无疑是未开化的。

然而，刘细君诗歌的内涵远不止于此。它代表了一种政治异议的声音，直接发自其所处的历史语境，即汉武帝的军事扩张政策导致的一系列深入中亚腹地的大规模战役。④汉武帝统治期结束后不久，一直延续到班固撰写《汉书》时，对汉武帝政策的激烈批评在朝论中一直不绝于耳。物议谴责其战争，认为既使得民生维艰，也造成了帝国的动荡。在此背景下，刘细君诗显得意味深长：从回溯性视角追究武帝扩张政策的痛怨，如今通过汉代王室里一位年轻无辜的女性的声音得到了最真切、幽怨的表达，因为她的

---

① 因此，这篇作品在后来的选集中被命名为《绝命辞》。

② 西汉时代，"辞""赋"二词在很大程度上是可以互换的，而且可以合称"辞赋"。至于"辞赋"之说，参见《史记》117.2999、《汉书·司马相如传上》（57A.2529）、《汉书·严朱吾丘主父徐严终王贾传下》（64B.2829）。举例而言，司马迁在《史记·屈原列传》（84.2486、2491）中称屈原的作品为"赋"，而在《太史公自序》（《史记》130.3314）中又称其作品为"辞"。如果从表演方式的不同来理解，似乎就比较容易把握"赋"和"歌"二者的差异了。事实上，我想表明，在整个西汉时期并没有因为文学样式的不同而产生明确的文类概念来区分诗歌文本类型。用于区别的唯一标准就是"不歌而诵谓之赋"一语，"唱"的有无表明了"赋"和"歌"的区别。相应地，当汉代文献资料中提及一首作品称其为"歌"时，这仅仅表明这一作品是用来唱的，并非在详细描述其全部文学形式的特征。另一方面，诗歌，尤其是本文所引用的那些在某一富有戏剧性的历史时刻即兴吟唱的作品，则趋向体现出如下共通之处：（一）篇幅相对短小；（二）用词相对简单。特别是当我们把它们与司马相如及其他人创作的那些铺排张扬的汉大赋相比较时，会更清楚地看到上述两个特点；而后者动辄长达数百行，充满少见的表达方法和复杂的音韵模式。因此，尽管一定存在"歌"和"赋"在诗性结构上有相同之处的灰色地带，但是当我们分别选择一些特征比较明显的例子时，仍然能够在形式上把它们区别开来。于是我们也不难看出，"歌"和"赋"是怎样被回溯性地，并且不乏时代误置地定义为不同的文类。然而必须注意的是，在汉代，"歌"的概念也被扩展用于《九歌》或者《郊祀歌》，而后者的遣词造句实则近似相如赋，而非《史记》《汉书》中任何一首即兴歌诗。无论如何，息夫躬的作品仍然介于"歌"和"赋"之间。这一点也从它被收入古今的诗歌选集中反映出来（例如《先秦汉魏晋南北朝诗》），因为这些选集是排除"赋"类作品的。另一方面，这篇作品是通过一个"著"字，即"编写"（compose），来引出全文，表明其有备而来，它也没有被安置在一个特殊的历史时刻，无法视为即兴之作。

③《汉书·蒯伍江息夫传》（45.2187-2188）、《先秦汉魏晋南北朝诗》1.116。

④ 关于这些战役的整体研究，参见 Michael Loewe，"The Campaigns of Han Wu-ti"，in *Chinese Ways in Warfare*，ed. Frank A. Kierman, Jr. and John K. Fairbank, Cambridge: Harvard University Press, 1974, pp. 67-122。

生命为可疑的政治利益被浪费在了蛮夷之地。其歌曰：

> 吾家嫁我兮天一方，远托异国兮乌孙王。穹庐为室兮旃为墙，以肉为食兮酪为浆。居常土思兮心内伤，愿为黄鹄兮归故乡。[①]

这首原先被嵌入史撰的歌诗，不久便成为诗歌经典的一部分。后来的一系列选集中都曾将其选录，主要的类书中也常见引用。[②]如同其他一些传统上被视为"楚歌"的作品一样，刘细君诗中缭绕着压抑的气氛，如果不说是灾难浩劫，至少是幽怨悲痛。汉代从公元前2世纪开始采用这种表达模式的长短诗歌，最终都被纳入传世的《楚辞》框架里。[③]以早期的《离骚》《九歌》为主文本铸造起来的《楚辞》，多半属汉代的产物，常用来表达沉郁忧伤之情。因此，西汉读者不难把上面这样的诗歌定位于楚辞传统。

四、歌诗的阐释与历史思想

然而，这种汉代史撰运用诗歌的方法背后是一种阐释学模式，它并不限于任何地域传统。诗中反映了流布广泛的诚、情和德等观念。作为早期音乐和文学思想的核心，这些观念最充分的表述见诸《荀子·乐论》《礼记·乐记》及《毛诗大序》。这种话语的意识形态核心即所谓"诗言志"[④]，以及乐、歌都是人类思想情感对外部环境的真实反应，强调作者—歌者本身怀有不乱之心，而其表达也有不乱人心的力量。这也反映了经由历史意识塑造的诗歌创作和表演，使得诗歌呈现为"有韵之史"。[⑤]由此，当时这种观念的另一种体现便是，早期历史编撰几乎把所有嵌入其中的诗歌都呈现为作于特殊情境之中。从历史叙事中生发出的这些诗歌来看，显然诗没有被理解成偶然的艺术活动。相反，作为对具体历史情境的"自然"情感反应而产生的诗歌，是饱含着作者—歌者的灵与肉的整体，是建立在具有宇宙论意义的真理诉求之上的。[⑥]从这一视角而言，"脱离了历史的诗歌"不但是毫无意义的，而且这种说法根本就是一个悖论，因为任何诗都必然面临这样的问题：为什么它出现在这里？它源自何处？由此，史中有诗，诗中有史；而且正如上

① 《汉书·西域传下》(96B.3903)、《先秦汉魏晋南北朝诗》1.111-112。
② 参见《先秦汉魏晋南北朝诗》中著录的多样但原非完整的资料，1.111-112。
③ 有关《九歌》的忧郁主题，可以参考的资料见 David Hawkes, "The Quest of the Goddess", *Asia Major* n.s. 13, 1967, pp. 71-94。
④ 《礼记正义》38.308c、《毛诗正义》1-1.1c、《尚书正义》3.19c、《春秋左传正义》38.295b(襄公二十七年)、《荀子集
⑤ ...ey Riegel, "Eros, Introversion, and the Beginnings of *Shijing* Commentary", *Harvard Journal of Asiatic Studies* ...97, p. 171. 王安国的论述考虑到了对《诗》的早期阐释学角度。
⑥ ...于进一步的讨论，参见 Mark Edward Lewis, *Writing and Authority in Early China*, Albany: State University of New York Press, 1999, pp. 147-193; Steven Van Zoeren, *Poetry and Personality: Reading, Exegesis, and Hermeneutics in Traditional China*, Stanford: Stanford University Press, 1991, pp. 17-115; Stephen Owen, *Readings in Chinese Literary Thought*, Cambridge, MA: Harvard University, 1992, pp. 19-56。我之所以把中国早期的音乐和文学思想称为宇宙论，是因为它把诗歌(和音乐)的创作艺术归入了解释整个宇宙运行的"感应"这一概念框架内。

引《史记·屈原列传》中的"渔父"一诗以及刘胥诗那样，①有时诗歌甚至代替了历史叙述本身。这种有关如何理解一首诗歌，结论原本是很明显的：就像史书保存了诗歌一样，诗歌也保存并传播了历史知识。

在中国早期的文学思想传统中，这种对诗歌的阐释手段与毛、郑的解《诗》方法颇为相近，毛诗在汉平帝统治时期第一次被朝廷认可和提倡；至东汉末年，主要在郑玄《毛诗传笺》的影响下，俨然压倒其他竞争的《诗》说，包括直到平帝之世始终受到西汉皇室支持的"三家诗"。正如我们从近期出土文献所了解的那样，这种历史化的阐释并非解读早期诗歌的唯一方法，甚至也不是公元前3世纪至公元前2世纪的主要方法。②然而，在一定程度上我们可以清楚观察到，这样的阐释以潜在的形态在前帝国时期就已具雏形，亦即体现在历史编撰中嵌入诗歌的这一实践中。从《左传》《国语》的记事开始——或许早至二者所本的书面或口头资源产生的时代开始——传统就保存了大量逸事，其中诗歌被引用来表达道德判断、政治谏言或预言。③这种历史编撰学不仅把诗歌的历史阐释法的地位抬高到同时代其他阐释方法之上，其本身事实上也构成了这种阐释方法的根本原理。因此，《毛诗》和《左传》一起得到朝廷认可或许并非偶然。正如《左传》尤为清楚地展现的那样，《诗经》的历史阐释法是伴随东周时期诗歌嵌入史书的实践发展起来的，这样，平帝之世这两部著作同时成为经典也在情理之中了。通过这两本著作，当时的读者就能得到系统的指导，理解诗歌深刻的历史本质。就《左传》《国语》《史记》《汉书》等书而言，没有哪种阅读方式可以否认这种诗歌的根本依据，也不能否认其意义明显来自其历史语境。如此，历史叙事提供了一种解诗模式，其强大的力量足以扩展到史学之外，延及脱离原始历史语境而流传的诗歌，人们试图恢复它们失落的语境以及意义；这对于毛、郑及其他早期《诗》家而言，一定是最自然的解释学方法，也是最崇高的使命。对于《楚辞》的汉代读者而言也是如此。在他们对诗的定义中，诗歌来自历史，也歌唱着历史。

---

① 《史记·屈原贾生列传》（84.2486）。

② 这一点清楚表现在两种文献里，即马王堆汉墓帛书《五行》篇（前168或更早）和上博楚简《孔子诗论》（约前300）。相关的参考书有池田知久：《馬王堆漢墓帛書五行篇研究》，东京：汲古书院，1993年；马承源主编：《上海博物馆藏战国楚竹书（一）》，上海：上海古籍出版社，2001年，第13-41，121-168页。对马王堆汉墓帛书《五行》篇中诗歌的解读，参见Jeffrey Riegel, "Eros, Introversion, and the Beginnings of *Shijing* Commentary"；从出土文献研究出发来探讨《诗》的早期文化史以及西汉赋，参见Martin Kern, "Early Chinese Poetics in the Light of Recently Excavated Manuscripts", in *Recarving the Dragon: Understanding Chinese Poetics*, ed. Olga Lomová, Prague：Charles University：The Karolinum Press, 2003, pp. 27-72, 以及《表演与阐释：早期中国诗学研究》所载《西汉美学与赋体的生成》。

③ 《左传》《国语》引诗与汉史之诗的主要区别在于，早期文本并不指涉新诗创作，而只从已有"诗"里进行赋诗断章。这种差别反映了两种有关诗歌创作和表演理念的深刻歧异。先古之"诗"是匿名文本的语料集合，作为一个整体体现着共享的文化记忆。这些诗歌的意义是双重的：作为一般层面的文本集合而言，它们是文化和自然知识的宝库；而对它们的熟练掌握则是文化精英阶层必不可少的能力。参见《论语》13.5，16.13，17.9、10。在这种背景下，一首诗歌的具体含义取决于它在某一特定历史情境下的表演及运用。这些诗歌本身并不承载特殊作者意图和身份，它们的意义取决于表演者的意图和身份。与之相对照，汉代史书里的诗歌表演者同时也被认定是诗歌的作者。这里，历史情境下产生的不仅有诗歌的表演，还有诗歌的创作，这事实上塑造了诗歌作者的形象本身（同时，这种文学文化的根本性转变发展出了一种阐释《诗》的新视角，即"毛诗"这种进路，它赋予了无名古诗以个别的作者身份。除了少数例外，参见本书第100页注释②，这种现象几乎不见于前帝国时代）。换言之，前帝国时代的《诗》是表演即阐释，而汉代歌诗则是创作即表演；但尽管有这种不同，两者都共同根植于早期诗学思想之中，认为诗歌的意义取决于特定历史环境。

如上所述，诗歌历史阐释的核心跟宇宙论和社会形态都有关：一方面，诗歌的创作和表演是作为一种对外部环境的即时反应出现的；另一方面，诗歌在一种特定的社会背景中表达了个人的情感。据《诗大序》和更早期的音乐理论可知，人的身体完全与事件的宇宙论面向相关联：

> 情动于中而形于言。言之不足，故嗟叹之。嗟叹之不足，故永歌之。永歌之不足，不知手之舞之，足之蹈之也。[1]

因此在西汉的历史文献中，舞蹈常常伴随着歌唱。公元前195年，汉高祖似乎"酒酣"[2]之际，击筑高唱《大风歌》。"令儿皆和习之。高祖乃起舞，慷慨伤怀，泣数行下。"[3]其他西汉的歌者在歌诗之际，也每每即兴"起舞"：在哀叹被困匈奴的命运时，李陵起舞而歌；[4]当以歌倡和刘旦时，华容夫人起舞；[5]自杀之前，刘胥且唱且舞；[6]李延年起舞咏唱其娣李夫人的美貌，令武帝惊叹动容；[7]刘章在宴会上也为吕后且舞且唱，随而剑斩一名"亡酒"者。[8]

情之所至迸发的歌舞根本不同于正式场合下（比如在帝国仪式中）经过认真准备和编排的歌舞表演。就后者而言，曲作者、词作者和表演者都非同一人。同时，在大多数情况下，这些作曲家、诗人和表演者都是佚名的专业人士，他们供职于朝廷，为国家庆典提供合乎尺度、中规中矩的文学和音乐表达。这在一切角度都不同于前面描述的那些富有戏剧性的时刻。在这些时刻，首先，舞者、歌者、作曲者和诗人是同一个人，并且，创作与歌舞也是同一行为相互统一的不同侧面而已；其次，这个人不是无名氏；再次，歌舞都未经准备，而是即兴的；最后，他们的表演不受规矩束缚。因此，朝廷部署的那些庆典表演代表着帝国政权；而个人英雄的即兴表演则是他们真实情感的迸发。垓下的项羽、归乡的刘邦、胡地的李陵，他们都濒临死亡，无一例外都在歌舞之后"泣数行下"。[9]相应地，舞蹈和幽怨的歌唱也激起了强烈的情感应和：很多时候，听众和主人公（譬如项羽）都一起即刻涕下。[10]汉代的史书里，孔子已然首先歌而涕下；[11]留名青史的刺秦者荆轲

---

[1]《毛诗正义》1-1.2a；参见《礼记正义》37.299c，39.317c，38.308c。

[2] David R. Knechtges, "The Emperor and Literature: Emperor Wu of the Han", p. 63.

[3]《史记·高祖本纪》(8.389)，《汉书·高帝纪上》(1A.74)。

[4]《汉书·李广苏建传》(54.2466)。

[5]《汉书·武五子传》(63.2757)。

[6]《汉书·武五子传》(3.2762)。

[7]《汉书·外戚传》(97A.3951)。

[8]《史记·齐悼惠王世家》(52.2001)，《汉书·高五王传》(38.1992)。

[9]《史记·项羽本纪》(7.333)、《高祖本纪》(8.389)；《汉书·高帝纪下》(1B.74)、《陈胜项籍传》(31.1817)、《李广苏建传》(54.2466)。

[10] 参见《史记·项羽本纪》(7.333)、《宋微子世家》(38.1621)、《留侯世家》(55.2047)；《汉书·陈胜项籍传》(31.1817)、《张陈王周传》(40.2036)、《武五子传》(63.2762)。请注意，纪项羽之事时，《史记》和《汉书》都提到虞姬"和"之，可能是用自己创作的歌词作为回应。但是归于她名下的这首五言诗歌没有保存在汉代的文献资料中。最早的相关材料是《史记》张守节(725—835前后)正义中的评论(参见《史记》7.334)，其中引用了归诸陆贾的《楚汉春秋》。然而，问题在于，在唐代可见的《楚汉春秋》中，究竟多大程度上还保留有陆贾的原文。参见王先谦，《汉书补注》30.17b-18a。

[11]《史记·孔子世家》(47.1944)。

（公元前227年卒），其啸歌也令听众垂泪涕泣。①个人英雄的表演展现了真实和真诚的瞬间，揭示了他们深刻的情感本源，并由此激发共鸣。此时不仅作者和歌者融为一体；据史书所载，作者—歌者和听众之间的情感距离也随之消散。在史书修辞的架构中，这些都是情感得到宣泄净化（catharsis）的纪念性时刻。历史达到了高潮，史书的叙事也抵达了限界：此刻适当的词语只能发而为歌，随泪水奔流。

五、歌诗与史撰修辞

最后，这些歌舞是在其"架构性逸事"（framing anecdotes）中为我们所知的，②随之而来的是，诗歌与叙述之间，诗人与史家之间，以及史书读者与歌舞表演的现场观众之间的一系列藩篱都被跨越消解。正如在讨论东周诗歌，尤其是那些据传是由灵与肉的苦痛而激发出来的诗歌时，史嘉柏（David Schaberg）提出的那样："尽管不难想象，某些诗歌可能的确是受难者演唱的，其所处之境遇通过支持性故事得以详述；但是证据表明多数诗歌都是由后世附会，这乃是出于人们对失志或受难这类情节所持的积极、富有创造性的历史趣味。"③的确，在不少情况下，主人公临终时刻的诗歌如何能够被忠实地记录下来并流传后世，这一点便值得怀疑。据《史记·屈原贾生列传》，屈原"作"（compose）"怀沙之赋"之后立即怀石自沉汨罗。④同样地，《史记·伯夷列传》记载在创作了绝命之辞后，伯夷、叔齐二人便绝食而死。⑤显然，在这样的情境下，似乎不可能有诗歌得以保存下来。但是，究竟是诗歌在后来被创作引入用以加强叙事，还是叙事乃围绕一首已经存在的诗歌而建构起来的呢？这个问题的答案可能因例而异，⑥然而，无论何者都表明历史叙事是由异质的资料构建而成的文本制品（artifact）。

汉代史书里的歌舞反映出当时有关文学和音乐思想的宇宙论，同时又把这一思想体系转移到了历史叙述当中。司马迁或班固这样的史家不太可能亲自创作了其笔下历史英雄的诗歌；更合理的情况是，已有充分证据表明，史家的叙事是编纂出来的，有时是以剪切和粘贴的方式从大量的资源中选择材料来编写的，这些资源包括与历史文献一道传播下来的书面和口传的传说、诗歌以及散文。对史家和他预设的读者来说，这些来源各异的信息必须融合为一个连贯、有意义、容易记忆的叙述。史家生活的年代，距离

① 《史记·刺客列传》（86.2528、2534、2537）。
② 此语出自 David Schaberg, "Song and the Historical Imagination in Early China"，指将诗歌镶嵌其间的故事架构。
③ David Schaberg, "Song and the Historical Imagination in Early China", p. 356.
④ 《史记·屈原贾生列传》（84.2486-2490）。
⑤ 《史记·伯夷列传》（61.2123）。
⑥ 在两个有点类似的例子中，诗歌很可能是先于叙事的。参见《表演与阐释：早期中国诗学研究》所载《西汉美学与赋体的生成》。同样，史嘉柏得出结论："在汉代及其以前的收集稗史的过程中，故事框架的建构乃是歌诗的准则；这种活动可以称为一种史学形式，并在当时几乎是某种文化执迷。歌诗得以保存并且代代相传的一个重要原因，就是因为人们乐于把它们和记忆里个人及公众历史的危机时刻相匹配。"见 David Schaberg, "Song and the Historical Imagination in Early China", pp. 357-358。

他所讲述给后世的事件已然相隔数十年甚至数世纪。[1]他不是事实的记录者,而是叙事的作者;他并不虚构事实,但必须判断什么信息可以传述,并且必须寻找恰当的文学形式来组织他选择的材料。在这种状况下,中国早期文学思想中的宇宙观就很自然地流入司马迁和班固这样的作者笔下,他们置身于诗歌传统,并且其自身也有相当的"赋"体文学造诣。通过在叙述中加入歌舞情节,他们并非篡改事实或者为严肃的记录添加一些藻饰;相反,在很多情况下,他们选择了这些历史记忆的表达,即主人公在悲痛和毁灭的高潮时刻的歌之咏之、舞之蹈之,因其体现了真与诚而显得弥足珍贵。但是历史学家不只是记录歌舞,而是把歌舞用于史学的修辞功能,想象历史中那些人物如何表达自己,并以那种方式来再现人物的情感。通过把主人公变成诗人,史家在这些时刻用诗歌凝练了叙事的精华,而他自己也成了一位"诗史"(poet-historian)。因此,究其本质,史家作为歌者的古老形象(或者在汉代只是投射出来的)呈现于汉代史书叙事的核心。[2]在叙述中融合诗歌是对"诗言志,歌永言"的确证。[3]在汉代史书语境中,这一对记忆的承诺延伸到了叙述当中。不但史书保存了有关早期历史人物的诗歌,在后代的历史想象里,对诗歌的记忆也帮助保存了历史叙事的鲜活。

一定程度上,对记忆的承诺基于某种古今共有的假说,亦即:"诗的形式首先是出于记忆术上的诉求,用稳固持久的方式保存那些巩固身份认同的知识。"[4]在早期中国,诗歌的这种功能可见于祖先祭祀这种共缅仪式本身,祭祖采用的仪式颂歌和青铜铭文便多为韵文。就像东周和西汉史书里的一样,这些礼仪文本里的诗歌不妨视作历史的浓缩,它采用加强的、形式化的受限语码,保存着比原本的指涉范围更广的叙述核心。这种语码不仅保存了过去,而且最重要的是定义了过去。[5]仪式颂诗和青铜铭文中并不包含广泛、松散、模糊的杂多历史知识,而是严格限定并控制着记忆的内容和方式。[6]相同的机制在早期史书中同样有效,其中,诗歌一般而言并非用于增加史实知识,尽管有几例诗歌构成叙事本身,但这些都显然是史家不用叙述形式,而采用诗歌的刻意选择。通过仪式化的表达,诗歌缩小而非扩大了记忆的范围。事实上,有一个案例结合了诗歌的史学和仪式用法:据《史记》和《汉书》,原本由即将辞世的高祖刘邦本人创作并表演的《大风歌》,之后在公元前195年到公元前141年间曾于祭奠他的祖庙中表演。[7]或许还有其他诗歌也是以这种形式得以保存。而另一方面,即便只是复述某个英雄故事,如果重新表演了他的诗歌的话,这本身就是一种共缅仪式,本质上无异于祖先祭祀。

---

① 一个例外就是司马迁的历史叙述延伸到了他所身处的时代。

② 关于史家作为歌者,参见《诗大序》《毛诗正义》1-1.3c。

③《尚书正义》3.19c。"永"和"咏"双关有明显的意图,如《古文尚书》为孔安国注所承认。

④ Jan Assmann, *Das kulturelle Gedächtnis: Schrift, Erinnerung und politische Identität in frühen Hochkulturen*, München: C. H. Beck, 1992, p. 56.

⑤ 我将仪式语言称为"受限语码"是引自 Maurice Bloch, "Symbols, Song, Dance and Features of Articulation: Is Religion an Extreme Form of Traditional Authority?", *European Journal of Sociology* 15.1, 1974, pp. 55-81.

⑥ 进一步的详细分析参见 Martin Kern, *The Stele Inscriptions of Ch'in Shih-huang: Text and Ritual in Early Chinese Imperial Representation*, pp. 148-154, 以及《表演与阐释:早期中国诗学研究》所载《作为表演文本的诗:以〈小雅·楚茨〉为个案》。

⑦《汉书·礼乐志》(22.1045),《史记·乐书》(24.1177)。

早期诗歌承载着真与诚的重量，传达出历史瞬间的精粹，以及彼时作者—歌者的角色，这并不会受限于其上下文叙述的可信度。事实上，现代读者看来或许毫不可信的叙述，在汉代史家及其预设的读者看来，却显然是富有意义和连贯性的。问题并不在于屈原在临终之际是否真的创作（并表演了）《怀沙》，而在于，正如史家在众多文献资源中认为，这首歌可以被当作屈原之哀伤的真挚表达，因此它适合出现在屈原命运的高潮时刻，并在死亡迫近的阴影中得以升华。按照这一逻辑，叙述细节的可信度就并不重要，重要的是诗歌本身是合乎情理的，唯一要求的是围绕它建构起某些松散叙述。①歌诗凝练了危急时刻的戏剧本质，但并不对叙述提供解释。可能恰恰相反：至少在某些例子中，叙述指引着读者去阅读诗歌，本身却只提供一些零星的历史语境，包括作者—歌者身份、创作和表演的情境等。

这或许可以解释史书中再现诗歌表演时更具章法和可预见性的方面。歌者不但必然要落泪、起舞，多数情况下这还发生于特定的场境，亦即宴会中。当汉代史家编撰其宏伟的叙事时，这种传统已然牢牢建立。正如史嘉柏所指出，早在《左传》中，宴会就代表了早期中国仪式化的社会秩序，而诗歌的表演则定义了宴会的核心。②然而，如上所述，《左传》等记述的早期情境与《史记》《汉书》有着极为重要的差别。东周宴会所表演的诗歌通常来自既存的经典《诗》，不仅用已经语码化了的形式表达某些政治信息，并且也加强了共同的文化基础；而汉代的歌者则成为真正的"作者"。他们的语言不再主要关涉共有的文化记忆、典礼程式和道德法典；他们谈的也不是两国邦交。当是时，歌者哀叹的是个人的命运，并且用诗歌为自己创造一种特定的身份认同，也为后世留下特定的记忆。尽管依然身处宴会这种传统情境，原本其表演的和维系的是道德和礼仪成规，歌者如今则有意昭显这些社会规范的崩溃。他们展示自己的厄运，宣告决定采取极端且不可挽回的自我暴力，通常是自杀。他们在自我毁灭之前作歌，借此让自己的命运为世人所晓，让自己的名字为天下所记。

因此，把诗歌归于特殊历史人物名下，这反映了某种诗性作者的观念，尽管它在早期也不乏痕迹，③但主要通过西汉杰出史家司马迁的书写，这一点在汉代获得了新的地位。司马迁不但通过历史叙述把孔子、屈原等人物描写为文学作者；通过《报任安书》④及《史记》卒篇的《自序》，他也把自己定义为文学作者，而且进一步把文学、史学和哲学的作者身份定义为穷途而发愤的结果。同样，《汉书·艺文志》把个人的苦难描述为赋的起源。⑤换言之，史家在叙事中插入英雄于毁灭与宣泄的时刻愤而作歌的戏剧性描写，而他们为这些场景提供的基本逻辑却在别处；他们充分尊奉并进一步发展了帝国初期有关作者和诗歌创作的观念。

---

① David Schaberg, "Song and the Historical Imagination in Early China", pp. 357-378.

② David Schaberg, *A Patterned Past: Form and Thought in Early Chinese Historiography*, Cambridge, MA: Harvard University Asia Center, 2001, pp. 234-243. 史嘉柏注意到："作为一种具有通感及社会交融特征的时刻，宴会是最能清楚显示叙事之协调功能的意象，其中，叙事把故事的各个不同要素编织到一起，将其作为故事的个体单元突出之，并和其余周边资料区分开来。"(p. 243)

③ 例见 David Schaberg, *A Patterned Past: Form and Thought in Early Chinese Historiography*, p. 345, n. 54。

④《六臣注文选》41.9b-27a（四部丛刊本）。

⑤《汉书·艺文志》(30.1756)；亦可参见《表演与阐释：早期中国诗学研究》所载《西汉美学与赋体的生成》。

不难看到,这些叙述中的多数诗歌都涉及一个早期史家特别感兴趣的主题:王室的权力操纵和滥用,以及与之相关的围绕皇权更迭的斗争。此外,特别是对司马迁,"滥用权力"主题具有深刻的个人意义:设若《自序》和《报任安书》所述可信,则《史记》的启动与完成都是出于皇权滥用带来的痛苦。司马迁史家生涯的起点,系其父不得参与最隆重的封禅祭典而郁卒;而最终决定司马迁成为史家的,则是因为他遭受宫刑而绝嗣,只能选择著史而非自决,以留名后世。①

无论是司马迁,还是他的读者(包括班固)都必然注意到,吕后淫威所及的无辜皇子嫔妃的遭遇,刘去的嫔妃被诬告通奸的遭遇,都像是司马迁自己的遭遇,因为他所受的刑罚也源于被诬陷的叛国之罪。从根本的意义上来说,皇廷里正值贾祸者的诗歌和泪水都来自司马迁本人。②班固的情况虽不尽相同,但也多少类似:他首次入狱是因为私著史书;他最终死于监狱则是因为曾任职于大将军窦宪(公元92年卒)的幕府,受到窦氏被指控叛国的株连。③

把诗歌归诸著名(也著名的不幸)的历史角色,这强调了人格与历史的互相作用,并的确把历史和人格的精髓都浓缩到了诗歌里。不过汉代史书中仍有大量的诗歌并非个人作品,而是佚名的,属于类型化的、泛指的作者。这些诗歌可能是政治灾难的预兆(例如,成帝时期的一首诗歌预示了王莽的兴起),也可能是对历史事件和人物的评论(例如,长安百姓哀悼被处决亲人的悲歌)。相比于其他类型的诗歌,由于预言诗太完美地融入了事件进程,反而显示了把诗歌融入历史叙述手法的人为建构和修辞性质。正如这些例子表明的,把诗歌创作认为是即时反应的宇宙论解释模式并不必然围绕某个已知人物,它假定对所有个体皆有效,因此升格为普遍的准则。《礼记·乐记》和《诗大序》中的另一段文字,显然把诗歌作为"自然"的情感表露的特征推衍到了百姓身上,认为他们唱的是时世之艰:

> 治世之音安以乐,其政和;乱世之音怨以怒,其政乖;亡国之音哀以思,其民困。④

在这幅图景里,诗歌创作的宇宙论模式同样适用于无名之歌。不论是出自无名氏还是悲剧英雄之口,所有这些歌唱都共有宇宙论意义的真理诉求。因此在汉代史书中,佚名诗歌的"作者"可被界定为某个地域群体,如"长安百姓"(经常简称为"长安"),⑤或

---

① 司马迁所关心的留名千古在归于其名下的《悲士不遇赋》中也有表达。这首作品只有一些片段被保留了下来,第一次出现是在《艺文类聚》30.541。

② 这里,我想再次附议史嘉柏涉及《左传》的论述:"史家……不可能没意识到自身与笔下所缅怀的历史人物的共通之处。"(*A Patterned Past: Form and Thought in Early Chinese Historiography*, p. 257)

③ 班固的情况更为复杂些,因为在公元1世纪,他也是一时最杰出的学者和作家之一,但却难得晋升,这也是班固失望的另一个原因。参见 David R. Knechtges, "To Praise the Han: *The Eastern Capital Fu* of Pan Ku and His Contemporaries", in *Thought and Law in Qin and Han China: Studies Dedicated to Anthony Hulsewé on the Occasion of His Eightieth Birthday*, ed. Wilt L. Idema and Erik Zurcher, Leiden: Brill, 1990, pp. 118-139.

④《毛诗义义》1.12b,《礼记正义》37.299c。

⑤《汉书》77.3248,78.3290,87A.3584,90.3674,92.3707,93.3730,99A.4086。

者诗歌可被系于某一特定统治时期(故以此时期为名)。①还有诗歌与某一地域相关,或者传诵于"天下"②"百姓"③"闾里"④"民"⑤"俗"⑥。除此而外,还有一类匿名诗就是童谣儿歌,⑦通常称作"歌""谣"或者"歌谣"。在许多其他情况下,押韵的简短对句常被当作格言或者民谚(称"语""谚""谚语""俗语""鄙语""里语""里谚"等),在百姓之间流传。⑧比起归诸特殊人物的那些更精致的诗歌而言,这样的佚名诗歌和谚语甚至更容易进入历史传说。毫不奇怪的是,许多被认为出自普通百姓之口的佚名作品仅仅出现在汉代以后的资料里。⑨

本文的结论是,不论叙事围绕归诸历史英雄的诗歌而建立,还是预言或判断性歌谣谚语回溯性地充实了叙事,对汉代诗歌文化的讨论都不能脱离汉代的历史编纂文化。太多诗歌被融入了太具章法的叙述中,使我们相信,在多数例子里,诗歌和历史事件从一开始就是彼此结合的。是作者的秩序之手把无名诗歌归整进了政治进程的预言之中,让个人的绝望毁灭在诗歌中达到高潮,并且在诗歌表达极度悲痛的时刻,让主人公"泣数行下"。然而,运用文学技巧的历史编纂被认为合情合理的原因在于:无疑,在史书之外,当时还普遍存在着某种诗歌文化,所涉远远超过了史家所关注的典范人物和危机时刻。这种文化包括国家祭祀颂诗、乐府活动,新的,往往是地域性的音乐及诗歌风格大量传入,以及都城及各地街头巷尾谣曲的传播。为了使诗歌和谚语的历史编纂功能被认可并有效力,它们就必须是在汉代日常生活中人们熟悉的、准自然的表达模式。我怀疑这也促使后世学者把大量的诗歌定为汉代。对于文学传统而言,这些诗歌作为汉诗才获得意义。

随着口头歌诗融入史书之中,书面的历史编纂便与歌谣文化发生了联系。许多传说的最终版本通过史书而得以定型;史家获取这些传说的途径可能是口头传承的逸事,它们不仅被一再转述,并且尤其和融入其中的诗歌一起被一再表演。或许是故事围绕着诗歌建立,或许是诗歌植入进故事,无论哪一种情况,诗歌都发挥了作为记忆手段的功能。我们与这种诗歌文化之间的距离不仅是两千年的历史,更关涉文本传统的变迁,其中,书面文字日益占据主导地位。然而,尽管书面的历史著作这种纪念碑式的中国传统像一堵重墙一般,矗立在我们和古人的吟唱之间,这堵墙上仍然留有一扇小窗。

本文原载柯马丁著,郭西安编:《表演与阐释:早期中国诗学研究》,北京:生活·读书·新知三联书店,2023年,第203-234页,略有改动。

---

① 《汉书·五行志》(27B-A.1396)。
② 《史记·外戚世家》(49.1983),《汉书·匈奴传上》(94A.3755)。
③ 《史记·曹相国世家》(54.2031);《汉书·萧何曹参传》(52.2384),《汉书·元后传》(98.4024)。
④ 《汉书·游侠传》(92.3707)。
⑤ 《史记·淮南衡山列传》(118.3080);《汉书·淮南衡山济北王传》(44.2144)、《冯奉世家》(79.3305)、《佞幸传》(93.3727);《前汉记》151b, 2a(四部丛刊本)。
⑥ 《汉书·王贡两龚鲍传》(72.3077)。
⑦ 《史记·魏其武安侯列传》(107.2847);《汉书·五行志》(27B-A.1395)、《窦田灌韩传》(52.2384)、《翟方进传》(84.3440)。
⑧ 逯钦立《先秦汉魏晋南北朝诗》辑录了大量的这类谚语(1.128-143)。
⑨ 同上。

普遍主义、相对主义与陌异经验*

——跨文化哲学的现象学进路

何康[①]

摘 要：跨文化哲学面临着"复数中的普遍化悖论"或"文化性的两难困境",文化的多元性与哲学的普遍性要求之间存在着张力和冲突。普遍主义设定了普遍性的优先性,无论是回溯到人类学的共同性,还是回溯到理性的统一性,甚至"理性在多元声音中的统一性",都未能兼顾文化的多元性,未能真正尊重其他文化的陌异性。相对主义设定了多元性的优先性,无论是球体模型,还是实用主义基础上的语境主义,都放弃了普遍性,放弃了文化间交流的可能性。胡塞尔现象学对"陌异经验"(Fremderfahrung)的分析,特别是对"家乡世界—异乡世界"(Heimwelt-Fremdwelt)的分析,第一次将跨文化经验带入理论讨论中来。胡塞尔描述了家乡世界中的陌异性和异乡世界中的亲熟性,刻画了陌异性的不同梯度和等级。普遍主义和相对主义正是陌异经验之片面化理解的结果,是陌异经验的"黑白画"。陌异经验现象学为走出普遍性与多元性的两难困境提供了一条独特的思路。

关键词：跨文化哲学;普遍主义;相对主义;陌异经验;家乡世界

近年来,在跨文化哲学对普遍性和多元性之间的张力的讨论中,陌异经验的现象学愈发受到关注。陌异经验现象学不先行假设普遍性或多元性的优先性,而是描述本己文化与其他文化的遭际过程,并用"家乡世界—异乡世界"这一理论框架加以刻画。对胡塞尔相关思想的研究多聚焦于现象学中的主体间性问题和生活世界概念,其理论意涵在跨文化哲学中几乎从未得到展开。本文尝试系统化胡塞尔手稿中对"家乡世界—异乡世界"的刻画,展现这一进路相对于普遍主义和相对主义的优势及其对跨文化哲学的意义。

---

* 本文受国家留学基金管理委员会"国家建设高水平大学公派研究生项目"资助(项目编号：201806100146)。
① 作者何康,维也纳大学哲学系博士候选人。

一、跨文化哲学及其任务

跨文化哲学（Intercultural Philosophy）诞生于 20 世纪 90 年代，随着殖民地的解放、美苏争霸格局的瓦解，哲学上的"后殖民"哲学兴起，非西方的思想传统越来越多地发出自己的声音。随着西方哲学自身的发展，西方哲学的普遍主义、欧洲中心论逐渐受到挑战，西方哲学的普遍主义导致东亚、阿拉伯、非洲等文化领域的思想长期被压制，无法发出自己的声音。在西方哲学内部兴起了反思西方哲学的思潮，哲学概念并非一成不变，而是在持续争论中，跨文化哲学也是其中不可忽视的一个维度。跨文化哲学并非部门哲学，不属于本体论、认识论、伦理学等哲学分支，而是关系到整个哲学，因为哲学的普遍性必须跨越文化的相对性。

除了是对政治环境变化的感知，跨文化哲学同时也是哲学本身的诉求。哲学自诞生以来一直受西方主导，哲学诞生于大约公元前 600 年的古希腊，希腊人发现我们在世界中遭遇的"多样性"可以就其"相互关联"或"统一性"来思考。"赫拉克利特是第一个将我们称为世界的这种统一性标识为'宇宙'的人。"[1]在赫拉克利特看来，世界是一个相互关联的整体，"万物〈事实上?〉为同一〈物〉"[2]。"他们不理解，为何〈它〉在与自身一致的同时，又有所差异（或：不相一致）。就像弓或竖琴〈那样〉，〈存在〉一种反弹式的关联。"[3]弓和竖琴的比喻表明两种相互对立的力量或者状态被紧绷的弦联结成一个整体。此外，世界也以循环的方式关联成一个整体。"火经历土之死，空气经历火之死；水经历空气之死，土经历水之死。"[4]水火土气的循环遵循同样的"比例""法则""尺度""法律"，即逻各斯（λóγoς）。"海〈从土中〉涌出，并以它转化为土之前的同一比例被衡量。"[5]"太阳〈神〉不会越过〈他的〉尺度。"[6]世界统一于逻各斯，而逻各斯是普遍的，适用于一切事物。如同一座城市的法律适用于所有人，逻各斯更是一种超越人的法律的"神的法律"[7]。

人必须通过理性来认识逻各斯，否则就会如大多数人一样即使听闻了也不理解。"但于此恒久有效的逻各斯，人们总证明其不解，无论在听到之前，还是闻及之后。"[8]"灵魂拥有逻各斯，它自我提高。"[9]对于赫拉克利特来说，他所发现的世界并不是一个特殊的希腊世界，而是一个统一的世界。希腊语中的"野蛮人"一词意指不会说希腊语的

---

[1] Niels Weidtmann, *Interkulturelle Philosophie：Aufgaben - Dimensionen - Wege*, Tübingen：A. Francke Verlag, 2016. S.11.

[2] Heraclitus, Fragment 50，本文征引的赫拉克利特残篇均依据：赫拉克利特：《赫拉克利特著作残篇》，T. M. 罗宾森英译，楚荷中译，桂林：广西师范大学出版社，2007 年。

[3] Heraclitus, Fragment 51.

[4] Heraclitus, Fragment 76a.

[5] Heraclitus, Fragment 31b.

[6] Heraclitus, Fragment 94.

[7] Heraclitus, Fragment 114.

[8] Heraclitus, Fragment 1.

[9] Heraclitus, Fragment 115.

人，①这一说法意味着，所有文化的人都应该超越自己的特殊世界，走向一个以逻各斯和理性为核心的统一世界。在赫拉克利特这里，"哲学成为理性的代理人，理性在文化相遇之前总是已经必须被设为前提了。在那里跨文化哲学实际上没有任何意义。"②

在西方主导的哲学概念之下，其他文化及其思想也以西方的标准被衡量，黑格尔是为人熟知的典型。在他看来，"孔子只是一个实际的世间智者，在他那里思辨的哲学是一点也没有的——只有一些善良的、老练的、道德的教训，从里面我们不能获得什么特殊的东西"③。而《易经》中的图形虽然是"极抽象的范畴""最纯粹的理智规定"，但是仍然停留在浅薄的层面，并不深入。"所以他们是从思想开始，然后流入空虚，而哲学也同样沦为空虚。"④老子的"道"被看作是"原始的理性"⑤，而"无"被等同于希腊人说的"绝对、上帝是一"，是最抽象的最无规定的最高本质，但是"对于一与多的关系，对于多，对于殊异的本身乃毫无所说"，停留在抽象思维的开始阶段。⑥黑格尔将撒哈拉以南的非洲人民视为没有历史的人民，认为非洲不属于世界历史的部分，因为它没有任何运动和发展："我们对非洲的真正理解是，非洲是非历史的，没有被开发的精神，它仍然完全被自然精神把捉。"⑦没有历史，自然也不可能有哲学。

胡塞尔是否持有欧洲中心论立场存在诸多争议，但确定的是，在胡塞尔看来哲学是由作为精神统一体的欧洲创立，其他民族都未能脱离实践态度，达到纯理论态度，诸东方哲学受限于"宗教—神话态度"。⑧然而，胡塞尔思想同样在"家乡世界—异乡世界"问题域中包含着对其他文化之陌异性的尊重，据此瓦登费尔茨（Waldenfels）认为胡塞尔仍"受缚于西方思想的偏见"，对其陌异性思想引发的可能后果持模棱两可态度。⑨在1935年的维也纳演讲《欧洲人的危机与哲学》中，胡塞尔虽然认为唯有欧洲人提出了"永恒之极点的理想生活""无限的目的"，"欧洲人的这种精神上目的（其中包括特殊民族的以及个别人的特殊目的）存在于无限之中，它是一种无限的理念，可以说，整个的精神的生成都是以处于隐蔽之中的这种理念为目标的"⑩，但同样承认这个理想只是一种"预感"⑪，认为"不允许将任何认识的路线、任何单个的真理绝对化，孤立化"⑫。欧洲对此并不具有特权，欧洲同样也会误入歧途，正是启蒙运动时期的理性主义这一歧途为欧洲带来危机。启蒙运动时期的理性主义是一种特殊的理性主义形态，但它却自认为是真正的、普遍的理性主义，进而导致自然主义和精神的自然化。"旧的理性主义——它是

① Vgl. Niels Weidtmann, *Interkulturelle Philosophie: Aufgaben - Dimensionen - Wege*, S.131.
② Ebd., S. 133.
③ 黑格尔：《哲学史讲录》第一卷，贺麟、王太庆译，北京：商务印书馆，1983年，第119页。
④ 同上，第122页。
⑤ 同上，第126页。
⑥ 同上，第131页。
⑦ Hegel, Werke12, *Vorlesung über die Philosophie der Geschichte*. Frankfurt am Main: Suhrkamp, 1970, S.129.
⑧ 胡塞尔：《欧洲科学的危机与超越论的现象学》，王炳文译，北京：商务印书馆，2017年，第401页。
⑨ Bernhard Waldenfels, "Verschränkung von Heimwelt und Fremdwelt", in Ram A. Mall und Dieter Lohmar, Hrsg., *Philosophische Grundlagen der Interkulturalität*. Amsterdam: Brill, 1993, S. 53-65, S. 60.
⑩ 胡塞尔：《欧洲科学的危机与超越论的现象学》，第390页。
⑪ 同上，第391页。
⑫ 同上，第411页。

一种荒谬的自然主义，并且没有能力从根本上把握直接与我们有关的精神问题……"① 海德格尔同样也有欧洲中心论倾向，在《这是什么——哲学？》中他说道："经常听到的 '西欧哲学'这个短语实际上是同义反复。为什么？因为'哲学'本质上是希腊语……"② "希腊语和其他欧洲语言不同，它本身就是逻各斯，它所说的和所意指的是直接同一 的。"③虽然海德格尔有欧洲中心论倾向，但是他有所保留，他同时希望能够将亚洲思想 带入讨论中来。

西方主导的哲学概念导致其他文化传统及其哲学长期以来不受关注，非西方传统 也很难出现在西欧的哲学课程中。其他文化传统的思想家不被接受为哲学家，其思想 也不被接受为哲学。其他文化中的哲学遭受一种维尔杜（Wiredu）所说的概念的殖民， 在他们自己的概念被接受为哲学概念之前，已经被西方的概念所统治和吸收，其思想也 被按照西方的标准划分为本体论、认识论、伦理学等，因此维尔杜呼吁"概念的去殖民 化"（Conceptual Decolonization）。④

雅斯贝尔斯提出"轴心时代"的观点，成为跨文化哲学的先驱。雅斯贝尔斯认为，在 公元前800年到公元前200年产生了一个精神过程，确切地说是公元前500年左右，在 中国、印度和西方这三个地区，"人们开始意识到其整体的存在、其自身的存在以及其自 身的局限"⑤。人们探究世界的统一性和意识到人自身的有限性，提出了最为根本的问 题。这时人们开始了对"人之存在"的反思。"意识再次意识到了其自身，而思想指向了 思想本身。"⑥一切无意识接收的观点、习俗都经受了思想的检验，受到质疑，神话提供的 世界解释也被质疑和改造。人们开始以思想、理由和经验去说服他人，各个学派形成和 分裂，但仍在对立中保持着关联。轴心时代"产生了我们至今思考的基本范畴，创立了 人们至今赖以生存的世界宗教的萌芽"⑦，为所有之前和之后的时代提供了"问题和尺 度"⑧，后世所有的重要的精神突破都会一再返回轴心时代的精神发现。雅斯贝尔斯反 对黑格尔将中国、印度和西方作为精神发展之辩证序列的诸阶段的做法，认为黑格尔的 历史哲学是以基督教信仰为基础的历史哲学，在这种历史哲学中，历史的发展是上帝在 历史上的活动。"但基督教是一种信仰，却不是全人类的信仰。"⑨西方、印度和中国这三 个地区并无历史关联，在各自独立毫无接触的情况下各自走入轴心时代。在雅斯贝尔 斯看来，中国的隐者和云游思想家、印度的苦行僧、希腊哲学家、以色列的先知们"尽管 在信仰、思想内容、内在状态上截然不同，但全都属于哲学家之列"⑩。在雅斯贝尔斯的

---

① 胡塞尔：《欧洲科学的危机与超越论的现象学》，第420页。

② Heidegger. *Identität und Differenz*, Frankfurt am Main：Vittorio Klostermann，2006，S.9-10.

③ Ebd.，S.13.

④ Kwasi Wiredu，*Cultural Universals and Particulars：an African Perspective.* Bloomington：Indiana University Press， 1996，pp.136-144.

⑤ 雅斯贝尔斯：《论历史的起源与目标》，李雪涛译，上海：华东师范大学出版社，2018年，第8页。

⑥ 同上，第9页。

⑦ 同上，第9页。

⑧ 同上，第15页。

⑨ 同上，第7页。

⑩ 同上，第10页。

轴心时代理论中,中国、印度和西方具有平等地位,不同文化及其哲学受到同等尊重。三个地区以各自的方式探究了世界的整体性和人的有限性,整体性本身的文化基础得到凸显。基督教不再是欧洲中心论视角下的全人类的信仰,各个民族各自在轴心时代产生了自己的哲学和宗教。

雅斯贝尔斯的轴心时代思想与黑格尔式西方主导的哲学概念之间的差异也展示出"哲学"概念本身的争议性,西方的哲学概念并非一成不变,不同时代、不同学派各自有对哲学的独特理解,甚至处于对立之中。在跨文化哲学视野下,多元文化的独立性和平等地位得到尊重,但哲学必然包含对普遍有效性的追求。如何面对这种多元性与普遍性的冲突,成为跨文化哲学需要思考与回答的问题。

二、普遍主义和相对主义的解决方案

跨文化哲学一开始就面对着瓦登费尔茨(Waldenfels)所说的"复数中的普遍化悖论"(das Paradox einer Universalisierung im Plural)[1],或维默(Wimmer)所说的"文化性的两难困境"(das Dilemma der Kulturalität)[2]。倘若我们遵循哲学的普遍有效性要求,那么文化多样性及其他文化的陌异性这一事实则被遮蔽,如果我们承认多种文化各自的特殊世界,那么哲学便失去了其普遍有效性。面对这一困境,哲学家们给出了普遍主义(Universalismus)和相对主义(Relativismus)两种解决方案。

一种普遍主义方案把跨文化的统一性回溯到人类学。苏科普(Sukopp)认为,不同文化背景的所有人都有"满足基本需求的兴趣"。在此基础上他指出自然发展和逻辑作为"人类理性之共同核心"的普遍有效性。[3]维尔杜(Wiredu)谈到"普遍规范的生物学基础"[4],在他看来,"正是我们共同的基本生物学奠定了我们所关心的人类所有成员的特殊的心理亲和性"[5]。霍伦斯坦(Holenstein)也强调不同文化之间的相似性。他观察到尽管诸语言之间存在差异,但是可以发现适用于所有语言的基本规律。他认为特定的手势在不同语言中虽然具有不同的意义,但是意义的秩序遵循特定的法则,例如"是"和"否"是由两种相互对立的运动模式构成,如果垂直运动用于表示"是",就像我们点头一样,那么水平运动则用于表示"否",就像我们摇头一样。在另一种文化中,如果垂直运动表示"否",那么水平运动则表示"是"。霍伦斯坦还引用了达尔文的观点,即婴儿表示否定的姿势可以追溯到其头部避开母亲乳房的动作。[6]这种把文化普遍性奠基于人类

---

① Bernhard Waldenfels, "Verschränkung von Heimwelt und Fremdwelt", S. 63.

② Franz Martin Wimmer, *Interkulturelle Philosophie. Eine Einführung.* Wien: WUV, 2004, S. 9.

③ Thomas Sukopp, "Wider den radikalen Kulturrelativismus - Universalismus, Kontextualismus und Kompatibilismus", in *Aufklärung und Kritik 12*, Heft 2 (2005), S. 136-154, P.140, 148.

④ Kwasi Wiredu, *Cultural Universals and Particulars: An African Perspective*, pp.34-41.

⑤ Ibd. p.34.

⑥ Elmar Holenstein, *Menschliches Selbstverständnis: Ichbewusstsein - Intersubjektive Verantwortung, Interkulturelle Verständigung*, Frankfurt am Main: Surkamp, 1985, S.144.

学的做法的问题在于，我们关注的是文化的差异而非生物的差异。一方面，对生物共性和差异的追溯可能带来种族主义的风险，即从种族差异基础上寻找其共性。种族理论之父戈比努（Gobineau）虽然认为不同人种在绝对意义上是平等的，只是能力有别，但"尽管他的愿望很好，这一错误却会使他不自觉地把一切种族歧视和利用种族歧视的意图合理化"①。另一方面，我们关注的是文化差异，而非生物差异。生物层面的相同性反而是文化差异的基础，如在同样的饮食需求基础上形成了不同的饮食文化，在同样的生物学身体基础上形成了不同的舞蹈风格。

另一种传统的普遍主义方案以理性的统一性为核心。柏拉图把人的灵魂分为了欲望、激情、理性三个部分。在"灵魂马车"比喻中，激情这匹驯良的马和欲望这匹顽劣的马都要受到理性这一御车人的约束。②亚里士多德认为与植物和动物相比，人的独特之处在于有理性能力。长笛手的功能在于吹奏长笛，而与之类似，人的功能，即其灵魂的现实功能在于"合乎理性而活动"③。在近代，主要是康德将理性概念发展到了其最高形式。他谈到这样一个事实：人类是"天赋有理性能力的动物"，可以"自己把自己造成为一个理性的动物"④。康德的理性概念是一种普遍主义，由于参与同一个普遍理性，人们在本质上都是相同的，他们承担相同的义务并拥有相同的权利，即永远不会被工具化，而始终被视为目的本身。黑格尔同样坚持一种绝对精神的统一性，与康德的不同之处在于，黑格尔把历史引入理性的统一性之中，正如哈贝马斯（Habermas）所说："黑格尔……把历史当作是调和'一'和'多'、无限和有限的中介。"⑤"历史领域要被整合为这种存在的总体性。"⑥绝对精神通过其在历史中的自我实现把偶然性和不确定性整合到自身之中。

哈贝马斯批评罗蒂的"激进的语境主义"，反对其文化间"不可通约性"的论点。他主张"理性在多元声音中的统一性"（Einheit der Vernunft in der Vielheit ihrer Stimmen）⑦。哈贝马斯认为意识哲学中的理性的统一性忽视了语言中介的需要。他呼吁"从意识哲学到语言哲学的范式转换"⑧。他试图从语言角度兼顾文化多元性，但同时又保持了理性的统一性："真理、理性或论证等概念可以有不同的解释，也可以根据不同的标准得到运用，但是，它们在每个语言共同体中都发挥着同样的语法作用。"⑨"只有在多元性的声音中，理性的统一性才是可以理解的——从一种语言转化成另一种语言在原则上是可

---

① 克洛德·列维-斯特劳斯：《种族与历史·种族与文化》，于秀英译，北京：中国人民大学出版社，2006年，第4页。

② 参见柏拉图：《斐德若篇》，载于《柏拉图文艺对话集》，朱光潜译，北京：人民文学出版社，1963年，第120页，第131页。

③ 亚里士多德：《尼各马科伦理学》，载于苗力田主编《亚里士多德全集》第八卷，北京：中国人民大学出版社，1994年，第14页。

④ 康德：《实用人类学》，邓晓芒译，上海：上海人民出版社，2005年，第261页。

⑤ Jürgen Habermas, *Nachmetaphysisches Denken: Philosophische Aufsätze*, Frankfurt am Main: Suhrkamp, 1992. S.153-186. S.167

⑥ Ebd. S.169.

⑦ Ebd. S.153.

⑧ Ebd. S.174.

⑨ Ebd. S.178.

能的,尽管具有很大的偶然性,但终究可以理解。"①哈贝马斯的方案改进了传统的理性统一性,理性不再是一种超文化的统一性,而是从语言角度将文化的多元性包含在其中。

普遍主义的方案忽视了文化的多样性,正如列维-斯特劳斯(Lévi-Strauss)所说,否认文化多样性,"不对种族或文化加以区别,简单地宣告人生来平等,人应当博爱,这是不够的,因为忽略了触目可见的事实的多样性"②。斯特劳斯看到,古希腊人把所有不属于希腊文化的统统斥为"野蛮"和"未开化"。"野蛮"一词原指杂乱、含糊不清的鸣叫,一种与人类有意义的分节音语言对立的声音,"未开化"一词原指"森林的",一种与人类对立的动物的生活方式。这是人们对陌生人的愚昧反应,是对陌生人最起码的生存现实的剥夺,在他看来,"野蛮人,是相信存在野蛮性的人"③。哈贝马斯"理性在多元声音中的统一性"的方案看似兼顾了不同语言的差别,但先行假定了一种理性的统一性,并没有真正把其他文化作为"陌异"文化来看待。斯汀格(Stenger)对此批评道:"普遍主义隐含着统一性定理,该定理总是已经分配了所有的多样性和差异,将它们相互比较,并允许它们以'声音的多元性'的形式出现。这意味着所有文化都代表着不同的表象,最终回到一种普遍的文化意识,即将这种文化意识作为目标形态。"④

与康德同时代的哈曼(Hamann)和赫尔德(Herder)从语言角度对康德的理性概念提出批评,认为其忽视了语言的多样性。在赫尔德看来:"语言是人的本质所在,人之成其为人,就因为他有语言。"⑤"没有语言,人就没有理性,而没有理性,也就没有语言。"⑥通过语言,赫尔德将被理性统一性遮蔽的文化差异带入视野中。赫尔德主张"文化的球体模型"(das Kugelmodell der Kulturen),文化是球形的,内部同质,对外封闭。按照这种比喻,每个文化有其实体性的、不变的本质,仅仅在其内部的诸多生活形式中体现出来,文化以其本质为中心,与其他文化有根本的区别。赫尔德在其1774年的论文《也是人类教育的历史哲学》中说道:"每个民族在自身中都有其幸福中心,就像每个球都有其重心一样!"⑦每个文化如同一个球体,其特征在于对内的同质化要求和对外的划界要求。对内,一种文化塑造了整个民族和个人的生活,使得每一行动和每一物体都成为其组成部分;对外,一种文化应该和其他文化相区别。依据球体模型,球体之间可以靠拢、碰撞或疏远,却不能交流、理解和融合。对此韦尔施(Welsch)批评道:"倘若当代文化实际上是以球体方式组织起来的,那么尽管做出了种种善意的努力,但由于系统性原因,文化间共存与合作的困难却无法消除或解决。但我的观点是,将当代文化描述为球体是错误

① Jürgen Habermas, *Nachmetaphysisches Denken:Philosophische Aufsätze*. S.155.
② 克洛德·列维-斯特劳斯:《种族与历史·种族与文化》,第14页。
③ 同上,第13页。
④ Georg Stenger, *Philosophie der Interkulturalität: Phänomenologie der interkulturellen Erfahrung*(2. Auflage), Freiburg/München: Karl Alber GmbH, 2020, S.25.
⑤ 赫尔德:《论语言的起源》,姚小平译,北京:商务印书馆,2009年,第24页。
⑥ 同上,第35页。
⑦ Johann Gottfried Herder, *Auch eine Philosophie der Geschichte zur Bildung der Menschheit*. Frankfurt am Main: Suhrkamp Verlag,[1774]1967, S.44.

的。事实上，我们的文化不再具有同质性和分离性的形式，而是相互渗透的、混合的。"①

罗蒂（Rorty）是当代相对主义的典型代表，他主张"语境主义"（Kontextualismus）。与哈贝马斯不同，罗蒂主张"抛弃'超文化的合理性'的任何残余"②。罗蒂区分了协同性和客观性，认为那种把真理理解为与客观性相符的，也即使得协同性以客观性为基础的人可以被称为实在论者。与之相反，那些不希望把客观性归结为特定文化群体的协同性的人，他们既不需要形而上学，也不需要认识论，他们是实用主义者。罗蒂本人归属于后者。从古希腊到启蒙时代的西方文化传统，都是由协同性转向客观性以使得人类生存具有意义的明显例子。这种诉求是源于两种形而上学的安慰，第一种安慰是认为生物种族团体的成员具有某种"权利"，从而使得我们的种族与非人的实在相联系，从而赋予该种族以尊严，这成为西方民主政治的基础；第二种安慰是认为我们的社会不会毁灭，即使文明毁灭了，人仍然会得到那曾是我们社会之荣耀的德性、见识和成就。③罗蒂认为渴望客观性是害怕社会消亡的一种隐蔽形式。在罗蒂看来，"渴望客观性并非渴望逃避本身社会的限制，而只不过是渴望得到尽可能充分的主体间的协治一致，渴望尽可能地扩大'我们'的范围"④。客观性是特定种族团体的协同一致，应当抛弃真理和信念的传统区分，在当前的好的信念和可能的更好的信念之间，永远存在着继续改进的余地。"真"并非如实在论者所认为的在一切社会中具有相同的意义，而是"只是对我们的信念的一个赞词"⑤，说明这个信念已经被充分加以证明，以至于不需要进一步的证明。罗蒂承认自己的理论是"种族中心论"，尽管这令其不得安慰。"成为种族中心论者，就是把人类区分为两大类，我们只须对其中一类人证明自己的信念正当即可。这一类（即我们自己的本族）包括那些持有足够多的共同信念以便进行有益的对话的人。"⑥罗蒂认为追求客观性和自由民主的启蒙精神并无过错，"过错只在于企图把他们的努力看作未能达到他们并不曾企图达到的东西：证明我们的生活方式'客观地'优于一切其他可能的生活方式"⑦。这也就否认了超越文化的合理性，限制了共识的范围，共识仅限于自己的民族团体内部和与之有足够的共同信念的种族团体。但其主张切中事实的是，任何对"真"的信念和最好生活方式的提出都已经基于特定种族团体，文化多元性得到保存，生活方式的多样性得到尊重。

正如哈贝马斯所批评的，罗蒂的种族中心主义的局限在于，把文化间理解的过程刻画为单方面从我们的解释视野出发对外来事物所做的"同化"，可是在严重分歧的情况下，不仅"他们"有必要从"我们"的视野理解事物，而且"我们"也应该从"他们"的视野理解事物。"如果我们没有机会向他们学习，他们也将永远无法真正有机会向我们学

① Wolfgang Welsch, "Was ist eigentlich Transkulturalität?", in *Kulturen in Bewegung: Beiträge zur Theorie und Praxis der Transkulturalität*, 25-40. Bielefeld: Transcript Verlag, 2012, S.27.

② 理查·罗蒂：《哲学和自然之镜》，李幼蒸译，北京：生活·读书·新知三联书店，1987年，第420页。

③ 同上，第419页。

④ 同上，第410页。

⑤ 同上，第411页。

⑥ 同上，第418页。

⑦ 同上，第422页。

习。"① 罗蒂的种族中心主义预设了自己民族文化的特权地位，导致一种文化间的不平等关系，无法解决冲突，反而会使冲突加剧。

维默（Wimmer）将普遍主义和相对主义的解决方案归纳为四种中心主义，②普遍主义对应其中两种。（1）扩张中心主义（expansive centrism）。这种中心主义认为对于某件事的"真理"，或者"最优"的生活方式已经达到，自己民族具有真正的信仰，而其他民族及其文化都是边缘性的，是迷信和落后。中心的任务是传播和扩张，最终取消一切其他文化，这是一种排他性的普遍主义。（2）融合中心主义（integrative centrism）。这种中心主义同样坚信自己的思维方式和生活方式客观上更优越，并且具有巨大的吸引力，它本就足以吸引和整合其他文化，所以不需要采取任何行动来战胜对手。这两种中心主义，都是坚信自己的思维方式和行为方式的优越性，对外界没有任何期待。二者本质上都是排他性的，只是程度不同，对它们来说其他文化及其哲学都没有存在的必要。

另外两种中心主义与相对主义对应。（3）分离或者多重中心主义（separative or multiple centrism）。这种中心主义承认存在众多独立的中心，承认几种或者多种信念并存，强调多元，而非同质性。每个中心的任务是保护各自的身份，虽然可以相互容忍，但是不允许对自己的"真理"和"价值观"产生任何影响，相互之间没有任何对话。这是一种激进的相对主义，其危险在于，差异被视为不可克服的，普遍性彻底消失。（4）试探性的或暂时的中心主义（tentative or transitory centrism）。这种中心主义同样坚信自己的正确性，但是允许其他人持有不同的观点。我"绝对确信自己的观点，这甚至可能是充分理解他人信念的必要条件"③。这种中心主义承认其他文化，承认和自己不同甚至相反的见解，与分离中心主义不同的是，它承认说服的必要性，这是一种温和版本的相对主义。这两种中心主义的共同点是，多元性优于统一性，且认为自己是绝对正确的。

三、陌异经验现象学：家乡世界（Heimwelt）与异乡世界（Fremdwelt）

普遍主义和相对主义预先假定了普遍性或多元性的优先地位，并没有公正对待跨文化经验。在此意义上，斯汀格（Stenger）认为普遍主义和相对主义相互依赖，互为前提。在他看来，现象学方法具有独特的优势，因为它并不先行假定统一性或者多元性，预先假定诸文化及其统一或对峙，而是在对象的显现方式，即"如何"（Wie）中确定对象的"所是"（Was）。现象学并不将文化间的相互理解还原为特定的形式条件和形式标准，而是作为一种"工作哲学"关注现象自身，关注文化的实际的构成、遭遇、自我塑

---

① Jürgen Habermas, *Nachmetaphysisches Denken：Philosophische Aufsätze*, p.178.

② Cf. Franz Martin Wimmer, "Cultural Centrisms and Intercultural Polylogues in Philosophy", *International Review of Information Ethics 7 (2007)*, pp. 82-89.

③ Franz Martin Wimmer, "Cultural Centrisms and Intercultural Polylogues in Philosophy", p.85.

造。①怀特曼（Weidtmann）认为，"他（胡塞尔）是明确论及跨文化经验的第一人"②，因为胡塞尔在陌异经验的讨论中第一次将他者当作"原初不可通达者"（das original Un-zugängliche）来看待，第一次看到了他者的陌异性。③因此有必要回溯到胡塞尔对跨文化经验的现象学描述，这集中体现在他对"家乡世界"和"异乡世界"之关系的讨论中。

在胡塞尔对主体间性的问题的讨论中，在讨论了如何从身体出发，依靠类比超出原真领域，从而构造出他者之后，在《笛卡尔沉思》第五十八节，胡塞尔讨论了一个新的意义层次："他在个人的和共同体化的劳作生活中，必然与其他人一起制造出一个文化的世界，一个充满人的意义的世界。"④这个文化世界的构造也涉及与陌异文化世界的遭遇，"我和我的文化是一种原初的与任何陌生的文化相对峙的东西"⑤。"陌异经验"（Fremderfahrung）的问题域不仅包含他人的陌异性（Fremdheit），也包括其他文化的陌异性。"主体间性"（Intersubjektivität）问题也蕴含着"文化间性"（Interkulturalität）的维度。

在后期的手稿中，胡塞尔用"家乡世界"（Heimwelt）和"异乡世界"（Fremdwelt）⑥来标识这一本己的文化世界和陌生的文化世界。家乡世界是一个熟悉的人和事物的整体，我们已经预先对其中的"类型"（Typen）具有"亲熟性"（Vertrautheit）。首先，我们在家乡世界中预先熟悉了具体事物的类型。我们依据已有的类型预期稳定地存在着的事物对象。在因果关系中预期还没有经验到的东西，以及预期在知觉中短暂出现的东西将继续延续。被预期的东西，都已经在类型上预先熟悉，它们曾经被我们所经验到，将来也将再次被经验到。与之对应，面对陌生世界中的对象，我们无法在类型上把握，无法做出预期。"我走入一个完全陌生的环境之中，我对其中个别物的类型完全不了解：植物，但却是陌生的物种；一块土地，但却种植着我不熟悉的农作物；人们在土地上耕种，但是我对这种耕作行为的类型完全不认识。一幢房子，但却具有完全陌生的特征，它是一座寺庙呢？还是一幢国家建筑呢？我在中国，市场上的往来交易不断进行着，但却是一种完全陌生的类型。我知道他们具有某种类型，但是我完全不认识。"（Hua XXXIX，S. 59）此外，我们在家乡世界中已经熟悉了他人行为方式的类型。我们预先已经理解了他人行为的可能的动机、方式、目的、意义等。因为熟悉的人与我们共同生活在一个共同体之中，他人行为所涉及的物的类型与他人所具有的文化规定都已经预先被我理解，我可以据此对他人的行为做出预期。

家乡世界包含一个"核心"（Kern）和一个"未揭明的视域"（der unenthüllte Horizont）⑦，或者说一个核心领域（Kernsphäre）与外视域（Außenhorizont）⑧。在家乡世界内，

---

① Georg Stenger，"Phänomenologische Methode und interkulturelle Philosophie"，in *Studien zur interkulturellen Philosophie*，Bd. 9（1998），S. 167-182，S.177.

② Niels Weidtmann，*Interkulturelle Philosophie: Aufgaben - Dimensionen - Wege*，S.81.

③ Vgl.，Ebd.，S.77.

④ 胡塞尔：《笛卡尔沉思与巴黎讲演》，张宪译，北京：人民出版社，2008年，第168页。

⑤ 同上，第169页。

⑥ 主要参考胡塞尔全集第15卷《共主观性的现象学 第三卷（1929-1935）》，文稿10、11，附录11、13、14、26、27。胡塞尔全集第39卷《生活世界：对前所予的世界及其构成的阐释》文稿16、17、18，附录10、11、12。

⑦ 胡塞尔：《笛卡尔沉思与巴黎讲演》，第168页。

⑧ Husserl，Husserliana Band XXXIX，*Die Lebenswelt. Auslegung der vorgegebenen Welt und ihrer Konstitution. Texte aus Nachlass（1916-1937）*，Rohus Sowa，Hrsg.，Dordrecht: Springer，2008. S. 96-99. 以下凡引此卷，仅标注卷号和页码。

我们对其中的事物的类型、人的行为、共同的文化物都具有亲熟性,而这种亲熟总被一个不确定的视域所包围。从空间角度来说,我们总是处在一个近域(Nahsphäre),它必然被一个远域(Fernsphäre)所包围。个人的"此处"是其近域,而他人所处的"彼处"是其远域。共同体意义上的"我群"处于近域,而"他群"则处于远域。就时间而言,我们必然身处于历史性与世代性之中,这种历史性又进而带来对未来的预期。我们处于当前,成长进入这个世代性的链条,逐步学习和理解自己文化的过去,逐步了解其历史、神话,同时也参与到文化创造中,创制出新的意义。就他者而言,不同层次的共同体都被其他共同体所包围,儿童处于家庭中,家庭则和其他家庭一起处于部落、社区、国家之中。外视域被充实的过程中,熟悉的文化内容也会发生扩展和改变。

家乡世界的"外视域"意味着其边界的不确定性。胡塞尔使用了"球壳"(Kugelschalen)、"锥形圆环"(Kegelringen)①这两个比喻来刻画家乡世界的范围。霍伦斯坦(Holenstein)认为胡塞尔用了赫尔德"球体"(Kugel)的比喻,带来了文化的封闭性。②黑尔德(Held)则形象地将球壳比喻为一颗正在生长的"洋葱",它在家乡世界的扩展中不断长出新的外皮,但它仍然是有限的,它总是为外视域中的他者所包围。③霍伦斯坦的理解与胡塞尔不符,因为"球壳"和"锥形圆环"与球体不同,它们是多层的,每一层或者每一个圆环都处于更大和更小的圆环之间,圆环范围可以发生变化。家乡世界与异乡世界的界限具有相对性,作为共同体的"我群"没有一个固定的界限,其范围可大可小。"我群"既可以是一个家庭,也可以是村庄、城市、部族、国家。对于家庭中的小孩来说,其他家庭就是陌生的。对一个村庄或城市中的人来说,其他村庄或城市就是陌生的。对一个部落、民族来说,其他部落、民族就是陌生的。熟悉和陌生的区分与我们的生活有关,与我们的劳动和耕作有关,正是我们的生活塑造了家的形态,使它具有了新的内容。"这个家乡世界是他本己的此在的相关项。他对这个世界来说是一个人格主体,并且是他的'生活'的主体。生活这个词在这里标明的并不是一个当前的生活时刻,而是在广阔的视域中的生活。(低阶的和高阶的人性:他的总的生活作为一个整体)一种'赐予'他的生活,注定要他'承担'的生活。"(Hua XXXIX, S. 155)基于共同体的不同层次及其活动,我们获得了一个从低阶到高阶扩展了的家乡世界的概念。最低层次的家乡世界就是作为居住地的"家"。"最低的阶段是指严格意义上的家中的人,家可能是质朴的或者为人所'耕作'过的。'家'表明了什么?它的'屋子'(可能是一个洞穴,或者游牧民族的帐篷等),他的土地(他的沙漠和森林),他的田野和花园,等等。"(Hua XXXIX, S. 154)高层次的家乡世界奠基在低层次的家乡世界概念之上,进一步包括家庭、亲属、熟悉的人、村庄、城市等,进而扩展到民族、国家、大陆。

既然家乡世界与陌生世界存在着类型上的差异,那么家乡世界与陌生世界之间的

---

① Husserl: *Zur Phänomenologie der Intersubjektivität. Texte aus dem Nachlass. Dritter Teil: 1929-1935.* Husserliana XV, Den Haag: Nijhoff, 1973, S.430, S.438.

② 参见游淙祺:《欧洲的理性理念:省思胡塞尔的文化论述》,《中山大学学报(社会科学版)》2011年第3期,第97-108页。

③ Vgl. Klaus Held, "Heimwelt, Fremdwelt, die eine Welt", in *Perspektiven und Probleme der Husserlschen Phänomenologie*, Ernst Wolfgang Orth, Hrsg., Freiburg/München: K. Alber, 1991, S.315.

理解如何达成？这涉及"陌异性"（Fremdheit）的程度问题。在家乡世界中同样存在着陌异性。每个个体或共同体所经历和熟悉的是一个有限的领域，直接经验必然经历主体间接经验的修改和扩展。儿童的成长过程就是一个其熟悉领域的不断扩展和修正的过程："在我的童年，人群和历史之世代的存在之意义对于我还是隐而不显的，关于传统，我毫无所知，对于我而言，传统是不存在的。"①对成年人来说，由于直接经验的有限性，这个家乡世界的扩展过程同样没有结束。例如胡塞尔对军事和军事上的周围环境不太了解："当我自愿服役一年的时候，我认识到了其中的一个侧面，但我不是专门的职业军人。这样就在我的周围世界出现了一个新的类型，比如军人的行动，军人从事的事情，他的谈话方式，他们实践上做出反应的方式。"（Hua XXXIX，S.161）此外，对家乡世界的了解也包含间接经验："只要他接受另一些人的经验，或更确切地说，接受另一些人的经验描述，他就间接地获得关于一切未知东西的认识。"②并非每一个个体都对自己文化中的科学、宗教、艺术具有直接的经验，但通过别人的描述，他也间接有所了解。最后，每个家乡世界的当下都是由其历史的过去塑造的，个人和共同体也是在成长过程中才逐步理解了自己的历史性。③

与家乡世界中的陌异性相比，与异乡世界的遭遇带来一种更大的陌异性，甚至带来家乡世界意义有效性的断裂。然而，异乡世界并非完全的陌生，陌异性之中同样有亲熟性。"所有尚如此陌生的人，所有尚如此未被理解的人，都具有一个由熟悉的东西构成的核心，如果没有这个核心，他就根本不可能被经验，也不能被经验为陌生人。"④首先，由于共同的"先天感性"（die apriorische Sinnlichkeit）或"身体感性"（Leibessinnlichkeit）⑤，主体和陌异文化中的他者在最基础的知觉层次上具有一个共同的统一的物世界。"胡塞尔提出'先天感性'的概念来加以说明。先天感性意味着，身体性与外在世界之物（亦实时空普全之扩延与质料皆属之）之间存在相应的结构，这些结构本身具有先天形式风格。"⑥具有身体的他者同样具有与之对应的运动、本能、需求及其满足。"在周期性的需要和满足需要当中的存在，是作为进入到自然的环境世界之中采取行动的存在。"⑦就空间性而言，异己者同样具有一个亲熟的切近领域作为其家乡世界的核心，同样具有未被充实的外视域。就时间性而言，异己者同样具有自己的历史性和世代性，异乡人有"他们的家乡世界，他们的历史"⑧。

"于是问题就是，在理解行为当中我如何能够，我在多大程度上能够接受他们的（这些外乡人的）经验有效性，并能够进展到他们的家乡世界与我的家乡世界的综合。我如

① 胡塞尔：《共主观性的现象学 第三卷（1929-1935）》，王炳文译，北京：商务印书馆，2018 年，第 191 页。

② 同上，第 323 页。

③ 同上，第 333 页，第 624 页。

④ 同上，第 625-626 页。

⑤ Hussserl, *Husserliana Band IX: Phänomenologische Psychologie*, Dordrecht: Kluwer Academic Publishers, 1995, S.500.

⑥ 游淙祺：《胡塞尔论作为差异性与普遍性脉络中的文化物》，《中国现象学与哲学评论》2020 年第 1 期，第 191-213 页。

⑦ 胡塞尔：《共主观性的现象学 第三卷（1929-1935）》，第 627 页。

⑧ 同上，第 333 页。

何达到,并且如何肯定能达到一种具有决定意义的一致性呢?"[1]首先,我们可以从身体性出发,设想"就像当我在那里时那样"[2],通过模仿理解他人的活动,以及进一步理解其举、提、移动、碰撞等运动,和饮食、逃跑、预防危险、使用工具的行为。[3]其次,就共同体而言,从一开始自我就已经在不断经历共同体的一致性的打破和重建了。胡塞尔设想从两个人的共同体到三个人的共同体的扩展过程中新的意义层次被建立起来:"最初的'我们两个人'的世界继续构成为我们三个人的世界……在这当中,异己的主观之存在意义也得到了改造,我自己的存在意义……也持续地得到了改造。"[4]对异乡世界的理解过程也是同样的共同体的意义的打破、改造和重建的过程,这并非断裂,而是一个连续的过程的一个环节。最后,从时间性角度出发,要理解陌生世界中的他者,就要理解他们生活的历史视域和未来视域。陌生世界中的他人成长于代际生活共同体之中,他们有自己的历史传统,他们通过各种中介、语言、纪念品、文献等获得了对自己历史传统的理解,并且基于历史传统解释当下。胡塞尔设想,要理解中国人,"我必须如一个中国人一样掌握中国的具体的生活环境世界,掌握其中包含的活生生的历史,然后掌握流动地从属于它的活生生的未来视域。这是重构历史传统和建立可以理解的……中国历史的基础"。(Hua XXXIX, S.163)

在胡塞尔对亲熟性和陌异性之刻画的基础上,瓦登费尔茨区分了三个由低到高、逐步攀升的陌异性等级。[5](1)"日常和普通的陌异性",常见于我们日常感受到的陌异性,如旁边的邻居、街上的行人或者我们拜访的另一座城市。这种陌异性在一种"亲熟视域"中与我们相遇,这种亲熟视域使得我们仍然处于我们熟悉的生活世界和秩序形式。(2)"结构的陌异性",这是一种处于特定秩序之外的东西,比如我们不理解的陌异语言,陌异的礼仪,含义和功能不明的微笑表情。(3)"彻底的陌异性",它"外在于"(außerhalb)每种秩序的东西上,因而也被称为"不同寻常者"(Außer-ordentliche),如爱欲和死亡。然而,它仍然可以回溯到特定的秩序,它与"绝对的陌异性"不同,后者缺乏与经验的关联,缺乏被经验的可能性。瓦登费尔茨主张"家乡世界和异乡世界的交叠(Verschränkung)"[6],亦即并不存在绝对的熟悉和绝对的陌生,二者总是相互渗透、交叠、交织。

四、结论

跨文化现象学刻画了家乡世界和异乡世界中的亲熟性与陌异性,给出了陌异性的

---

① 胡塞尔:《共主观性的现象学 第三卷(1929-1935)》,第333-334页。
② 同上,第629页。
③ 同上,第630页。
④ 同上,第183页。
⑤ Vgl. Bernhard Waldenfels, "Verschränkung von Heimwelt und Fremdwelt", S. 59.
⑥ Vgl., ebd., S. 53-56.

不同梯度和不同等级。正如瓦登费尔茨所言："一般而言,有多少秩序就有多少陌异性。"①秩序意味着亲熟性、可理解性,而陌异性则意味着外于秩序、不可理解,每一种超出秩序之物都必然以可理解的秩序为前提,二者相互依赖,不可分割。普遍主义和相对主义将具有不同等级的陌异经验片面化、极端化。普遍主义假定了秩序、亲熟性和可理解性的优先性,忽视了多元文化中的陌异性、不可理解性。相对主义假定了陌异性、不可理解性,放弃了秩序、亲熟性,因此也中断了文化间的相互沟通和理解。普遍主义和相对主义就对陌异经验的片面化来说相互一致,互为前提,关于陌异经验的现象学则给出了一个熟悉和陌生相互交织的"居间"(Zwischen),亲熟性和陌异性的界限正是从这一居间领域中分化出来。"'文化间性'(Interkulturalität)这个词已经指出了一种'间—域'(Zwischen-Sphäre),在这'间—域'中,本己和陌异的居间特征以及本己文化和陌异文化的分离都出现了。"②正是这一"间—域"为走出"普遍主义和相对主义的黑白画(Schwarz-Weißmalerei)"③的两难困境指明了道路。

---

① Bernhard Waldenfels, "Verschränkung von Heimwelt und Fremdwelt", S.59.

② Georg Stenger, "Fruchtbare Differenz: Dimensionen der Fremderfahrung.", in *Das Vertraute und das Fremde*, 135 - 156. Bielefeld: transcript Verlag, 2014, S.142.

③ Niels Weidtmann, *Interkulturelle Philosophie: Aufgaben - Dimensionen - Wege*, S.78.

陆海新叙事

公立大学还是私立大学？
希腊高等教育改革的新进展

阙建容[①]

摘　要：2024 年 3 月通过的第 5094/2024 号法律在希腊引起巨大争议，反对者认为这一举措会破坏公立大学的地位，威胁到免费大学教育的原则。自 1975 年以来，希腊宪法禁止私立大学，强调国家对教育的责任，并通过此后的一系列改革确立了公立大学的免费教育体系。然而，经济发展与高等教育需求的增长使得这一体系面临挑战。新民主党政府屡次提议对宪法该条款进行修订，并通过不同措施和法律手段逐步推进高等教育开放私立大学许可。新法律的出台可能会扩大教育机会、吸引国际学生，有利于应对国内高等教育资源不足的问题。在可预期的未来，政府会进一步推动宪法的修订，不过未来希腊高等教育的改革也应当在公平与效率之间寻找新的平衡。

关键词：第 5094/2024 号法律；公立大学；私立大学；希腊高等教育改革；教育公平

2024 年 3 月 8 日，希腊议会正式通过了第 5094/2024 号法律，允许国外大学在希腊开设分校，授予高等教育学位。这项法案一经公布即引起轩然大波，遭到师生和民众的反对。在投票之前，数以千计的希腊人聚集在议会前的宪法广场，反对这项法案，捍卫公立大学的地位以及"所有人都能获得的免费教育"。现行希腊宪法第 16 条明确规定：国家为公民提供免费的大学教育。反对者认为，这条法律将为私立大学进入希腊高等教育开绿灯，严重违宪。那么，这项法律的出台是否打破了希腊长久以来的高等教育格局？为何这样的法律得以通过？本文将梳理该问题的来龙去脉，简要回顾希腊高等教育改革的历史，以增进国内学界对希腊高等教育最新进展的认识。

[①] 作者阙建容，北京外国语大学欧洲语言文化学院讲师（北京 100089）。

一、改变希腊高等教育格局的新法律

希腊义务制教育从幼儿园到初中，一般为九年或以上，公立中小学教育免费。高等教育主要指大学层次的高等教育机构（Ανώτατα Εκπαιδευτικά Ιδρύματα，缩写为 A.E.I.），包括综合性大学、理工大学、高等美术学院等。按照宪法规定，此类大学必须是公立学校，目前希腊认定的这类院校一共有 25 所。除此以外，还有高等军事学院（A.Σ.E.I.）、海事学院（A.E.N.）、高等舞蹈和戏剧学校、高等旅游教育学校等特殊类别学校。

在 2019 年以前，除了以上提到的综合性大学、理工大学等普通高等教育机构，希腊的高等教育机构还包括职业教育机构，称为"高等技术教育机构"（Ανώτερα Τεχνολογικά Εκπαιδευτικά Ιδρύματα，缩写为 T.E.I.）。后者建立于 1983 年，经过 2018 年、2019 年的改革，已经取消或并入大学层次的高等教育机构，或升级成为新的大学。不过，在希腊教育界的日常讨论中，仍然常常提到这些高等技术教育机构或者称之为高等教育中的技术教育院校。

希腊高等教育的基本理念是，教育是公共事务和国家使命，应确保每个希腊公民接受教育的机会平等，因此公立教育是免费的。希腊宪法第 16 条第 2 款规定："教育是国家的基本使命，其目标是通过希腊人的道德、智识、职业和身体教育，将其培养成具备民族和宗教意识、自由且负责任的公民。"同时，第 4 款和第 5 款分别规定"所有希腊人都有权获得国家提供的各层次免费教育"，"大学层次的高等教育机构（A.E.I.）只能由完全自治的公法人机构提供。这些机构受国家监管，且有权获得国家资助，依法运行。大学层次的机构如要合并或拆分必须依法进行"。[①] 自 1975 年希腊现行宪法颁行以来，截至 2023 年，希腊的高等教育机构一直是公立的，法律禁止私人建立大学层次的高等教育机构，希腊也是唯一在高等教育中禁止私人办学的欧洲国家。同时，在大学中获得正式职位的教员是国家公务员，由国家提供薪水。高三学生经过国家考试（也就是希腊高考）进入大学就读。大学学制一般为四年。本科阶段不收学费，免书本费，国家对贫困学生提供免费食宿。

2024 年 3 月 8 日，议会以 159 票赞成、129 票反对、11 票弃权通过的这项法律，实际上绕开了宪法第 16 条的直接规定，以和外国大学合作的方式，允许建立非国家控制的、非营利性大学，具体而言：

1. 从 2025—2026 年学年开始，允许建立和运营大学层次的高等教育机构，并授予高等教育学位。获得许可的此类机构必须与特定范围内的国外大学合作，这些大学的所有人必须是大学教育法人（Νομικό Πρόσωπο Πανεπιστημιακής Εκπαίδευσης，N.Π.Π.E.），能够提供本硕博三个层次的教育项目，且在希腊国家学术认定和信息中心认定的院校范围之内。这些大学在新建分校的资本和管理实体中以绝对多数控股，或者通过恰当的教育协议完全控制分校的运行，包括学位授予等。

---

① 希腊议会官网：https://www.hellenicparliament.gr/Vouli-ton-Ellinon/To-Politevma/Syntagma/article-16/，访问时间 2024 年 9 月 30 日。

2.新建分校必须是非营利性高等教育机构,至少建立三个院系,每个院系至少开设一个本科生专业项目;如果投资大学的世界排名在前20名,则可以放宽到一个院系,至少开设一个层次的一个专业。

3.申请新建大学许可,必须提交所需材料,并提供200万美元保证金(每个申请),如果超过设立三个院系的最低要求,则每增加一个额外需要20万美元保证金。申请审查费用为60万美元。如果在阿提卡地区、阿提卡岛屿以及塞萨洛尼基地区以外新建大学,则保证金和费用可以优惠50%。

4.如果投资大学在希腊国家学术认定和信息中心的国外学术机构认定名单上,那么教育、宗教和体育事务部授权其免除学术认定要求而授予学位。

5.新建大学将受到教育、宗教和体育事务部监管,希腊高等教育委员会(Hellenic Authority for Higher Education)予以协助。如违背相关法律,则建立和运营许可可能被撤销。教育部的许可、撤销许可以及禁令等决定可向国务委员会和行政法庭申诉。①

简而言之,根据这项法律,国外的私立大学有可能获得许可在希腊开设分校,为希腊或国际学生提供本科和研究生层次的、在认证度上完全等同于公立大学的学位证书。

希腊教育界普遍认为,这项法律将会打破希腊自20世纪70年代恢复共和政体以来由国家提供大学教育的垄断性局面。②因此,主流媒体《论坛报》的英文版称之为"划时代法案"(landmark bill)。③而推动法案通过的希腊总理米佐塔基斯认为,这是"希腊教育的根本性变革"(ριζική τομή στην ελληνική εκπαίδευση),④将会给希腊高等教育带来积极的变化:1.在符合高等教育社会使命的前提下扩大教育机会;2.吸引外国学生来希腊求学;3.部分满足国内日益增长的对高等教育的需求;4.提升经济发展在人力资本以及新的知识、观念和技术方面的指标;5.遏制年轻人出国攻读本科和硕士学位的浪潮,缓解这股浪潮给国家经济带来的恶果;6.促使希腊学者和科学家回国工作,为他们提供与国外类似的大学环境。⑤政府试图在迅速变化的经济和社会形势下,通过高等教育改革,令希腊更好地应对技术和社会发展带来的挑战。

---

① 法律原文参见希腊政府公报 https://search.et.gr/el/fek/? fekId=763374;法律要点参见 https://www.zeya.com/newsletters/law-50942024-introducing-higher-education-reforms,访问时间 2024 年 9 月 30 日。

② https://www.euronews.com/2024/03/09/greece-approves-ending-state-monopoly-on-university-education-despite-student-protests,访问时间 2024 年 9 月 30 日。

③ https://www.tovima.com/politics/greece-landmark-bill-allowing-non-state-unis-passed-by-parliament-majority/,访问时间 2024 年 9 月 30 日。

④ https://www.kathimerini.gr/politics/562923373/psifistike-to-nomoschedio-gia-ta-mi-kratika-aei-me-159-nai/,访问时间 2024 年 9 月 30 日。

⑤ https://eurydice.eacea.ec.europa.eu/national-education-systems/greece/national-reforms-higher-education,访问时间 2024 年 9 月 30 日。

二、希腊高等教育的痼疾与改革努力

希腊素有私人办学的传统。在1830年国家独立以前,希腊教育主要由教会和本地精英筹办和管理,依赖私人捐款。建国后,国家教育也长期接受来自海外希腊同胞的私人捐助。到1870年,教育事业中十笔最大的私人捐助之总和,甚至多于整个国家的教育预算。[①]1837年,希腊依靠私人捐助,成立了第一所大学——雅典大学;1849年,俄罗斯的希腊裔富商约阿尼斯·冬波利斯(Ιωάννης Δομπόλης)捐赠了自己的大部分财产,希望建立一所纪念希腊首任总统卡波迪斯特里阿斯的大学,这个学校后来与雅典大学合并,成为如今的国立雅典卡波迪斯特里安大学(Εθνικό και Καποδιστριακό Πανεπιστήμιο Αθηνών)。类似的,成立于1837年的国立理工大学(National Technical University of Athens),之所以被称为国立梅措沃理工大学(Εθνικό Μετσόβιο Πολυτεχνείο),是因为它早期的主要捐助人来自希腊西北部伊庇鲁斯省商业重镇梅措沃。除此以外,像潘提翁大学、比雷埃夫斯大学等高等教育机构都是从私人办学开始,后来才转变为公立大学。一直到20世纪上半叶,希腊的高等教育都是精英教育,以私人办学为主,覆盖到的社会人群较少。

但是,战后经济的恢复和发展使得这种精英教育越来越无法满足希腊人获得更高水平教育的需求。20世纪50年代,两所主要的大学——国立雅典卡波迪斯特里安大学、塞萨洛尼基亚里士多德大学,以及其他高等教育机构,根本无法满足希腊人的求学需求,人们进入大学就读的机会非常少,竞争激烈。因此,从这一时期开始,希腊就已经发展出了大量的预备学校或"研讨班"(φροντιστήρια),专门辅导学生参加希腊高考,几乎90%的备考生都会在此类机构学习几个月甚至几年。其伴生现象是,考试失利的高中生或富人子弟,为了拿到大学文凭而去国外留学。[②]在1958—1959学年,有7598名希腊学生到国外留学,达到国内大学生人数的31%。[③]研讨班盛行、学生课外支出巨额资金进行学科补习或外语学习,在当今希腊社会也是难以解决的问题。2014年的调查表明,80%左右的学生参加课外学习。[④]因此,可以说,希腊当下社会出现的高等教育供应不足、人才外流严重等现象并不新鲜,已经困扰希腊人七十多年了。

战后希腊人对高等教育的需求如此旺盛,主要存在三个原因。第一,希腊人有重视教育的传统,父母在子女教育上的投入一向不菲。第二,二战后的欧洲经济援助计划令希腊经济迅速恢复并得以发展,城市人口大大增加,就业需要使越来越多的高中毕业生开始追求大学文凭。同时,初中升高中的中考取消,使得能够完成高中学业并尝试进入

---

① Patrinos, Harry Anthony. "The Private Origins of Public Higher Education in Greece", *Journal of Modern Greek Studies* 13, no. 2 (October 1995): 188.

② Melanites, Nicholas G. "Educational Problems in Modern Greece", *International Review of Education* 3, no. 4 (December 1957): 466.

③ Margaritis, Stephen C. "Higher Education in Greece", *International Review of Education* 10, no. 3 (September 1964): 298.

④ https://www.newsbeast.gr/greece/ekpaideusi/arthro/636063/to-80-ton-mathiton-lukeiou-se-frodistiria, 访问时间2024年9月30日。

大学的人口基数增加。第三,高等教育是向上社会流动的重要渠道。由于希腊工业化程度不高,工业投资增长缓慢,吸纳人才的容量有限,公共部门成为高层次人才最主要的就业领域。大学文凭对于在公共部门求职至关重要,一直到70年代末,只要有大学文凭就可以不论政治倾向在公共服务部门找到工作,尤其是工程、医疗等需要专业技能的领域。希腊有限的大学教育并不能满足这种快速增长的巨大需求,出国留学的人数在20世纪六七十年代继续飙升,从1964年的1万人,增长到1974年的4万人,1984年再翻倍,达到7.8万人。①

50年代末开始的种种教育危机让希腊政府意识到,高等教育的状况已经严重滞后于国家人才培养的需要,尤其是希腊当时正在考虑加入欧洲共同市场,未来需要大量经济、商务管理和法律等方面的实务型人才和领袖。因此,从60年代开始,希腊政府试图以更符合现代社会需要的教育新理念,重建高等教育体制。政府成立的教育委员会在1958年提出了教育改革的几项原则,其中包括:教育是积极、有效的投资,因此应当被赋予绝对优先权;有必要加强职业教育转向;"教育是公共产品而不是少数人的特权";"教育问题不应成为党派之争和个人斗争的对象"。②这种精神在1959年通过的第3971/1959号法律中得到了体现,希腊决定开始筹建职业教育体系,扩大教育公平,向社会各阶层提供人文教育产品。

20世纪六七十年代是希腊高等教育转型的关键时期。首先,希腊受到西欧高等教育发展追求"平等"和"高效"的趋势影响,一方面强调教育机会的平等,要求进入高等教育的渠道民主化,能够接纳各阶层民众;另一方面强调高等教育是有效投资,对促进经济发展具有重要意义,能够促进技术进步,培养善于应变的高端劳动力。③因此,到了希腊军政府时期,1964年的教育改革大刀阔斧地提出了一整套改革方案,其中最为重要的条款之一,是扩大了"免费教育"的概念,免除所有教育负担。这一时期也开始建立高等职业教育机构。1974年,保守的军政府政权倒台,希腊恢复了共和政体,也迎来了经济和社会领域的大变革。就教育方面而言,两条最为重要的原则得到无与伦比的推崇:教育是国家的基本使命;免费教育应用于各层级教育。这两条原则最终体现在1975年生效的新宪法中,成为此后希腊教育的基本原则。基于这样的理念,希腊的大学转为公立大学,接受教育部的监管,由教育部决定每年的入学名额。例如,原本是私立大学的比雷埃夫斯大学最终在1966年被国有化,成为公共教育制度的一部分,标志着希腊高等教育私人教育阶段的终结,而1975年正式在宪法中确定由国家提供高等教育,禁止私立大学。④

① Dimarogonas, Andrew D. "Private Higher Education in Greece: The 'Platonian University'", *Journal of Modern Greek Studies* 13, no. 2 (October 1995): 203.

② Δημαράς A. (1986) *Η μεταρρύθμιση που δεν έγινε*, τόμος. Β', Νέα Ελληνική Βιβλιοθήκη, Αθήνα, σελ.229-233, 转引自 Τριτάκη Λήδα - Μαρία, *Οι εκπαιδευτικές μεταρρυθμίσεις στην Ελλάδα από το 1929 έως σήμερα*. Πτυχιακή εργασία, Τεχνολογικό Εκπαιδευτικό Ίδρυμα Πειραιά, 2014, σελ. 17-18.

③ Prokou, Eleni. "Nonuniversity Higher Education Reform in France, Germany, and Greece: A Comparison of Core and Semiperiphery Societies", *Comparative Education Review* 50, no. 2 (May 2006): 196.

④ Patrinos, Harry Anthony. "The Private Origins of Public Higher Education in Greece", *Journal of Modern Greek Studies* 13, no. 2 (October 1995): 189-190.

1976年之后的数次教育改革，尤其是1981年中左翼政党"泛希社运"上台后实施的一系列教育改革措施，将免费教育全面贯彻落实到各层次教育。除此以外，确立了大学校园执法豁免原则；[1]理顺了义务制教育以及初中、高中（普通高中和职业高中）、大学的制度架构，奠定了现行希腊教育制度的基础；扩大高考的应用范围（所有类型高中的毕业生都有资格参加高考）；废除之前的职业教育制度，建立新的技术教育体系，特别是最高技术教育机构，为培养应用型技术人才提供更多的教育机会；建立更多的大学，包括地区性大学；增加本科生和研究生项目，增加大学入学名额，增加大学教员的数量；加强国家对大学和其他高等教育机构的监管等。[2]

这些措施使得希腊高等教育在20世纪80年代迎来了一个大发展的蓬勃时期。大学注册人数从约7万人（1973年）增长到约19万人（1988年）。[3]1992—1993学年，希腊大学在校人数达到212745人，毕业生比1981—1982学年增长了39%，高等技术教育机构的在校生达到85068人，毕业生比1984—1985学年增长了29%。[4]这种增长趋势一直延续到90年代，从1993年到2002年，高等教育机构开设的院系数增加了40%，获得高等教育的学生数增加了115%。[5]这使得希腊年轻人中受过高等教育的比例占总人口的比例较高。[6]

但是，大学毕业生人数的增长使得高中毕业生在就业市场上的劣势更加明显，进一步促使高中生追求大学文凭，而希腊市场的发展无法容纳如此之多的大学毕业生。2000年经济合作与发展组织（OECD）的报告显示，1998年希腊25～29岁群体中大学毕业生的失业率与意大利、西班牙类似，是最高的国家之一，且同一群体中大学毕业生的失业率远远高于中学毕业生。希腊教育学家普罗库认为，希腊作为欧洲社会中的半依附国家，50年代以来进入的大量外国资本未能有效地促进希腊经济结构转型，而是形成了双重性工业特点——大量的小微企业和少量的大企业，经济呈现出技术转移、向外移民和旅游业兴旺的特点。因此，未能释放出足够的技术工人岗位，无法为高等教育培养出的人才提供足够的就业机会。[7]

由此可见，二战结束以来，希腊高等教育长期处于供需关系不匹配的矛盾之中，突

---

[1] 该原则（Πανεπιστημιακό άσυλο ή Ακαδημαϊκό ασύλο）于1982年根据第1268/1982号法律确立，执法机构不能进入大学层次的高等教育机构校园内强行执法，其目的在于捍卫学术自由。但鉴于校园中的暴力行为越来越多，2019年政府推动立法废除了这项规定。

[2] Τριτάκη Λήδα - Μαρία, *Οι εκπαιδευτικές μεταρρυθμίσεις στην Ελλάδα από το 1929 έως σήμερα*. Πτυχιακή εργασία, Τεχνολογικό Εκπαιδευτικό Ίδρυμα Πειραιά, 2014, σελ.24-31.

[3] Patrinos, Harry Anthony. "The Private Origins of Public Higher Education in Greece", *Journal of Modern Greek Studies* 13, no. 2 (October 1995): 180.

[4] Prokou, Eleni. "Nonuniversity Higher Education Reform in France, Germany, and Greece: A Comparison of Core and Semiperiphery Societies", *Comparative Education Review* 50, no. 2 (May 2006): 200, note 24.

[5] Liagouras, George, Imilia Protogerou, and Yannis Caloghirou. "Exploring Mismatches Between Higher Education and the Labour Market in Greece", *European Journal of Education* 38, no. 4 (December 2003): 416.

[6] Liagouras, George, Imilia Protogerou, and Yannis Caloghirou. "Exploring Mismatches Between Higher Education and the Labour Market in Greece", *European Journal of Education* 38, no. 4 (December 2003): 414.

[7] Prokou, Eleni. "Nonuniversity Higher Education Reform in France, Germany, and Greece: A Comparison of Core and Semiperiphery Societies", *Comparative Education Review* 50, no. 2 (May 2006): 211-215.

出表现为高等教育学位供给不足、社会需求旺盛、大学毕业生就业市场不充分、人才外流严重等。在此之上,希腊高等教育发展提供的高端劳动力供给能力与就业市场的有限需求之间的矛盾,是深层结构的问题,很难从高等教育改革内部得到解决。

随着希腊加入欧洲一体化进程,特别是1999年加入博洛尼亚进程以来,超国家的规范性力量迫使希腊进行高等教育改革,提升高等教育的质量,以实现欧盟范围内教育认证的便利和人才流动的通畅。让希腊教育更加"欧洲化"成为高等教育领域进行改革的主要逻辑。90年代末以来欧盟提供的资金加速了希腊大学的欧洲化,21世纪初的若干改革法案试图采用博洛尼亚进程的原则,建立关于希腊大学的评估机制,既包括内部评估、建设完善的学分制和学位补充条款,也包括外部评估,将财政拨款与评估结果挂钩。但是,这种来自外部的干预遭到了高等教育界的激烈反对,反对者认为这些措施限制了学术自由,会加重大学对市场战略的依赖。2007年的改革方案支持设立外语授课项目以吸引外国学生,并且要求大学制定并执行四年发展计划,以便维持公共资助。2009年的经济危机令大学管理者更加担心财政困难,从而客观上加速了这些改革措施的进程,2011年的改革法案鼓励高等教育机构部分院系或者整个大学进行合并,改变管理模式,更好地应对经济发展的需要。[1]2016年,希腊终于完成了对24所大学和12所高等技术教育机构的评估。[2]

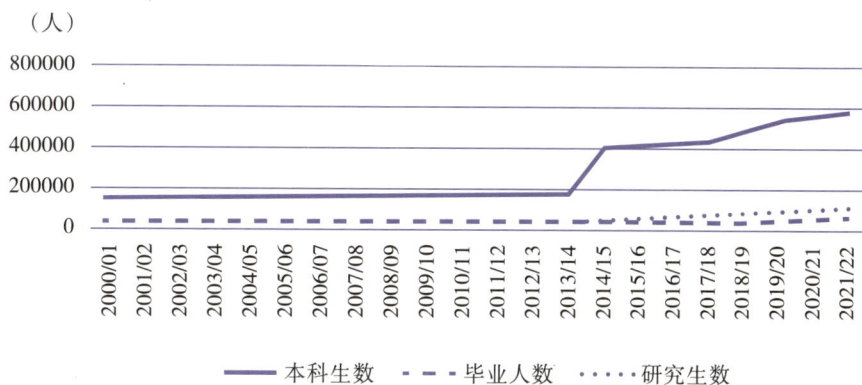

图1　大学层次高等教育机构学生数(2000—2001学年至2021—2022学年)

[1] Zmas, Aristotelis. "Financial Crisis and Higher Education Policies in Greece: Between Intra- and Supranational Pressures", *Higher Education* 69, no. 3 (March 2015): 500-504.

[2] https://www.ethaae.gr/en/quality-assurance/what-is-the-evaulation, 访问时间 2024 年 9 月 30 日。

大学层次高等教育机构教学人员数

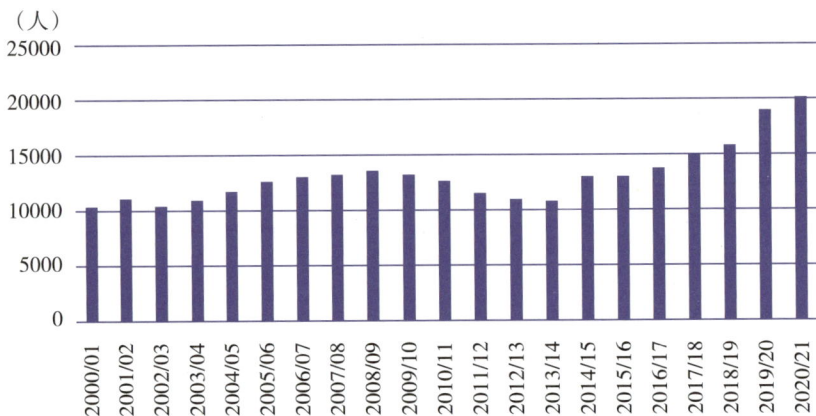

图2　大学层次高等教育机构教学人员数（2000—2001学年至2021—2022学年）[①]

尽管存在种种困难和挑战，希腊高等教育领域在新世纪取得了不菲的成果。根据经济合作与发展组织的报告，希腊的高等教育入学人数在相应年龄群体中的比例从30%（2000年）上升到43%（2007年），峰值为49%，虽不及北欧国家，但大体好于西班牙。[②]2021年希腊25～34岁年龄群体中高等教育获得率在欧盟国家中处于中等水平，高于欧盟平均数值。希腊教育预算占GDP的比例在2012年达到峰值4.6%，与欧盟平均水平最为接近，但此后受到经济危机的影响，持续走低，与欧盟平均水平的差值拉大。2015年希腊从经济危机中逐渐恢复后，希腊的高等教育入学人数和教员数量有了较为显著的增长，尤其是研究生教育发展较快（见图1和图2）。

三、屡败屡战与步步为营

对希腊高等教育发展的简要回顾表明，教育的"公平"和"效率"之争在不同的历史条件下可能产生不同的结果。1975年宪法确立了"希腊人有权获得各层级免费教育"的原则，将禁止私立大学、由国家提供免费大学教育视为保证这种教育机会公平的基础。但是，随着经济和社会的发展、政府教育投入的不足，提议允许建立私立大学的声音一直存在。

1990年，新民主党领袖康斯坦丁·米佐塔基斯（Κωνσταντίνος Μητσοτάκης）赢得选举并组阁后，曾提议取消私立大学禁令。经过80年代的教育改革，希腊的高等教育得到了繁荣发展，大学生数量激增，但政府对教育的投入增长跟不上这种发展势头，因此大学生人均教育支出不升反降。盲目扩张大学教育而国家投入不足，导致大学教育质量

---

① 根据希腊统计局相关数据制作，https://www.statistics.gr/en/statistics/-/publication/SED33/，访问时间2024年9月30日。

② https://www.oecd-ilibrary.org/docserver/20755120-2010-table2.pdf? expires=1728073105&id=id&accname=guest&checksum=B58E8E5062B827472FCF3968A048937F，访问时间2024年9月30日。

下滑。同时,由于国内无力容纳更多的大学生就读,出国留学的人数甚至能与本国大学注册人数比肩(1976—1985年)。①出国留学人口巨大给希腊家庭和国家造成了严重的损失。据保守估计,一个留学生每年要花费至少1.5万美元,那么1985年大约8万名留学生就要花费12亿美元。这个数字相当于希腊旅游业的收入,或者欧盟对希腊的净资金流入,或希腊的国防支出。②如果能够遏制出国留学的潮流,减少这笔花费,那么对国家经济也是一个非常重要的贡献。

出于这种考虑,新民主党政府提议开放私立大学许可,但立刻引起了激烈的反对。支持公立教育的团体主要包括大学师生和左翼人士,他们认为宪法的禁令是教育机会公平的保障。而支持允许私立大学的一方则认为,这是宪法的阐释问题,未必应当恪守严格的字面规定。鉴于法律方面的意见分歧,政府委派雅典大学校长领衔的委员会来研究法律问题。委员会找到了绕过宪法禁令的方式:由于高等技术教育机构(A.T.E.I.)不在宪法禁令范围内(宪法禁止私人建立大学层次的高等教育机构,即A.E.I.),而欧盟规定高等技术教育机构的地位与大学层次的高等教育机构等同,那么私人资本兴办高等技术教育机构并不违宪。但是,由于支持国家垄断高等教育的势力更大,这一改革最终并没有实现。③

到了2006年春天,新民主党政府时任教育部部长玛丽埃塔·娅娜库(Μαριέττα Γιαννάκου)宣布对高等教育领域进行全面改革。同时政府尝试推动对宪法第16条的修订,想要消除建立非国立大学的法律障碍。但是,此举同样被解读为企图推动希腊大学的私有化,遭到了大规模的抗议和反对。第一轮抗议爆发于2006年5—6月,很快全国各大城市的大学生都加入了抗议和罢课,估计有8万~10万学生参与,成功迫使新民主党政府宣布推迟法案讨论和投票。随着宪法修订案投票日期的临近,2007年初学生团体和教师团体再次发动两个多月的抗议和罢课。这对当时的议会反对党"泛希社运"造成了巨大压力,最终临阵倒戈,未能支持新民主党的动议,因此宪法修正法案未能通过议会投票。④

于是,2007年3月8日希腊议会所通过的法律远没有其最初设想的那样激进。主要规定了完成本科学位的最高年限,这是为了解决希腊免学费和弹性学制导致大量学生拖延毕业的问题。其他规定还包括增加机构的自治程度、根据四年发展计划来确定后续政府拨款等,总的来说是一项符合博洛尼亚进程要求的改革。另外两项法律包括研究生学位收费,以及加强研究经费分配与大学评估的关系等。⑤

值得注意的是,这两次对宪法第16条进行修订的重要尝试均是新民主党执政时期

---

① Dimarogonas, Andrew D. "Private Higher Education in Greece: The 'Platonian University'", *Journal of Modern Greek Studies* 13, no. 2 (October 1995): 204.

② Dimarogonas, Andrew D. "Private Higher Education in Greece: The 'Platonian University'", *Journal of Modern Greek Studies* 13, no. 2 (October 1995): 203-204.

③ Dimarogonas, Andrew D. "Private Higher Education in Greece: The 'Platonian University'", *Journal of Modern Greek Studies* 13, no. 2 (October 1995): 201-202.

④ https://xekinima. org/to-kinima-toy-arthroy-16-ti-egine-to-kalokairi-toy-2006-kai-ton-cheimona-toy-2007/, 访问时间 2024年9月30日。

⑤ https://aca-secretariat.be/newsletter/controversial-higher-education-reforms-in-greece/, 访问时间 2024年9月30日。

的动议。2019年2月，新民主党政府在基里亚科斯·米佐塔基斯总理（Κυριάκος Μητσοτάκης）的领导下，继续三十年前未能通过的提议，再次提出对宪法第16条进行修订，但是议会投票没有通过新民主党的这项提案。①

尽管新民主党要求修订宪法第16条的数次提案都没有获得成功，但是意志坚决的米佐塔基斯另辟蹊径，绕开棘手的宪法问题，逐步推动高等教育公立大学体制的松绑。第一步是加强对国际私立学院的认证，逐步将其纳入高等教育体系。

虽然希腊宪法禁止私立大学，但这并不意味着在希腊不存在私立学校。如前文所述，希腊素有私人办学的传统，而且在中小学阶段，宪法并没有禁止私人办学，因此希腊存在许多知名国际学校，例如美国社区学校（American Community School）、拜伦学院（Byron College）、圣凯瑟琳英式学校（St. Catherine's British School）、雅典坎皮恩学校（Campion School of Athens）等。一些国际学校也在积极探索中学以上层次的教育服务，例如塞萨洛尼基美国学院（American College of Thessaloniki）和希腊美国学院（德里学院）（American College of Greece, or Deree Colloge）。②这两所学院历史悠久，都是早在19世纪下半叶由美国宗教团体在奥斯曼帝国境内建立的学校，20世纪20年代随着希土人口交换和土耳其驱逐外国学校而搬迁到塞萨洛尼基和雅典。他们逐渐扩展本科层次的教育项目，获得美国新英格兰高等教育协会（NECHE）认证，在欧盟也获得认证（UK NARIC 或通过 Open University）。除了这两所历史悠久的著名学院之外，还有地中海学院（Mediterranean College），这是希腊最早与国外大学合作、授予 MBA 学位的私立学院。③但是，直至21世纪初，这些学校缺少希腊教育部的认证，也不被认为是希腊高等教育机构，长期处于"灰色地带"，其学位证书在希腊公私部门求职时的效力不及公立大学颁发的学位证书。主要目标人群是国际学生、希望转学或未来继续赴英美深造的希腊学生，或者无法进入公立大学但又能担负起私立学校的费用、未来主要在私人企业就职的希腊学生。

这些私立大学存在于希腊高等教育领域的现实正在逐步合法化。2008年，政府颁布第3696/2008号法律，允许自然法人建立和运营学院，可授予三年制学士学位或硕士学位。④此后，许多私立学院逐渐获得办学许可，例如2013年，塞萨洛尼基美国学院、美国希腊学院（Hellenic American College）⑤、勒内·笛卡尔学院（Collège René Descartes）、

---

① https://tvxs.gr/news/ellada/anatheorisi-toy-syntagmatos-ti-petyxan-kai-poy-apetyxan-syriza-kai-nd/，访问时间2024年9月30日。

② 1875年来自波士顿的美国传教士在小亚细亚的士麦那建立了希腊美国学院，最初是女子学校，1923年迁到雅典。目前是美国在欧洲所认证的学院中最为古老和最大的一所，是一所独立的、非营利性的、非世俗性的联合教育和学术机构，其高等教育部分也被称为德里学院。塞萨洛尼基美国学院的前身是美国清教徒在1840年建立于君士坦丁堡的神学院，1886年成为世俗学校"安纳托利亚学院"，1924年迁至塞萨洛尼基，其高等教育部分被称为塞萨洛尼基美国学院，得到美国新英格兰高等教育委员会认证，2013年被希腊教育部认定为学院。

③ 地中海学院是第一所在希腊开设的英语授课的私立大学，成立于1977年，与英国若干大学合作，在希腊提供本科和研究生层次的教育项目，其学位得到英国的认证，它也是最早获得希腊教育部"特许"在希腊提供英国大学学位的学校（1992年），2009年被希腊教育部认定为学院。

④ 参见希腊政府公报 ΦEK A 177/25.8.2008.

⑤ 这所私立学院与位于美国新罕布什尔州的美国希腊大学（Hellenic American University）合作，为其在雅典就读的学生提供美国希腊大学的本科和硕士课程。

德伊学院（College DEI）等 9 所国际私立学院获得政府授予的学院许可（άδεια κολλεγίου）。①不过，尽管这些学院获得了办学资质，但是其授予的学位主要具有国际认证的效力，在希腊国内的认可度不及公立大学，且在律师、医疗、工程等专业执业中有很多障碍。2020 年，新民主党政府又推动了一项法律，实际上承认目前希腊私立学院所颁发的学位在职业权利方面与公立大学具有同等效力。②

除此以外，2021 年教育部推动立法，在希腊高考中引入"入学基本分数"（Ελάχιστη Βάση Εισαγωγή στα Πανεπιστήμια）。③高中生为了进入大学，不仅要通过考试，还要达到一个基本分数，这使得一部分表现不佳的学生无法进入公立大学，投入私立学院的怀抱。2022 年高考人数从前一年的 92092 人骤降到 73405 人，2023 年才回升到 88570 人。④2023 年 2 月，政府与塞浦路斯签订了一项协议，彼此承认大学文凭，其中也包括塞浦路斯的私立大学和学院。⑤2023 年夏天，米佐塔基斯再次当选希腊总理时表示，在接下来的四年任期里，他的主要目标之一就是推动宪法第 16 条的修订。⑥在米佐塔基斯和新民主党政府的步步为营下，宪法第 16 条修订法案在未来很有可能会变成现实。

结　语

如何在高等教育改革中兼顾"公平"和"效率"是争讼不休的话题。自 20 世纪 70 年代恢复共和政体以来，希腊坚持教育机会平等的原则，已经令"免费的大学教育"深入人心，推动了现代高等教育体系的蓬勃发展。但是，希腊高等教育也始终面临需求旺盛、政府投入不足、人才培养和就业不匹配等种种挑战，因此，推动大学私有化的力量和声音自 20 世纪 90 年代以来一直存在，2024 年 3 月通过的第 5094/2024 号法律可被视为新民主党推动大学私有化多年努力的阶段性结果。同时，这一法律也为私立学院解除了法律限制，它们可以借此机会正式升级为大学。

新民主党政府试图通过一系列相关教育改革措施解决政府教育资金不足、人才外流等问题，提升政府措施在教育领域的"效率"。但是，教育界的反对声音更坚持教育"公平"，认为这项法律不仅在本质上严重违宪，而且将会造成地区性大学的萎缩，导致国家进一步缩减高等教育投入，从而迫使公立大学开始收费，免费的大学教育将不复存

---

① 参见希腊政府公报 ΦΕΚ B 1986/14.08.2013.

② Nόμος 4763/2020，参见希腊政府公报 ΦΕΚ A 254/21.12.2020.

③ 参见希腊政府公报 ΦΕΚ B 6058/22.12.2021.

④ https://www. alfavita. gr/panellinies/353313_bathmologies-panelladikon-posoi-itan-oi-ypopsifioi-fetos，https://www. naf-temporiki.gr/society/1488705/panelladikes-2023-pos-ta-pigan-oi-ypopsifioi-ta-statistika-ton-exetaseon；https://www.dnews.gr/eidhseis/paideia/395079/panellinies-2022-pano-apo-61-000-oi-eisakteoi-stin-anotati-ekpaidefsi，访问时间 2024 年 9 月 30 日。

⑤ https://www.news247.gr/paideia/maria-karamesini-idiotika-panepistimia-i-megali-ivris-i-megali-apati-kai-i-allagi-parade igmatos/，访问时间 2024 年 9 月 30 日。

⑥ https://www. powergame. gr/politiki/476358/mitsotakis-ameses-kiniseis-gia-ti-megali-allagi-tou-arthrou-16/，访问时间 2024 年 9 月 30 日。

在，从而加重高等教育领域的社会不公。①不过，大学师生在议会投票前后组织的大规模抗议并未动摇政府推动大学私有化的脚步，在可预期的未来，政府可能会出台相关举措，进一步推动宪法修订。值得注意的是，资本的动作十分迅速，在法律通过仅一个月后，塞浦路斯的尼科西亚大学就宣布将与私募股权巨头 CVC Capital Partners 合作，在希腊建立分校医学院。②截至 2025 年 3 月底，已有 12 所国外大学向希腊政府提交了下一学年在希腊开设分校或合作办学的申请。正如希腊教育、宗教事务和体育部部长索菲亚·扎哈拉基所说，"希腊高等教育正在书写新的篇章"③。

---

① https://www.news247.gr/paideia/maria-karamesini-idiotika-panepistimia-i-megali-ivris-i-megali-apati-kai-i-allagi-parade igmatos/，访问时间 2024 年 9 月 30 日。

② https://www.cnn.gr/ellada/story/416043/iatriko-to-proto-idiotiko-panepistimio-stin-ellada-exei-edra-stin-kypro，访问时间 2024 年 9 月 30 日。

③ https://www.dnews.gr/eidhseis/paideia/519611/idiotika-panepistimia-ta-13-idrymata-pou-theloun-na-anoiksoun-parartima-stin-ellada，访问时间 2025 年 4 月 15 日。

交流与动态

中医药图书在伊朗的出版情况概述

艾森·杜思特穆罕默迪①

摘　要: 中医药文化是中华优秀传统文化的重要组成之一,也是中国对全世界的重要贡献。随着中国国际影响力和国际地位的迅速提升,世界各国人民对了解中国文化的需求也比以往更加迫切。图书作为最传统、最广泛、最普遍的文化载体和交流桥梁,可以让各国读者更完整、更真实地了解中国文化。中国和伊朗自建立外交关系以来,一直保持着友好关系。近年来,中国一直都是伊朗的第一大贸易伙伴。尽管两国在政治、贸易等方面的往来比较频繁,但在文化方面的合作包括图书出版领域尚处于萌芽阶段。通过对伊朗中医药图书出版的基本情况和存在问题的研究分析可以发现,两国在图书出版方面的交流与合作仍然有很大的提升空间。为此,中伊两国出版界需更加积极地建立和组织中伊专业翻译队伍,推动中医药优秀出版物出版,促进两国的文化交流。

关键词: 伊朗;中医药图书;中医药图书在伊朗;出版

伊朗是中国"一带一路"倡议的重要合作国,中国是伊朗"向东看"战略的核心目标国。近年来,中国和伊朗在政治、经济、文化等领域的联系和合作不断扩大和深化。两国为推动中伊文明交流互鉴,于 2021 年 3 月 16 日签署了《中华人民共和国国家新闻出版署与伊朗伊斯兰共和国伊斯兰文化联络组织关于经典著作互译出版的备忘录》。根据备忘录,中伊双方约定在未来 5 年内,共同翻译出版 50 种两国经典著作。就近几年发展的趋势来看,中医药图书在伊朗出版的种类和数量明显增加,但许多原因如出版成本上涨、营销难度上升、伊朗人均阅读量低、专业翻译人才稀缺等制约着中国主题图书在伊朗出版的发展进程。本文所称的中医药主题图书是在伊朗出版的与中医药有关的图书,具体包括伊朗作者直接用波斯语撰写的著作,从中文外的其他外语转译的图书,以及直接从中文翻译的图书。本文使用的数据主要来自伊朗国家图书馆,笔者搜索和整理 1990 年之后所有以中医药为主题的图书,并对其基本情况和存在问题进行研究和分析。

---

① 作者艾森·杜思特穆罕默迪(伊朗),西南大学伊朗研究中心副教授(重庆 400715)。

一、伊朗出版行业基本情况

（一）伊朗图书出版情况

截至2019年，伊朗全国有1.4万家出版社，超过整个欧盟出版社的数量，其中只有4000家出版社每年至少出版一本图书，剩下的1万家出版社出版量约为零。[①]根据伊朗图书之家网的年度报告，2019年伊朗全国共出版图书10.5万种，较2018年增长3.9%。其中，新版图书57884种，同比下降5.7%；重版、重印刷图书47701种，增长20.5%；著作类图书75644种，同比下降0.3%；译著类图书29941种，增长19.2%；图书总印数1.48亿册，增长6.8%。[②③]近年来伊朗出版图书的数量仍继续保持上升趋势。根据2019年的报道，伊朗图书定价总金额达到2700亿土曼（1人民币=3900土曼），同比上升50%，其中辅助教材占40%的市场。[④]

（二）伊朗电子出版物基本情况

（1）Fidibo（飞迪波）：是伊朗第一家电子书发行平台，成立于2013年3月。飞迪波用户可以通过无线网络使用网站或客户端购买、下载和阅读电子书、报纸、杂志及其他电子媒体。一般而言，该网站的电子版图书比纸质图书便宜30%～50%。飞迪波已经有5万本电子书，400家合作出版社，120万用户。（2）Taghche（踏歌澈）：是伊朗比较活跃的电子书发行平台，成立于2015年，已经有5.5万本电子书、报纸和杂志，50多万用户。（3）其他：除了以上平台以外，更多公司开始开发电子书平台，其中包括：Ketabrah（课塔博拉赫）拥有1万多本电子书和100万用户；faraketab（超书）拥有1.1万本电子书和2.7万用户；Sooremehr（www.sooremehr.ir）拥有2571本电子书和5000用户；Khatkhan（卡特卡呢）拥有2000多本电子书和4000用户。有关伊朗电子书行业的营业收入和利润总额尚未公开信息，但从近年发展的趋势来看，伊朗电子书市场发展迅速，也出现了大批电子书发行企业。

（三）伊朗出版行业面临的问题

近年来，伊朗出版业的发展规模萎缩，大多数小出版社面临着生存挑战，甚至有部分出版社和书店已经倒闭。[⑤]伊朗出版行业面临的一系列问题在一定程度上与伊朗多年被国际制裁有关。诸多问题如出版图书成本的提高、缺乏出版原材料等导致伊朗出版业的基本参数呈下降趋势。这些基本参数主要表现在出版和发行数量下降，读者阅

[①] 伊朗图书新闻网：《伊朗出版社数量超过欧盟》，http://www.ibna.ir/fa/tolidi/268332，2019年6月9日。
[②] 伊朗图书之家官网：《出版报告》，https://www.ketab.ir，2019年6月9日。
[③] 伊朗图书新闻官网：《2018年出版报告》，http://www.ibna.ir/fa/tolidi/275388，2019年4月10日。
[④] 伊尔纳新闻：《去年出版了105,000多本书，价格翻了一倍》，www.irna.ir/news/83758238/，2019年4月19日。
[⑤] 每海尔新闻：《很多出版社已经倒闭了》，https://www.mehrnews.com/news/5017679/，2020年6月9日。

读率下降和印刷业发展规模萎缩。这些问题也导致图书的价格逐年攀升,例如2019年图书的定价较2017年增长98%。随之而来的影响是在此期间伊朗人的图书总体消费水平呈现较明显的下降趋势。

二、中医药图书出版的基本情况

(一)品种数量情况

1990—2020年,伊朗共出版中医药主题图书164种,其中针灸主题图书占总数的76.8%。如图1所示,2007年前中医药主题图书的种类较少,其中1992年、1993年、1995年、1996年、1997年、2003年、2005年出版中医药主题的图书均为零。自2007年以后,出版中医药主题图书的种类有升有降,2013年遭遇低谷,但整体上保持上升趋势。2006年后之所以保持上升趋势,主要原因是伊朗卫生和医疗教育部于2010年通过的《执行补充替代医学条例》将补充替代医学合法化。2019年中医药主题图书约占伊朗自然科学图书总量的1.14%,比往年有较明显的增长。

1990—2020年伊朗中医药主题图书种类(本)

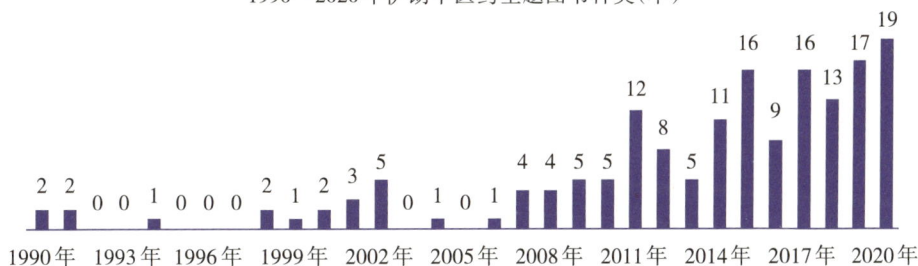

图1 1990—2020年伊朗中医药主题图书种类(本)

数据来源:伊朗国家图书馆官网,http://www.nlai.ir。

(二)选题情况

伊朗出版业使用的是伊朗国家图书馆图书分类法(ﺭﺩﻩ ﺩﻳﻮﻳﻰ)[①]。因为该分类法与中国现行的中图分类法存在差异,为更好地与中国相关研究接轨,并能够更方便地被中国读者了解,所以本文采用了中图分类法,对伊朗出版的中医药主题图书进行了分类和整理。

近20年来,针灸学是中医药图书中最主要的选题,见表1。这可能是因为中医药在伊朗的传播以针灸为主。虽然针灸是中医学的重要组成部分,但并非全部,与针灸相比,中医药其他种类的图书在伊朗还没有得到明显的推广。另外,在针灸学图书中,同

---

① 该分类法是采用杜威十进制图书分类法的标准,并在基础上还加了伊斯兰哲学(BBR)、伊朗教育组织(LGR)、法国文学(PQ)、阿拉伯文学(PJA)和俄罗斯文学(PG)。

一主题有多个版本，但有些主题没有相关的图书，例如有关耳穴疗法的图书有7种，但有关针灸配穴处方的图书数量为零。再如，虽然伊朗人对草药的接受度较高，有关药用植物学、伊朗传统医学草药等图书也甚多，却没有一本系统介绍中药学的图书。同时，有关方剂学、中药炮制学、中医诊断学、中医各科、中医医案、中医养生、中医科普的图书仍较稀缺。

中医药图书阅读人群的扩大是中医药事业发展不可缺的保障条件，21世纪的伊朗人更加注重养生与健康，而中医学的相关书籍恰好较符合伊朗读者的需求，特别是随着伊朗人民的健康观念的转变，以及近年来替代医学在伊朗的普及和应用，中医药普及性图书的相对缺乏比以前更加明显。

表1　伊朗国家图书馆馆藏1990年以后出版的中医药主题图书种类（部）

排名	中医图书种类	原本语言	种类	总数量	发行情况			比例
					50~500册	501~1000册	1000册以上	
1	针灸学、针灸疗法	德语:5 英语:50 法语:3 阿拉伯语:1	专著:67 译著:59	126	20	85	21	76.8%
2	中医基础理论	英语:11 中文:3	专著:10 译著:14	24	7	16	1	14.6%
3	中医推拿	英语:5	专著:1 译著:5	6	1	5	0	3.7%
4	中医拔罐	英语:3	译著:3	3	0	3	0	1.8%
5	中医食养、食疗	英语:2	译著:2	2	0	2	0	1.2%
6	中医临床医学	无	专著:1	1	0	1	0	0.6%
7	中医现代化研究	无	专著:1	1	0	1	0	0.6%
8	中药学	无	专著:1	1	0	1	0	0.6%

数据来源:伊朗国家图书馆官网,http://www.nlai.ir。

三、中医药图书出版面临的问题

（一）缺乏统一的翻译标准

中医药植根于中国传统文化的沃土，中医术语中大多蕴含深厚的中国文化内涵，因此在翻译中准确地传递中国传统文化的精髓至关重要。特别是中医学中有大量独有的、富有文化韵味的专业术语，如五运六气、七损八益、提壶揭盖等，这些中医术语虽然从字面来看极为简洁，但其内涵却十分丰富，也让中医语言变得复杂难懂。一些词语在波斯语及其他语言中根本没有与之对应的词汇，例如"运气同化""太乙天符""在泉""司天"等。许多专业术语在翻译成外文后对于没有接触过中医理论知识的受众而言，就会感到难以理解,甚至有些莫名其妙。另外,中医最常用的术语如阴阳、五行、气等存在译法不统一的现象,比如有译者把气按照日语的音译翻译成 Ki,这种不同的译法对刚接触中医知识的人而言是难以区分的。尽管伊朗卫生和高等医学教育部技术评估、标准化和卫生办公室与临床指南标准制定和标准化办公室于 2014 年联合制定并颁布《艾灸疗法》《干拔罐与湿拔罐》《电针疗法》《穴位注射诊疗》《局限放血疗法》《耳穴疗法》《刮痧疗法》《穴位埋线》《针灸疗法》和《推拿疗法》共 10 项有关中医药临床指南与操作规范,但尚未制定中医名词术语标准。由于缺乏术语统一标准,不同的译者仍然采取不同的译法,这对中医知识体系的传播极为不利。

(二)缺乏中医药翻译人才

中国高等中医药院校早在 2000 年开设"英语+医学"专业。目前,国内有 15 所高等中医药院校开设了"英语+医学"学士专业,7 所高等中医药院校开设了中医翻译硕士专业。无论从每年的招生人数,还是近几年招生人数的趋势来看,当前的中医药翻译人才数量都无法满足当前中医药国际化发展的实际需求。

目前,伊朗有 4 所高等院校开设中文学士专业,根据伊朗国家教育评估组织的通知,[①]2020 年仅有 3 所高等院校招收中文专业的学生,总招生人数为 85 名,与 2016 年相比增加 10 名(见表 2)。同时,根据官方消息,[②]伊朗卡尚大学正式公布将于 2023—2024学年正式招收第一批中文专业本科生(30 人)。中国作为伊朗最大的贸易伙伴,在各个领域都需要大量优秀的翻译人才。尽管近些年来伊朗民众学习中文的热度有所上升,开设中文专业的院校也有所增加,但中文专业人才仍然严重不足。伊朗高等院校尚未开设"中文+医学"专业。

表 2　伊朗开设中文专业的高等院校

学校名称	2020 年招生人数(人)	2018 年招生人数(人)	2016 年招生人数(人)
德黑兰大学	30	20	25
伊斯法罕大学	0	35	0
沙希德·贝赫什提大学	30	20	20
阿拉梅赫·塔拜塔贝大学	25	0	30
总人数	85	75	75

数据来源:《伊朗教育评估组织》,sanjesh.org。

---

① 伊朗国家教育评估组织网:《2020 年伊朗高考招生通知》,http://www.sanjesh.org/group.aspx? gid=1,2020 年 7月 1 日。

② 中国驻伊朗大使馆:《伊朗卡尚大学将开设中文专业》,https://mp.weixin.qq.com/s/E2UH-_x5bq4kBLXfsjvfNQ,2022年 5 月 21 日。

（三）缺乏两国中医药出版机构的合作

中伊出版社的合作日益频繁,第32届德黑兰国际书展,中国成为主宾国,主营出口业务的中国国际出版集团自2018年以来与伊朗等12个国家的13家图书馆建立了合作共建关系,促成了每个图书馆1000种代表中国政治、经济、文化、农业、扶贫等主题出版物的有效落地。尽管中方为实现中国图书"走出去",提出许多扶持政策,但"走出去"转向为"走进去"需要外方出版社的积极参与和支持。绝大多数伊朗医药出版机构与中国中医药出版机构的合作处于被动状态,基本全靠中方政策的扶持。越来越多的伊朗民众重视自然疗法,尤其是针灸,由于其独特的优势在伊朗本土获得了良好口碑,但是中医药和中医药文化科普类书籍在伊朗仍较稀缺。中国出版机构应当加强对这类图书的策划、出版与翻译。中医药翻译在伊朗的发展需要两国出版社更加积极地建立和组织中伊中医药翻译队伍,并推动中医药优秀出版物的出版。中国版权机构和出版单位应该高度重视对伊朗的版权输出,积极参与德黑兰书展等交流展示活动,为中医药图书在伊朗搭建更好的交流平台。

四、思考与启示

中医药走向世界,离不开图书对外翻译,然而图书对外翻译更离不开国家政策的扶持和引导。目前中国共推出实施18个涉及图书对外翻译出版资助、出版发行渠道扩展等方面的政策和项目。其中,图书翻译、出版类资助项目包括:中国图书对外推广计划、中外图书互译计划、经典中国国际出版工程、中华学术外译项目、中国当代作品翻译工程、丝路书香出版工程、图书版权输出奖励计划等。[①]丝路书香出版工程是新闻出版业唯一进入国家"一带一路"倡议的重大项目,对于"一带一路"沿线国家的出版行业而言,是一个历史性的机遇,有广阔发展空间。

从近年来已入选的波斯文图书书目可以看出,入选率最高的项目为丝路书香出版工程。尽管如此,至今有关中医药的图书还未入选过该项目。从近几年发展趋势来看,中医药正快步融入国际医药体系。在这个阶段,中国需要通过相关政策的扶持和引导,全力以赴加大中医药图书和典籍在海外的普及度,把中医药文化真实客观地传播推介给海外读者。要让海外读者对中医药文化从陌生到认识、从认识到信任,需要相关机构和每一位中医药传播使者的信念、坚持和努力,进而使"中医药是世界人民健康的宝贵财富"得到公认,使中医药的价值得到彰显。

---

① 邹婷:《图书对外翻译出版政策研究》,湖南师范大学硕士学位论文,2019年,第28页。

金显真《古代希腊和中国的族性与外族》评介

曾邈[①]

摘要：金显真的《古代希腊和中国的族性与外族》一书以古代希腊与古代中国的民族认同建构为核心,通过比较希罗多德《历史》与司马迁《史记》等经典文本,揭示两大文明如何通过塑造"他者"认识自我。因其自身的东亚文化背景,金显真的研究超越西方中心主义框架,致力于厘清古代希腊"希腊人—蛮族人"二元对立与古代中国"华夷秩序"的历史原因,为跨文化族群认识研究提供了新视角。本文将首先梳理全书的核心论点,对全书的主要内容做详细的归纳,并分析说明该书的突出亮点与值得探讨之处。总体而言,虽非尽善尽美,金显真的研究却以扎实的文本细读与独特的比较框架,为理解古代希腊与中国的民族认同建构提供了重要范本,具有深刻的学术意义与现实意义。

关键词：金显真; 族性研究; 蛮族观; 中希比较研究

　　《古代希腊和中国的族性与外族》(*Ethnicity and Foreigners in Ancient Greece and China*)是韩裔新西兰学者金显真(Hyun Jin Kim)于2009年出版的首部专著。[②]金显真生于韩国首尔,长于新西兰奥克兰,现为墨尔本大学古典系教授,同时也是澳大利亚人文科学院(the Australian Academy of the Humanities)的会员。该书是一部聚焦古代希腊与中国民族志比较研究的著作,旨在系统梳理古代希腊和中国文明中"他者"概念的历时性建构过程,以期为跨文化语境下族群认同研究奠定方法论基础。作者严格按照古代希腊与中国的年代顺序进行叙述,每章由两个长节组成,每个部分都分述了外族形象在古代希腊与中国的历史演变,在每章的末尾,作者会对这一章所记述的材料进行比较

---

① 作者曾邈,希腊帕特雷大学"中国与希腊文明比较"联合学位项目硕士研究生(重庆 400715)。

② Hyun Jin Kim, *Ethnicity and Foreigners in Ancient Greece and China*, London：Gerald Duckworth & Co. Ltd., 2009. 关于金显真教授的研究与成果介绍,详见墨尔本大学古典系网站：https://findanexpert.unimelb.edu.au/profile/602144-hyun-jin-kim。

分析。这种研究架构为专治西方古典学却缺乏中国史背景的学者，以及深耕汉学而对古希腊历史了解有限的研究者，提供了理解古代族群认同问题的跨文化认知桥梁。

全书共分为七章，其中第一章为引言，简述了作者撰书的依据，包括研究现状、研究目的及意义等，第七章以结论形式对全书论点进行整合总结。从内容上来看，作者试图在前三章（1至3章）论证古风时期、古典时期的希腊人建构的所谓划分自身与"蛮族人"差异的"客观"标准的不存在，即希腊人关于"蛮族人"的观念并不是希腊人文化优越感的体现，而是面对波斯扩张威胁时恐惧与焦虑的产物；同时，作者以古代中国为参照，借古代中国对外族的描写来印证希腊人对其周边世界表述的主要特征。由于希罗多德和司马迁的著作分别是对希腊与中国关于外族的口头、文学性记述百科全书式的总结（第2页），因此后三章（4至6章）主要是关于《历史》与《史记》所记述的"蛮族"形象的比较分析。

以往的研究经常强调希腊文明之于地中海和近东其他文明的优越性和独特性，或希腊与东地中海、近东其他文化之间的深刻互动，相较之下，金显真在本书开篇便开门见山地指出，希腊是近东不可分割且十分重要的组成部分，东地中海文明从来不是一个同质化实体（第1页），而是多元文明构成的文化共同体。同时，尽管关于古风、古典时期的族性研究在一定程度上承认更广泛的近东和东地中海的背景，但还是容易忽视希腊人对异族的认识和了解。与大部分学者将研究聚焦于希腊人是如何描绘他们的邻族这一问题上不同，金显真探究的重点是其背后的原因，即为什么古希腊人在古风、古典时期要以这种方式描述他们自己和他们的邻族。

因此，在第一章里，金显真主要从三个方面阐述其撰书的依据：希腊和中国的文献比较、希罗多德和司马迁及其著作的比较、族性与相关的意识形态研究。首先是关于希腊和中国文明异同比较研究的学术意义，金显真补充道，任何对欧亚文化比较研究有效性的怀疑都源于一个错误的假设——古代历史只是在波斯湾结束（第3页），但如果置于更为广阔的中亚和欧亚的视角，就能够理解希罗多德描写的草原游牧民族的大规模迁移和入侵对整个地中海世界的影响。所以，在此情况下，中国历史学家留下的关于欧亚大陆东端游牧民族的历史记录，能够补充和完善希腊罗马文献资料中所展现的并不完整的图景。另外，在东亚和西方之间的交流互动至关重要的今天，研究这两个世界对外族人认识的历史发展具有宝贵的现实价值。然而，以往的中希比较研究主要集中于科学、医学、哲学等领域，鉴于此，金显真则专注于历史和民族志的比较研究，这个领域在21世纪初的学术研究中鲜有提及，徐晓旭称赞这本著作是该领域的首部比较性专著，[①]以希罗多德和司马迁为比较重点，以古代希腊和古代中国文明中的他者形象为主题，将古代希腊与古代中国的史学比较研究引入一个全新的维度（第4页）。

接着，金显真简要说明了希罗多德《历史》与司马迁《史记》的差异与相似性。首先，在结构组织上，《史记》分为本纪、世家、列传、表、书五部分，其结构组织是目录式和系统的（第5页）；而《历史》尽管围绕希腊人和非希腊人之间发生冲突的原因这一主题构成了一个统一的整体，但离题以及环状结构似的史诗模式使得《历史》中某些叙述的组织与归置似乎比较随意。希罗多德需要离题来解释按照时间顺序叙述时突然插入的条目,但司马迁只需将其归入设置好的历史框架内(第5页)。其次,在史家对史事的态度上,司马迁以微妙含蓄的方式进行批判,而希罗多德通常是直接坦率地说明历史人物的道德败坏。再次,在关于前人著述的态度方面,司马迁对早期学者是极为尊敬的,而希罗多德对前人学者则带有明显的批判态度,这与双方各自的写作背景紧密相关:早期希腊的"histor"通过阐述自己的调查结果以给他人留下印象,在某种程度上需要满足目标观众的品位和兴趣(第6页),所以不可避免地与前人或对手展开竞争;但中国的史学家在能获得官方支持的情况下并没有这种压力。金显真提醒读者,历史学在中国和希腊的发展方式明显不同,所以二者在方法和风格上也一定存在差异,但差异并不意味着其中某一方就具有优越性。最后,尽管存在差异,但希罗多德和司马迁在记述内容、个人对历史的影响、撰史意义、对国家民族兴亡的重视等方面仍具有诸多相似性。

绝大部分关于希腊族性的专著都集中于这样一个问题——希腊人是如何通过对"他者"的描述实际上定义了他们自己的民族;但金显真另辟蹊径,选择更多地关注外族人或"蛮族人"本身的形象,关注希腊人对"他者"的想象如何与现实产生冲突,而反过来,这种想象又是如何概括希腊人与非希腊人互动的现实。基于此,金显真首先对"族性"一词的产生及发展做了简单的梳理,列举了现代主义学派(the modernist school)、原生主义学派(the primordialist school)关于族群、民族问题的研究情况,但他认为,二者的观点均有所偏颇。此外,金显真在这一节还简要说明了希腊人区分他们自己与"蛮族人"的方式。相较于传统中国在物质文化方面优于周边的"蛮族",从而能够从物质文化方面寻求与"蛮夷"世界的区别,古代希腊在物质文化方面与"蛮族人"差别不大,因而被迫采取其他人为的区分方法。金显真指出,所谓的"蛮族人"实际上与希腊人过于相似,因此不能将其视为本质上的不同(第9页),所以,金显真选择了最广泛的族性定义,这在原则上与希罗多德所记述的希腊人的界定标准一致——共同的血缘、共同的语言、共同的宗教祭祀、共同的风俗习惯。

第二章主要讨论了古代希腊和古代中国关于"他者"形象的塑造。回溯希腊古风时期的历史,金显真梳理了希波战争前希腊文献中外族人形象的记述,由此做了关于"希腊人—蛮族人"二元对立论题争论的学术梳理,最后分析公元前6世纪希腊人建构"蛮族人"形象的历史原因。金显真在本章一开始即强调在公元前6世纪末以前,古希腊人对"蛮族人"形象的描写并不系统且不带有明显的意识形态色彩。然而,从那之后,东希腊人,尤其是爱奥尼亚人,面对波斯帝国的扩张征服,感到有必要发展一种更加明确的身份意识,以便将自己与即将到来的征服者(波斯人)区分开来(第11页)。通过回溯"βάρβαρος"一词的词源,总结"βάρβαρος"一词在古风时期的文献中出现的次数及使用的语境,可以看到在公元前6世纪以前,该词从未被用作对所有外族人的通用称谓(第12页)。尽管古风时期的希腊人已经认识到自己与非希腊人,甚至是非希腊人内部之间的差异,但这一时期二者尚未形成严格的两极分化。简言之,公元前7世纪中叶,希腊人在一定程度上已经形成了对东地中海世界的概念认识,他们通常认为自己是东地中海广阔文明世界的一部分,而不是与世界其他地方相分离的一个特定实体(第16

页），而这种认识与表述符合当时的历史现实，因为当时的爱琴海作为广阔地中海世界的一个边缘地区，是近东与埃及文化的接收者。同时，在以殖民探索为特点的古风时期，希腊人逐渐形成了一种模糊的民族认同感，一种属于更广泛的、跨部落的、跨国家的群体意识（第17页），类似于乔纳森·霍尔（Jonathan M. Hall）提到的"聚合型自我定义"（aggregative identity）。结合部分考古材料，金显真总结到，公元前7世纪末6世纪初，尽管希腊人与非希腊人的接触日益频繁，但希腊人与外族人之间并没有形成严格的两极分化。

接下来，金显真回应了部分学者关于"希腊人—蛮族人"相对立观点的不足，进一步说明古风时期希腊人的族性与非希腊人的族性并不存在任何对立。但当时间到公元前6世纪后半叶时，希腊人的"反蛮"情绪突然爆发，在金显真看来，这与当时波斯入侵小亚细亚的希腊城邦（特别是爱奥尼亚）有关。而通过梳理希腊人构建"希腊人—蛮族人"对立概念的学术史，可以大致确立这组对立概念提出的时间是在公元前5世纪中后期，此时希腊人与"蛮族人"之间的鸿沟真正确立起来。为进一步证明希腊人与"蛮族人"的对立是在公元前6世纪末5世纪初爱奥尼亚人抵抗波斯人入侵的背景下逐渐形成的，金显真梳理了公元前6世纪末的古希腊作家对"蛮族人"的记述情况，指出"βάρβαρος"一词在此时开始带有明显的否定与贬斥意味。金显真指出，这刚好是波斯对小亚细亚西部进行侵略的时期，而对侵略者的公开敌意很有可能反映了希腊人在遇到一个与东地中海世界完全陌生的民族时的恐惧。当时的波斯正处于帝国上升时期，苏萨和帝国部分城市具有国际化的氛围，这一国际化环境为希腊人提供了充分的条件去观察认识其他民族的族性特点。

另外，早期中国的"蛮族人"形象与希腊一样，是在与非周族群几个世纪的互动中逐渐发展起来的。通过叙述商周的"四方"思想，考证从西周到春秋时期周人与"蛮族"之间的交互往来，金显真指出战国以前中国并不存在根本意义上的"华夏—蛮族"对立。在商朝的认知里，世界围绕中心旋转，而这个中心与商王及其祖先的领地相一致，"方"代表所有不属于商朝联盟的外来政治实体；这些"方"通过服从商王的权威，成为商盟中的一员，同时，如果其中的某个领主背叛宗主国，那么他就会被视为单独的一个"方"，成为敌对的政治单位。四方宇宙观是商朝在政治和宗教上凌驾于对手的一种手段，通过将自己的领域与世界中心联系起来，并在自己和"他者"之间划清界限，从而展示了可以归为民族意识的内容。周继承并发展了商的"四方"思想，在周的统治下，"四方"被重新定义为天下，但周并没有像商一样将世界二分为"商"和"方"，而是将"四方"纳入周的联盟，将其王国同样置于世界的中心。商周的"四方"思想对后世关于外族的看法产生了重要影响，秦汉帝国继承了商朝至高无上的"帝"作为皇帝称号的一部分，并以与周王相同的方式称自己为天子，联合五行宇宙观，从而使其统治合法化（第33页）。

尽管在周早期的文献中已经出现了"戎""狄"等对非周群体的称谓，但其中并没有附加贬斥意味，甚至孔子认为周与外族之间的差异主要见于风俗和礼仪。公元前4世纪以前，没有任何文献表明这些外族在本质上比周人低劣或是原始，只要接受周的礼仪，同样可以成为周人。总之，在春秋时期，华夏人与非华夏人之间的根本分化是难以建立的,楚人、吴人、秦人等经常被接纳进入周的社会并与华夏人互动往来(第38页)。与古风时期东地中海的希腊人一样,春秋时期的华夏人也被不同民族所包围,这些民族的军事力量、生产技术和物质财富都与华夏不相上下。这些相互竞争的族群于当时周的秩序下并不陌生,对他们的贬低在后来才成为现实。

第三章专注于分析古典时期的希腊与战国时期的中国在"与蛮族对立"方面的外在表现与突出特征。金显真指出,古典时期的希腊人声称自己在诸多方面比所谓的"他者"具有天然的优越性,但这种不切实际的主张并没有得到现代学者的适当审查,许多研究虽然承认这种人为制造差异的有效性,但在很大程度上局限于研究希腊人是如何选择在他们的文献中彰显自己的独特性与对"蛮族"的优越性,从而忽视了质疑希腊人所坚持的关于政治、经济、军事等因素的表达是否合理。金显真并不认可这些差异的存在,他认为对古典文献中希腊人反蛮言论本质的理解必须建立在充分理解近东对希腊的影响的基础上,即认识到希腊是一个更广泛文明中的边缘成员,而非孤立的实体。希腊作为广阔的东地中海和近东世界的一部分,在古风、古典时期便受到非希腊地区的深刻影响。

通过比较希腊与近东神话传说方面的文本,可见希腊人将自己的英雄祖先起源追溯到近东,这反映出希腊人希望被承认为近东文明世界的一部分的愿望,因此古风时期的希腊人与同期的埃及人和近东其他民族相比,发展出一种"自卑情结"(第43页)。然而,到了公元前6世纪晚期,爱奥尼亚的希腊民族中心主义觉醒,希腊人开始要求修订与外族人有关的故事。换言之,埃及人达那俄斯(Danaus)与其他大多数假定的外族人一起,通过一个更容易被公元前6世纪的观众所接受的对其祖先的重新表述,变成了准希腊人(quasi-Greek,第44页)。通过这番修订,希腊人得以合理化对非希腊文明的思想与物质文化的借鉴,同时其民族自豪感也得到满足——在这种认知逻辑中,希腊人"借鉴"的非希腊元素本质上被诠释为"本属于希腊文明自身的遗产"。

金显真总结道,公元前6世纪,希腊人通过将希腊英雄构建为"蛮族"祖先的方式虚构出希腊人优于其他文化的概念,其目的并不在于彰显自己的至高无上,而是为克服面对文明邻国时的自卑。而面对不同的境况,希腊人要求非希腊人有不同的表现,如希波战争期间,希腊人就需要塑造出低劣的非希腊人形象以抵抗波斯的进攻,这种差异足以让希腊人将自己与"他者"区别开来,金显真认为爱奥尼亚人与埃斯库罗斯关于"蛮族人"形象的表述就是为了满足这些需求而设计的。战争结束,对波斯的胜利逐渐频繁,曾经的威胁与恐惧逐渐消散,这种"他者"形象的表示也已被视为规范。古希腊人声称自己在智力、法律建设、军事武功等方面优于"蛮族人",基于此建构起"希腊人—蛮族人"相对立的重要表征,但金显真逐一从各个方面否定了希腊人所宣扬的优越感,他认为,在公元前5世纪至公元前4世纪的希腊文献中,对"他者"的表述、对非希腊人形象的塑造以及通过这些形象进行的自我定义,都表现出希腊人对发现自我的存在和强调"希腊人—蛮族人"分野的具体特征的关注,从而表达其在面对东方压倒性力量时想要克服自身自卑感的迫切愿望(第55页)。波斯实际力量的强大与希腊人修辞所描述的软弱形成鲜明的对比,希腊彰显自身优越与贬斥外族劣等性的明显仇外心理,其根源在于希腊人对自己在近东和东地中海文明世界中的地位感到不安与缺乏信心（第59页）。

古典时期的希腊人与近东几乎共享着相同的地中海文化，从而无法从逻辑上为自己与以波斯帝国为代表的"蛮族人"之间的分歧进行辩护。与之不同的是，一个对自己充满信心且拥有对邻国、对外族实际优越感的文明，几乎不会强调自身的优势，如同一时期的中国，华夏与非华夏之间的思想文化分野却愈发明晰。不同于《春秋》中对周与非周的模糊划分，《左传》中明确了华夏与"蛮族"在仪式、道德、习俗、祭服、饮食和语言上的差异，与春秋时期形成鲜明对比的是，"蛮族人"的文化习俗在战国时期被认为与更文明的华夏群体的文化习俗不相容。金显真认为，在整个战国时期的文献记录中，"蛮族人"在接受华夏习俗礼仪的前提下，再通过适当的启蒙教育便能够进入华夏社会。他指出，这种接受能力在很大程度上可以归功于公元前3世纪发展起来的帝国愿景，而这一愿景在秦汉时期的五行宇宙观中最终得以体现。总之，司马迁之前，关于外族人的看法认识十分多样化，从孔子对某些微不足道的差异的模糊认知、偶尔爆发的对非华夏族群的偏见、对非华夏族群生活方式与习俗的不理解，逐渐发展到对汉族与"蛮族"在物质文化、风俗习惯等方面差异的系统强调。与生活在小国寡民城邦的希腊人不同，华夏拥有在文明的各个方面都优于"蛮族人"的自信，且这种自信在公元前3世纪时就具有现实基础，而非像公元前4世纪的希腊那般流于空谈。因此，正是汉族的文化、道德、军事甚至纯粹的民族优越感，使得古代中国并没有出现像伯里克利时期的雅典那样对公民身份进行限制的情况。物质文化和风俗习惯的差异，而非希腊人与"蛮族"之间的血统和武功差异，构成了"中国人—蛮族人"之间分歧的核心（第71页）。

第四章聚焦希罗多德和司马迁各自著作中的"蛮族"形象进行比较研究。在希罗多德对外族人的描写一节中，金显真首先梳理了"希罗多德笔下的文明分野"的学术史脉络，进而考证了前代作家们对《历史》中有关"蛮族"概念建构的影响。毫无疑问，希罗多德的书写深受其知识环境以及作为东部希腊传统的一部分——文学和口头传统的影响塑造。他既吸收同时代的前沿理论（如希波克拉底的环境决定论）并选择性改造，亦继承了古老的爱奥尼亚史诗传统：其叙事技巧、叙事模式以及《历史》中惯用的主题范式（topoi）皆可追溯至这一悠久的文化传统。

金显真尝试从整体上更深入地探讨《历史》中关于非希腊人的表述，以对希罗多德关于"蛮族人"的观点进行总体概述。这就需要重新审视有关"'蛮族人'的暴政与希腊人的自由"这一概念的争论，这也正是许多学者所认为的希罗多德表现的"希腊人—外族人"差异的核心。此外，金显真还重新评价了希罗多德作为文化相对主义者的观点，金氏认为这更多地反映了希罗多德以东地中海和近东为中心的世界观，这一世界观必然会使他采取多元主义的立场，而非以真正的文化相对主义者的立场去对待外来的、非近东的民族（第75页）。金显真认为，希罗多德在《历史》一书中对"蛮族人"并没有贬斥的意味，甚至向希腊人表示希腊既非独一无二，也不比其他民族优越；他还承认周边民族的优越性，尤其是埃及，被希罗多德视为"蛮族人"优于希腊人的典范。希罗多德不仅含蓄地否认希腊人对"蛮族"的绝对优势，还经常模糊希腊人与非希腊人之间的区别，这一点体现在他对于暴政和自由的表述上。在希罗多德的记述中，"蛮族"具有实行民主的能力,并非只表现出所谓的专制倾向,而希腊人的民主本身也存在缺陷,会表现出暴虐的一面。希罗多德对"蛮族"相对开明的态度在古希腊作家中几乎是独一无二的,他笔下的每个民族均遵循自身"nomoi"(习俗)生活与行动,且从不从道德层面对不同民族的"nomoi"做优劣评判;此外,他承认"每个社会的特殊习惯的合法性"(第82页)。值得注意的是,尽管各个民族在东地中海大背景下交互往来时都借鉴吸收了其他民族的文化习俗等,但希罗多德的相对主义观点并没有使他否认希腊人对于"蛮族"的传统认知。一方面,他在描述"蛮族"形象时接受了古典时期希腊人对于"蛮族"的刻画;另一方面,希罗多德仍是继续在塑造他本人的知识环境的价值观框架内记述的。因此,虽然希罗多德超越了希腊人对于"蛮族人"的普遍态度,甚至经常质疑这种态度的正确性,但他仍在无形中受到所处环境的影响。

在"司马迁与蛮族"一节中,金显真也提及了司马迁所处的文人环境,《史记》兼收并蓄的记述反映了战国末期与汉初思想界的学术取向,即综合前几个世纪中各派的理论学说,进而编写百科全书式的著作,而通过司马迁的记述可以看到他作为一个儒家思想者的视野与世界观,他基于五服与五行理论表达的汉族道德正统观念,将"蛮族"贬低到儒家道德和社会层级的最低层。此外,金氏介绍了《淮南子》与《山海经》中华夷的区分标准,并通过比对《史记》中有关"蛮族"的记述,发现司马迁有意识地省略了前者中的神话元素。可见司马迁的兴趣主要在于政治和哲学,而非民族志。与希罗多德采取相对主义的立场不同,司马迁所记述的内容始终符合中国传统文学话语体系中明显的民族中心主义倾向,中国人更善于接纳外族融入汉族社会。金显真认为,包括司马迁在内的中国人对其他民族所表现出的包容主要来自对自身优越感的不懈追求。在司马迁所处的时代,一方面,中国人宣扬自身文化的使命感与"蛮夷"需要中国圣人的启蒙才能成为合格的人这一恩赐观念已深入人心,并已决定了华夏对非华夏的看法。另一方面,与希罗多德相同,司马迁有时也会试图挣脱自身文化的限制,试探性地走出"以汉人为中心"的偏见;作为统一多民族帝国的臣民,司马迁不仅为汉族,也为当时世人所能了解的全部世界编写了多视角的历史。然而,希罗多德和司马迁之后的学者并未承继他们的多元主义精神,而是选择了僵化且片面的希腊中心主义与中国王朝中心主义的世界观(第98页)。

第五章在更广阔的历史背景下探讨了挑战古代希腊和中国的两个游牧民族——斯基泰人与匈奴,专注于希腊人和中国人对这两个民族形象的认识。金显真首先梳理了古风、古典时期希腊人对斯基泰人的认识,可以发现希腊人对斯基泰人的态度前后有所改变。[①]金显真认为这两种关于斯基泰人截然不同的观点都是将斯基泰人"置于超现实主义的领域"(in the realm of the surreal)的结果,希腊人在后一种表述中所描绘的斯基泰人的"野蛮性"与智识匮乏说明他们已经认识到斯基泰人的他者性,并表明双方在物质文化与智识文化方面存在真实可感的差异——而这种差异恰恰是希腊人对近东民族

---

① Hyun Jin Kim, *Ethnicity and Foreigners in Ancient Greece and China*, pp.100-103. 从古风时期史诗诗人对斯基泰人的高度理想化——奉公守法,吃用母马奶制成的奶酪的人(law-abiding, eaters of cheese made of mare's milk),到古典时期将其归于蛮族人的类别——不孕不育、女人气、生理异常(infertility, effeminacy and physical abnormality)。

145

进行人为区分时所缺失的(第103页)。其次,在记叙斯基泰人时,希罗多德一方面重申斯基泰人是"Γλακτοφάγοι"(饮奶为生的人)的事实,却又有意识地描述斯基泰人残酷的习俗;另一方面,他虽注意到希波克拉底的环境决定论,但并没有盲目模仿医学家关于斯基泰人的记叙。因此,在希罗多德笔下,尽管自然环境深刻影响着斯基泰人的行为模式,并对其"nomoi"的形成发挥重要作用,但他们并非怯懦的弱者,而是已知世界中最好战的民族之一。此外,希罗多德不同于亚里士多德对"智力不全者"的界定,并未将斯基泰人归入"最无知者"之列。在其笔下,斯基泰人呈现出矛盾的文化形象:他们既是例外的,也是传统的,他们无节制地放纵,同时保持着淳朴与纯真。但总的来看,希罗多德用以揭示和评价斯基泰人行为的希腊范式和理论本质上仍体现希腊民族中心主义的立场。

而通过比较"οἱ ἔσχατοι ἀνδρῶν"(大地尽头的人)的风俗习惯可见,斯基泰人在文化表现上更贴近希腊人,也更符合东地中海世界的规范,尽管其智识水平无法与希腊人相提并论,但相较那些处于文明边缘的极端族群,斯基泰人仍被赋予了更高的文明属性。基于此,极端的、原始的残暴行为通常与这些游牧的"ἔσχατοι ἀνδρῶν"及半游牧民族相关联,而非东地中海或近东定居文明。总之,当时的游牧民族缺乏东地中海世界文明的习俗和完善的制度来约束人性的残暴和过激行为。针对部分学者对斯基泰人记载真实性的质疑,金显真通过考古学证据论证了希罗多德文本的可信度,同时他进一步提出:司马迁《史记》中关于匈奴的翔实记录可作为参照,佐证希罗多德所构建的游牧民族形象具有广泛的历史共性。

据中国史书载,汉初,匈奴是与汉朝对等的政治实体,双方通过和亲、商贸、战争等方式持续互动,但这种互动模式令汉朝统治者与儒家文人深感尴尬,因为根据五服制与五行理论构建的天下观,中央王朝应为世界中心,四裔诸族为汉朝附庸;而匈奴的强盛与对抗姿态,恰好成为这一以中国为中心的等级秩序中最典型的挑战力量。因此,在《史记·匈奴列传》中,司马迁全面地描绘了匈奴的生活习俗和军事武力情况,他有意识地将匈奴"他者化",强调汉族与游牧民族在物质文化上的真正差异。金显真认为,尽管司马迁本人承认并如实记录了相关政治现实,但他仍遵循了汉儒的思想,将匈奴纳入汉朝的社会与政治等级制度之中。比较希罗多德和司马迁关于"蛮族"的记述,能够看到两位历史学家所表现的兼收并蓄的多元主义立场。异质性与包罗万象的全面性是历史学家一生中体现汉族知识精英正统与真正学问的标志(第123页),华夏帝国早期的异质性使知识的多元化成为可能,金显真认为这种多元化和异质性也正是希罗多德所臣服的阿契美尼德波斯帝国的显著特征。两位历史学家都吸收了诸多过去或当时的理论,并形成一个统一的历史叙事框架,以反映波斯帝国与汉帝国的统一力量。从这个统一的中心视角出发,他们对草原游牧族群的书写呈现出双重态度——既因异质文明的陌生性而充满好奇,又因后者对自身所建构的世界秩序与文明范式的挑战而暗含排斥。然而,从二者对"局内人"的定义差异可见其立场分野:希罗多德语境中的"局内人"指的是地中海东部诸民族,司马迁则指的是汉帝国的人民以及帝国周边的定居国家。作为身处波斯帝国边缘的希腊观察者,希罗多德认为东地中海世界的秩序是多极化的,这一认知反映出公元前5世纪希腊人为维护自己的身份并建立一个更加多极化的地中海世界而与波斯人相斗争的现实情况;而司马迁作为汉帝国意识形态的建构者,其"中心向外审视"的视角必然排斥多极化想象,在司马迁的叙事中,帝国边缘的定居民族只有作为汉帝国这一"世界唯一中心"的附庸存在,才符合"华夷秩序"的理论预设。

在第六章,金显真又考察了古代希腊和中国周边的定居文明,他们本身同希腊人和中国人极为相似,但希腊与中国却呈现出不同的认知范式。以安纳托利亚的吕底亚人作为典型案例,金显真深入剖析了希罗多德对这一与希腊人文化亲缘性最强的民族的描述。他首先梳理了古风、古典时期关于吕底亚人的记述,与对斯基泰人的记述相似,古风时期的吕底亚人曾被广泛地认为是亚洲最英勇善战的民族,以富庶闻名,甚至吕底亚的政治发展有可能影响了希腊世界的政治演变,希腊人在一段时间里将吕底亚视为"自己人",与希腊人几乎没有任何区别。然而随着波斯对吕底亚的征服,希腊人对吕底亚的文明、财富、帝国的敬畏与钦佩逐渐消失,取而代之的是"腐败""软弱""堕落"的标签。而希罗多德描述的吕底亚人融合了古风、古典时期的特点,既提到吕底亚人的好战属性,也有相当负面的表述,但希罗多德并没有对吕底亚人进行激进的、人为的他者化,他认为吕底亚人负面的形象并非源自天生的劣根性,而是波斯对其进行压迫的结果。随着希腊世界反抗波斯入侵的胜利,希腊人觉得有必要重塑过去,将吕底亚希腊化,通过削弱吕底亚人的形象以使其在希腊人心目中的地位下降,进而抬高希腊人自己的形象。

与古希腊文明被更古老的近东文明环绕不同,古代中国作为东亚地区的原生主导文明,始终确信自身是已知世界的文明源头。游牧民族未被纳入汉帝国的文化圈,所以他们的物质文明匮乏,保留有迥然不同的生活方式;而汉帝国边缘的邻国或民族,则在汉文化辐射下以主动的姿态接受了中国输出的技术与思想。金显真以司马迁记叙的朝鲜、南越为例,尝试说明司马迁并没有为他们打上"蛮族"的标签,同时《史记》中几乎所有的外族统治者都有着中国血统,因为在以司马迁为代表的汉族精英看来,汉朝的邻国历史上都是由中国人统治的,外族人的汉化有助于汉帝国扩大影响力。这种看待外族文明的方式在古代希腊同样存在,他们选择将遇到的所有外族视为源自希腊或受到特洛伊英雄统治的后裔。值得注意的是,这种态度并不是一个单向的过程,回溯汉与朝鲜、南越交互的现实,这种汉化也有助于巩固那些重视汉族血统并将其作为声望和地位象征的"蛮夷"的王权。金显真指出,外族人在中国人眼中的文明程度很大一部分取决于精英阶层对汉朝政治、社会与礼仪的熟悉程度与接受程度;不论外族人自己认为其文化与中国文化有何差异,他们都是以汉族为中心的世界的一部分。因此,被划入文明体系的朝鲜和南越一旦拒绝接受汉王朝的统治就会被解释为背叛,但几乎是异族的游牧民族——匈奴的独立则被视为自然而然的事情而得到容忍。

总之,在金显真看来,古代中国作为在东亚占主导地位的政治、军事与文化力量,能够吸收或考虑融入部分外族及其文化,尤其是当一个外族表现出与自身相似之处时,中国人会试图将其纳入自己的秩序中去。相比之下,希腊人遇到习俗和物质文化几乎与他们相同的吕底亚人时,会试图通过建立浅显和虚构的标准来将自己与对方区别开来,这种不安全感反映了古典希腊面对强大帝国征服时的孤独与恐惧。所以,金显真认为古代中国与希腊外族观的差异本质上是文明体力量对比的产物：前者是在扩张与整合中实现文化辐射的建构者，后者是处于强大帝国威胁之下的挣扎不安的抗争者。

最后，本文对金氏的观点作如下总结：尽管古代希腊与古代中国都对其建构的"他者"持有贬低性叙事，但二者的认知差异根植于不同的历史逻辑。希腊人蛮族观的建构是在公元前6世纪末至公元前5世纪初爱奥尼亚人抵抗波斯入侵的形势中产生的，这种蛮族观念并非彰显希腊人的文化优越感，而是其面对波斯扩张的威胁时所产生的焦虑与恐惧的表现，因此希腊人创造的这种抽象的、不现实的差异标准，一定程度上有助于他们在面对入侵时维持抗争，并且合理化他们那场几乎"不可能"的胜利。而古代中国的民族认同与蛮族观念虽然也是先秦时期在周同盟的成员国与非周族群的冲突中发展起来的，但因为在东亚文明圈中占据优势地位，加之以中央王朝为中心的势力范围内并没有其他文明的威胁，所以古代中国对"蛮族"的表述更加务实，即物质文化和风俗习惯的差异构成华夷对立的核心。

通过对古希腊与中国"他者"叙事的细微分析，金显真的研究不仅勾勒出早期文明处理族群差异的多元路径，更在文明比较的方法论层面展现出深刻的问题意识。于笔者而言，该书的亮点集中体现在以下三个方面。

首先，从研究视角来看，金显真试图超越希腊中心主义的视角，强调波斯帝国对希腊"蛮族"话语建构的塑造作用。他指出，"希腊人—蛮族人"二元对立的观念形成于公元前6世纪末至公元前5世纪初伊奥尼亚起义反抗波斯入侵的历史语境中，其产生深受波斯帝国"民族志书写"和族群中心主义的影响。基于此，金显真尝试回答了"希腊人与蛮族人"这种"一对一"的族群关系模式形成的原因。在波斯帝国的铭文与图像志中，希腊人被统称为"Yawan"或者"Yauna"。波斯人这种将所有希腊人归为一个相对同质化群体的做法（尤其是艺术创作方面），或许为希腊人将所有非希腊人归为一个与"希腊群体"相对的单一范畴提供了认知参照（第26—28页）。为进一步佐证波斯影响的深刻性，在其之后的研究中，金显真通过词源学考证提出：古希腊语"βάρβαρος"可能源自古波斯语 barabara，意为"背负重担的人"（he who carries a burden/load），最初可能指代波斯统治之下承担赋税劳役的属民。金显真推测，随着时间的推移，希腊人认为波斯国王是率领他麾下"蛮族"（即向他纳税的亚洲臣民）入侵希腊的联盟首领，因此将其塑造为俗称的"蛮族之主"，从而出现了将波斯国王称作"barbarian"的说法，后这一术语的使用范围演变为指代所有非希腊人。[①]不过，这一"他者影响论"也遭到质疑：如此简单的一种"自我—他者"二元对立的观念不一定非要从"他者"那里学到，[②]也可能源于希腊城邦内部整合的自我需要，而非单纯受波斯"同质化归类"启发。

[①] 关于金显真对"βάρβαρος"一词的研究分析，可参见：Hyun Jin Kim, "The Invention of the 'Barbarian' in Late Sixth-Century BC Ionia," in Eran Almagor and Joseph Skinner eds., *Ancient Ethnography: New Approaches*, London: Bloomsbury Academic, 2013, pp25-48. Hyun Jin Kim, "Ethnic Identity and the 'Barbarian' in Classical Greece and Early China: Its Origins and Distinctive Features," in Hans Beck and Griet Vankeerberghen, eds., *Rulers and Ruled in Ancient Greece, Rome, and China*, Cambridge: Cambridge University Press, 2021, pp770-814. Hyun Jin Kim and David Konstan, "The Emergence of the Barbarian", *Dialogues d'Histoire Ancienne*, vol.48, no.1(2022):420-439.

[②] 徐晓旭：《创造蛮族：古代希腊人建构他者新探》，《武汉大学学报（哲学社会科学版）》，2019年第2期，第116-127页。

其次,从研究方法来看,金显真的论述将文本生成的社会语境纳入考量,对不同文明历史书写中的表征差异进行语境化解释。他将身处波斯帝国边缘的希腊人,与占据核心地位的古代中国人进行对照,其研究目的在于厘清决定希腊与中国对外族认知差异的历史、政治及文化因素,核心关切是解释特定结果成因的"因果关系"(第2页)。古代希腊与中国的"蛮族"认知差异被追溯到具体的历史情境:"希腊—蛮族"的二元对立本质上是权力失衡与焦虑的产物,危机感促使希腊人强化其军事与体制优越性;而早期中华帝国传统则强调物质文化差异,借助"华夷秩序"的制度性吸纳整合边缘族群。其中,帝国包容性(imperial inclusiveness)①成为一个关键变量。司马迁从帝国中心的视角将游牧族群刻画为本质性他者,却愿意将其他(可同化的)定居文化纳入"类华夏化"(faux-Chinese)的范畴;相比之下,希罗多德则根据叙事需要,在希腊与"蛮族"、文明与未开化的二元框架间灵活切换。②然而,沃尔特·谢德尔(Walter Scheidel)提醒到,这一切看似遵循典型的"变量中心路径"(variable-centred apporoach),将观察到的结果差异归因于具体的语境差异,但问题依然存在:确立此类关联时,跨文化比较的方法论必要性究竟应被赋予何种权重?③简言之,尽管金显真通过具体历史变量解释了古代希腊与中国的认知差异,但其采用的跨文化比较方法仍需接受方法论层面的审视,即在建立"从历史语境到认知结果"的因果关联时,研究者必须明确所选比较框架是否具备方法论上的必然性,方法论建构与因果解释两者在跨文化比较中应具有同等的权重。

最后,从研究意义来看,金显真在前人研究的基础上,将古希腊族群认同研究进一步拓展至与其他古代文明的蛮族观念比较领域。④相较于伊迪丝·霍尔(Edith Hall)把她自己关于希腊人和"蛮族人"的两极对立起源模式强加给中国历史,金显真的视角"比霍尔更为远视","相对于霍尔的'削中国之足适希腊之履'的'西方'视角,他的取向也更'东方'"⑤。其比较框架的独特价值在于:不仅关注与古代希腊、中国形成文明对立的游牧族群(如斯基泰人、匈奴),还纳入了与两者具有文化相似性的定居民族(如吕底亚人、古代朝鲜与南越);因此正如徐晓旭教授所言,这样的选题(即对"相似文明他者"的关注)或许与金显真自身的东亚文化背景有关。⑥作为金显真的首部学术专著,该书不仅为其后续研究奠定了方法论基础,更使书中探讨的核心议题(如族群认同的跨文明研究、中心与边缘的文明互动模式等)在其后续著述中得到持续深化与拓展。针对比较分

---

① 关于(文化)包容性的有关研究,可参见:G.E.R. Lloyd, *Ancient Worlds, Modern Reflections: Philosophical Perspectives on Greek and Chinese Science and Culture*, Oxford: Oxford University Press, 2004, pp161-168. Yang Huang, "The Invention of the 'Barbarian' and Ethnic Identity in Early Greece and China", in Hans Beck and Griet Vankeerberghen, eds., *Rulers and Ruled in Ancient Greece, Rome, and China*, Cambridge: Cambridge University Press, 2021, pp730-769.

② Walter Scheidel, "Comparing Comparisons," in G.E.R. Lloyd and Jingyi Jenny Zhao (in collaboration with Qiaosheng Dong) eds., *Ancient Greece and China Compared*, Cambridge: Cambridge University Press, 2018, pp40-58.

③ Walter Scheidel, "Comparing Comparisons," pp40-58.

④ 黄洋:《古代希腊蛮族观念与族群认同研究述评》,载张巍主编:《西方古典学辑刊·第三辑:苏格拉底的申辩》,上海:复旦大学出版社,2021年,第198页。

⑤ 徐晓旭:《希腊人和蛮族人:一对不断被修改的画像》,第36-42页。

⑥ 徐晓旭:《希腊人和蛮族人:一对不断被修改的画像》,第36-42页。

析何以实现多重的学术目标，金显真也曾自述：其一，辨识古希腊人对非希腊人的表述具有哪些独特性，并探究这些独特性与希罗多德本人对"蛮族"的书写的关联性；其二，通过与司马迁关于匈奴草原游牧民族的民族志记载对比，验证希罗多德《历史》（第四卷）中草原游牧民族描写的真实性；其三，探究帝国经验如何塑造这两部著作的历史认知框架——无论是希罗多德《历史》中波斯帝国治下的文化互动图景，还是司马迁《史记》里汉匈对峙下的华夷秩序，皆深植于各自帝国的权力结构与认知范式之中。①

然而，尽管作为读者已然从这部书中获益颇多，但其仍存在一些遗憾。一方面，从结构设计而言，作为一部古希腊和中国族群认同的比较研究著作，其论述重心明显向希腊一侧倾斜，金的重点是以中国史家的撰述补充希腊罗马的文献中所展现的并不完整的"蛮族"图景，而较少以希腊史料反观中国的"华夷秩序"建构。这种不平衡或许受限于史料掌握或研究预设，②导致他的著述缺乏对中希异族观的全面系统的对等分析。另一方面，在具体内容层面，值得探讨的地方集中于三个方面。其一，对先秦民族观念的史料发掘存在遗漏。金显真尽管注意到《左传》《春秋》《论语》《孟子》《淮南子》《山海经》等典籍中的民族观记述，但他忽视了《尚书》《逸周书》《国语》《竹书纪年》《诗经》等文献对"五服制""华夏—四夷"起源的关键记载。③其二，金显真的《史记》研究存在视角局限。他选择性聚焦于匈奴及古代朝鲜、南越，却未涉及东越、西南夷、大宛等同样被汉人视为"他者"的族群，这些边缘民族与华夏的互动往来，也是理解汉代"华夷秩序"的重要内容。其三，该书的结尾略显仓促。全书仅以两页篇幅简要回顾其核心论点，至于古代希腊和中国的族群认同比较研究未来如何，他并没有真正像他一开始所倡导的那样为进一步研究指明方向，留下了进一步探索的空间。

尽管存在上述局限，全书仍以鲜明的问题意识与开阔的比较视野彰显了独特价值。正如金显真在开篇便言，该书定位为古代希腊与中国文明中"他者"概念的宏观概述，其目标并非穷尽民族志与史学编纂的所有细节，而是搭建跨文明比较的基础框架。这种取舍虽导致部分议题未能深入，但全书的研究脉络与章节设计仍为族群认同的比较研究提供了重要的方法论启示。作为首部系统聚焦古代希腊与中国"族群认同"与"自我—他者"建构的比较研究著作，其学术意义不止于历史层面的观念梳理。在民族问题备受争议且举足轻重的当下，金显真通过分析两大文明对待"他者"的历史逻辑，为理解当代族群问题提供了重要示范。这种将历史研究与现实关切相关联的研究取向，恰恰使得该书得以超越具体历史议题的局限，从而在文明比较的维度彰显其独特的学术价值与思想深度。

---

① Hyun Jin Kim, "Herodotean Studies in the Twenty-First Century: Developments and Directions", *Journal of Ancient History*, 4（1）（2016）: pp1-15.

② 李渊：《古希腊的蛮族与先秦的夷狄观念之比较研究》，北京：华夏出版社，2016年，第10页。

③ 葛兆光：《传统中国史学中的世界认识》，《文史哲》2021年第3期，第5-11、252页。《尚书·禹贡》以地理为径，将华夏地区分为"九州"：冀、兖、青、徐、扬、荆、豫、梁、雍，"九州"之外即为蛮夷，约莫有岛夷、莱夷、淮夷、三苗等。《逸周书·王会篇》记载了西周武王（一说成王）时期八方朝拜进贡的场面，四方来贺的属国包括东夷、南越、西戎、北狄各方。《国语·周语上》记有周朝关于甸服、侯服、宾服、要服、荒服的划分，各种不同区域对周天子有祭祀和进贡的责任。此外，《竹书纪年》是春秋时期晋国史官、战国时期魏国史官所撰史书，记叙了商周时期华夏与周边民族，诸如戎、狄交往征战的历史；《诗经》中有关于商人、周人祖先起源的介绍，其中间或涉及与"异族"的往来。

英文摘要

The "Orient" in the Ancient Greek and Roman Imagination

Huang Yang

Abstract: The understanding of "oriental" peoples and civilizations in ancient Greek and Roman civilizations shows a pronounced Orientalism. The separation of the orient from the occident is foreshadowed in Homer's epic record of the Trojan War. After the Persian War, the Greeks gradually imagined the orient, symbolized by Persia, as a model of "the barbarian". With Persia as the archetype, they created an abstract image of "barbarians". A discourse of "others" as opposed to Western civilization took shape. By the later stages of the Classical period, the Greek discourse of the "otherness" of the "Orient" to a certain extent encouraged and legitimized Alexander's eastward expedition. As Rome turned from a republic to an empire, the Romans accepted and utilized the Greek discourse of Orientalism to realize their rule over the Orient. Orientalism is a deeply rooted and long-standing idea and discourse tradition in Western civilization.

Key Words: Greece, Rome, East, West

The Collision between Classical Studies and Oriental Studies: The Modern Imagination of the Orientaliz-ing Revolution of Ancient Greece

Li Yongbin

Abstract: The concept of "Orientalizing Revolution" in Ancient Greece, first put forward by Boardman as early as 1990, gained a wide audience through Burkert's The *Orientalizing Revolution*. The proposition of the orientalizing Revolution and the expansion of its influence are in fact an extension and expansion of the two topics of "orientalizing" and "the orientalizing epoch". The Orientalizing Revolution is not itself a purely historical concept, but blends many elements of imagination. It is in fact the result of an expanded understanding of the orientalizing period in art history and the collision of classical and oriental studies and of classicalism and orientalism in the context of modern politics.

Key Words: The Orientalizing Period; The Orientalizing Revolution; Classicism; Orientalism; Ancient Greece

Parthia and Eastward Permeation of the Hellenistic Culture

Wang Sansan

Abstract: The Parthian Empire, which arose in the era of the Hellenistic civilizations blending and fighting with each other, was one of the Hellenistic countries that established the diplomatic relations with the Han Empire at the beginning of the opening of the Silk Road. The literature records indicated that the cultural information of the Hellenistic World was introduced into China during the historical process of the exchanges between the Han Dynasty and the Parthian Empire. The archaeological evidences not only confirm the authenticity of the exchanges between the two empires through the Silk Road on land, but also supplement and explain that the relationships of maritime communication already existed between them before Zhang Qian's travel to the west. Through the medium of the Parthian Empire, a great number of Hellenistic cultural factors mixing in the Parthian art crossed the Ts' ung-ling to the Tarim Basin, and they were penetrated into the culture and art of the Han Dynasty in its own way silently, either directly or indirectly.

Key Words: Parthia; the Silk Road; Hellenistic Culture; the eastward permeation

Universalism, Relativism, and Alien Experience ——A Phenomenological Approach to Intercultural Philosophy

He Kang

Abstract: Intercultural philosophy is confronted with the "paradox of universalizing within pluralities" or the "dilemma of culturality", where there are tensions and conflicts between the plurality of cultures and the requirement of universality in philosophy. Universalism posits the priority of universality. Whether it traces back to the anthropological commonality, or the unity of reason, or even the "unity of reason in multiple voices", it fails to adequately account for the diversity of culture and fails to truly respect the alienness of other cultures. Relativism posits the priority of plurality. Whether it is the model of ball or the pragmatism-based contextualism, it gives up the universality and the possibility of intercultural communication. Husserl's phenomenological analysis of the "alien experience" (Fremderfahrung), especially the "homeworld" and "alienworld" (Heimwelt - Fremdwelt), brought intercultural experience into the theoretical discussion for the first time. Husserl describes the alienness within the homeworld and the familiarity within the alienworld, portraying different gradients and levels of alienness. Universalism and relativism are the results of the one-sided understanding of the alien experience, a "black-and-white picture" of the alien experience. The phenomenology of alien experience provides a unique way of thinking to get out of the dilemma of universality and plurality.

Key words: intercultural philosophy; universalism; relativism; alien experience; homeworld

Public University or Private University? New Developments in Greek Higher Education Reform

Que Jianrong

Abstract: The passage of Law 5094/2024 in March 2024 has sparked significant controversy in Greece, with opponents arguing that this move undermines the status of public universities and threatens the principle of free higher education. Since 1975, the Greek constitution has prohibited private universities, emphasizing the state's educational responsibility and establishing a free public university system through subsequent reforms. However, economic development and the growing need for higher education have challenged this system. The New Democracy governments have repeatedly proposed amendments to this constitutional provision and gradually advanced measures to allow private universities. The new law could expand educational opportunities, attract international students, and address the shortage of domestic higher education resources. In the foreseeable future, the government will continue pushing for constitutional amendments, but future reforms in Greek higher education should also seek a new balance between equity and efficiency.

Key words: Law 5094/2024; public university; private university; Greek higher education reform; education equality

An Overview of the Publishing Situation of Chinese Medicine Books in Iran

Ehsan Doostmohammadi

Abstract: Traditional Chinese medicine culture is one of the essential components of

China's excellent traditional culture, and it is also China's contribution to the world. With the rapid improvement of China's international influence and international status, the need for people worldwide to understand Chinese culture is more urgent than ever. As the most traditional, broad, and common cultural carrier and communication bridge, books can give readers worldwide a more complete and accurate understanding of Chinese culture. China and Iran have maintained friendly relations since the establishment of diplomacy. In recent years, China has been Iran's largest trading partner. Although the two countries have frequent exchanges in politics and trade, cultural cooperation, including book publishing, is still in its infancy. Nonetheless, the two countries still have a lot of room for improvement in book publishing. To make up for this space, Chinese and Iranian publishing houses still need to actively establish and organize professional translation teams in China and Iran and promote the publication of excellent Chinese medicine publications.

Key Words: Iran; Chinese Medicine Books; Chinese Medicine Books in Iran; Publishing

Review: *Ethnicity and Foreigners in Ancient Greece and China* by Hyun Jin Kim

Zeng Miao

Abstract: Hyun Jin Kim's monograph *Ethnicity and Foreigners in Ancient Greece and China* centers on the construction of ethnicity in ancient Greek and Chinese civilizations. Through a comparative analysis of classical texts such as Herodotus' *Histories* and Sima Qian's *Records of the Grand Historian (Shiji)*, Kim reveals how these two civilizations defined their self-identities by constructing perceptions of the "Other". Drawing on his East Asian cultural background, Kim's work transcends Eurocentric frameworks, striving to elucidate the historical roots of the Greek "Greek-barbarian" dichotomy and the Chinese "Huayi order". His research offers new perspectives for cross-cultural ethnicity research. This article will first outline the monograph's core arguments, provide a detailed summary of its content, and critically evaluate its strengths and limitations. Kim's study, though not without limitations, grounded in meticulous close textual analysis and a distinctive comparative framework, serves as a vital model for understanding the dynamics of ethnic identity formation in ancient Greece and China, carrying profound academic and practical values.

Key Words: Hyun Jin Kim; Ethnicity Research; Barbarian View; Sino-Hellenic Studies